O Regime Militar em festa

Adjovanes Thadeu Silva de Almeida

O regime militar em festa

apicuri

Copyright © 2013 Adjovanes Thadeu Silva de Almeida

Todos os direitos reservados. Nenhuma parte desta edição pode ser utilizada, reproduzida — em qualquer meio ou fórmula, seja mecânico ou eletrônico, por fotocópia, por gravação etc. —, apropriada ou estocada em sistema de banco de dados sem a expressa autorização da editora.

Este livro está revisado segundo o Acordo Ortográfico da Língua Portuguesa de 1990, que entrou em vigor no Brasil em 2009.

Editora responsável: Rosangela Dias
Assistente editorial: Frederico Hartje
Revisão: Victor Almeida
Projeto gráfico, capa e editoração eletrônica: Veronica Machado
Imagens de capa: reproduções de matérias publicadas no *Jornal do Brasil* no período da comemoração dos 150 anos da Independência (acervo do *Jornal do Brasil*).

CIP-BRASIL. CATALOGAÇÃO-NA-FONTE
SINDICATO NACIONAL DOS EDITORES DE LIVROS, RJ

A444r
Almeida, Adjovanes Thadeu Silva de
  O regime militar em festa / Adjovanes Thadeu Silva de Almeida.
  Rio de Janeiro : Apicuri, 2013.
  356 p.

  ISBN 978-85-61022-84-6
  1. Ditadura - Brasil 2. Governo militar - Brasil. I. Título.

13-0377.   CDD: 981.063
                                             CDU: 94(81)

17.01.13   21.01.13   042238

[2013]
Todos os direitos desta edição reservados à Editora Apicuri
Rua Senador Dantas 75, salas 301 e 507, Centro
Rio de Janeiro, RJ – 20031-204
Telefone: (21) 2524 7625 (comercial)
editora@apicuri.com.br | www.apicuri.com.br
http://apicuri.blogspot.com.br/

Sumário

Introdução 7
1. O sesquicentenário da Independência do Brasil 9
2. Comemoração na Primeira República:
o centenário da Independência 27

Capítulo 1
O SESQUICENTENÁRIO DA INDEPENDÊNCIA DO BRASIL (1972) E O
GOVERNO MÉDICI 45
 1.1. Para além do porão e do milagre: alguns apontamentos
 sobre o governo Médici 45
 1.2. Da escolha dos objetos 82

Capítulo 2
O GRITO DO IPIRANGA: O IMAGINÁRIO EM AÇÃO NO
SESQUICENTENÁRIO DA INDEPENDÊNCIA 97
 2.1. O IHGB e o sesquicentenário 98
 2.2. Independência ou morte 124

Capítulo 3
POPULARIZANDO OS FESTEJOS: A TAÇA INDEPENDÊNCIA E O
SESQUICENTENÁRIO 145
 3.1. A minicopa do mundo de futebol (1972) 145
 3.2. O sesquicentenário e outras modalidades desportivas 186

Capítulo 4
A APOTEOSE DA DITADURA: OS FUNERAIS DE PEDRO I E O
SESQUICENTENÁRIO 203
    4.1. A excursão dos despojos 276
    4.2. A "apoteose final": a inumação e a Semana da Pátria 294

Conclusão 319

Anexos 327

Bibliografia e fontes 339

Introdução

Em abril de 1972, após negociações entre os governos brasileiro e português, os restos mortais de d. Pedro I deixavam Portugal e seguiam para o Brasil, onde desembarcaram no estado da Guanabara, após alguns dias de viagem marítima, em uma esquadra composta por navios da Marinha de guerra do Brasil (*Paraná, Pernambuco* e *Santa Catarina*) e de Portugal (*Gago Coutinho, Sacadura Cabral* e *João Belo*), além do navio *Funchal*, da Marinha mercante portuguesa e que trouxe o presidente do país europeu.

Os navios brasileiros levaram cerca de 1.100 pessoas, entre tripulantes e jornalistas, e mais 40 integrantes do grupamento "d. Pedro I", uma guarda de honra formada por 50 fuzileiros navais — que equilibravam um penacho vermelho no topo do chapéu alto: as polainas eram de brim negro; a casaca, de lã grossa; e as calças, justas (tudo em azul, vermelho e branco) — e 50 marinheiros — que vestiam "gorro azul celeste, a barra xadrez em vermelho e branco, gola arredondada, com um friso dourado, calça e camisa azul-marinho, e uma faixa vermelha na cintura" (*Jornal do Brasil*, 17 de março de 1972), todos trajando uniformes idênticos ao utilizado em 1808. Para fazer parte desse grupamento, os candidatos deveriam ter "boa aparência física, altura mínima de 1,70 metro, postura, nível de sociabilidade e, principalmente, dedicação militar e disciplina" (*Folha de S.Paulo*, 20 de março de 1972).

Ao adentrar as águas territoriais do Brasil, a esquadra luso-brasileira foi saudada por aviões da Força Aérea Brasileira (FAB), e, em 22 de abril de 1972, em cerimônia realizada no Monumento Nacional aos Mortos da II Guerra Mundial (ou Monumento aos Pracinhas), na cidade do Rio de Janeiro, o presidente português, almirante Américo Thomaz, entregou os restos mortais de d. Pedro I ao Brasil. Em seu discurso, Américo afirmou que d. Pedro I preferira o Brasil a Portugal, apesar de amar igualmente ambos os países.[1]

No dia 22 do mês de abril do ano de 1972, na cidade do Rio de Janeiro, estando presentes Suas Excelências o presidente da República Federativa do Brasil, general Emílio Garrastazu Médici, o presidente da República Portuguesa, almirante Américo Deus Rodriguez Thomaz, e o ministro de Estado das Relações Exteriores do Brasil, embaixador Mário Gibson Barbosa, o presidente português entregou ao brasileiro a urna contendo os restos mortais de Sua Majestade El-rei d. Pedro IV de Portugal, primeiro imperador do Brasil, fraternalmente doados pela nação portuguesa à nação brasileira conforme deliberação do governo português, sendo presidente do conselho de ministros Sua Excelência o dr. Marcelo José das Neves Alves Caetano, em anuência ao pedido do governo brasileiro e em testemunho da viva e imperecível comunidade luso-brasileira.[2]

A cerimônia começou com a assinatura do termo de entrega dos despojos régios pelos governantes de Brasil e Portugal, às 11h25. Logo depois, às 11h30, o esquife com os restos mortais de d. Pedro I chegou ao monumento, onde permaneceu até as 12h15, quando foi transportado em veículo bélico do Exército para o Museu Nacional da Quinta da Boa Vista. A chegada dos restos mortais de d. Pedro I foi assistida por cerca de 5 mil pessoas, que suportaram o atraso de 40 minutos na entrega dos despojos e mais o cerimonial — que durou cerca de uma hora (*Folha de S.Paulo*, 23 de abril de 1972).

Nos meses seguintes, os despojos de d. Pedro I peregrinaram pelas capitais de todos os estados e territórios brasileiros, conforme o anexo "Excursão fúnebre".

---

1. Cf. Pasta 52, Arquivo Nacional, Fundo Sesquicentenário.
2. "Termo de Entrega de Sua majestade El-rei d. Pedro I de Portugal primeiro imperador do Brasil". In: Arquivo Nacional, Fundo Sesquicentenário, pasta 52 A.

1. O sesquicentenário da Independência do Brasil

A presente tese propõe a análise do 150º aniversário da Independência nacional com o intuito de compreender até que ponto tal comemoração serviu como tentativa de legitimação simbólica do regime autoritário então vigente. Portanto, nosso recorte cronológico contempla o ano de 1972 — época em que ocorreram as festividades —, particularmente entre 21 de abril e 7 de setembro. Esse ano se justifica por ser o período preparatório das festividades envolvendo o sesquicentenário e por ter englobado, entre outras atividades, a entrega dos despojos de d. Pedro I pelo Estado português; a confecção de longa-metragem sobre o processo de Independência; a realização de um torneio internacional de futebol; a reedição de obras concernentes à emancipação política; e, por fim, a inumação dos restos mortais do primeiro imperador no Monumento do Ipiranga, onde se encontram desde então.

A polissemia das fontes nos apresenta uma conjuntura extremamente rica e contraditória. Tal situação nos remete ainda, de forma ligeira, ao debate sobre a construção do saber historiográfico em um de seus principais fundamentos: a fonte histórica. Os documentos não são neutros, obviamente, e sua produção se vincula à realidade de cada período. Contudo, a própria seleção do que deve — ou não — ser preservado também está associada a esse processo.

A produção, a guarda e a conservação de documentos com finalidades históricas atendem às condições sociais e políticas de cada época, em especial no que se refere ao exercício do poder. As fontes explicitam as imagens que seus autores procurariam legar para a posteridade, cabendo ao historiador interpretá-las, por meio da utilização da crítica (Le Goff, 1996, p.548). Nesse processo de desconstrução, os silêncios e as lacunas presentes nos documentos possuem significativo valor.[3]

---

3. Em nossa tese, os principais acervos utilizados foram: o Fundo Sesquicentená-

Uma indagação importante está relacionada ao início das comemorações oficiais referentes ao sesquicentenário da Independência: por que a escolha recaiu sobre o "dia de Tiradentes" (21 de abril) e não sobre o "dia do fico" (9 de janeiro)?[4] Uma das respostas plausíveis é a vinculação explícita entre o alferes Joaquim José da Silva Xavier ("Tiradentes") e o Exército, além do inconfidente em questão integrar o Panteão Cívico, na qualidade de patrono da Independência (Carvalho, 1993, p.71-2).

Outra possibilidade para a exclusão do "dia do fico" nas festividades do sesquicentenário pode estar associada à participação ativa de outros grupos sociais, além dos militares, nessa efeméride, visto que, nessa data, em 1822, foi entregue um manifesto assinado por milhares de pessoas reivindicando a permanência de d. Pedro no Brasil. Desse modo, a participação do Exército ficaria eclipsada, diante da atuação dos segmentos civis. Semelhante "amnésia" nos parece voluntária, constituindo-se em sintoma capaz de revelar o ator político proeminente das festividades comemorativas dos 150 anos: as Forças Armadas.[5]

Em termos conjunturais, antes de tudo, vivia-se sob o período mais repressivo do regime militar, durante a presidência

---

rio do Arquivo Nacional, a Biblioteca Nacional e o arquivo do Instituto Histórico e Geográfico Brasileiro, além do Processo de liberação do filme *Independência ou morte*, Serviço de Censura de Diversões Públicas, Polícia Federal de Segurança, Departamento de Polícia Federal, Ministério da Justiça, no Arquivo Nacional. Igualmente, utilizamos os jornais *O Globo, Jornal do Brasil, Jornal dos Sports, Folha de S. Paulo, O Estado de S. Paulo* e *Jornal do Commercio*, além das revistas *O Cruzeiro* e *Manchete*, entre outros periódicos.

4. Isto não significa, contudo, que o dia do fico não foi homenageado. Porém, a cerimônia foi restrita, e não um evento de "grande público". Para mais detalhes, ver capítulo 1.

5. Le Goff afirma: "Por outro lado, num nível metafórico, mas significativo, a amnésia é não só uma perturbação no indivíduo, que envolve perturbações mais ou menos graves da presença da personalidade, mas também a falta ou a perda, voluntária ou involuntária, da memória coletiva nos povos e nas nações que pode determinar perturbações graves da identidade coletiva." Le Goff, Jacques. *História e memória*. Op. cit., p. 425.

Introdução

do general Emílio Garrastazu Médici (1969-1974), momento em que a repressão aos adversários políticos atingiu os mais elevados níveis. "É, por excelência, o tempo da tortura, dos alegados desaparecimentos e das supostas mortes acidentais em tentativas de fuga" (Almeida e Weiss apud Schwarcz, 1998, p.332). Momento em que o Estado observava, em cada indivíduo, um hipotético adversário.

Nesse contexto, a liberdade de expressão se tornara letra morta, não ousando, como norma geral, questionar as medidas adotadas pelos ocupantes do aparelho estatal. O Estado de Direito simplesmente inexistia durante a vigência do Ato Institucional nº 5 (AI-5): "Segundo pesquisa feita pela equipe que escreveu *Brasil: tortura nunca mais*, 84% das prisões efetuadas (ou 6.256 casos) não foram comunicadas ao juiz, conforme mandava a lei, e 12%, comunicadas fora dos prazos legais" (Id., ibid., p. 390).

A lei se tornava, muitas vezes, objeto de ficção, visto que não existiam garantias quanto à integridade de um suspeito, ou mesmo se o indivíduo sabia o motivo de sua prisão:

> Era o tipo de coisa que podia acontecer com qualquer brasileiro, independentemente de raça, religião ou cor [...] ser preso no meio da rua, ser conduzido a uma delegacia ou quartel, esperar, esperar, esperar, sem que saiba muito bem por quê, sem que sua família seja avisada, sem que possa chamar um advogado.[6] No que diz respeito às garantias individuais, o período em tela adquiriria o epíteto de "anos de chumbo" (Id., ibid., p. 386).

Como contraponto a esse contexto, havia a resistência armada: diversas organizações clandestinas realizavam atos

---
6. Id., ibid., p. 386.

de guerrilha urbana ou rural, com o objetivo de fazer a revolução e derrubar o regime militar e, por extensão, o sistema capitalista no Brasil. A existência dessas organizações legitimava, aos olhos do governo Médici — ele próprio era ex-chefe do Serviço Nacional de Informações (SNI) —, a realidade da repressão sem escalas, e que procurava destruir os opositores (Gaspari, 2002).

Ao mesmo tempo, em 1972, parte substancial da população brasileira vivia imersa no clima de euforia produzido pelo "milagre econômico". A junção de fatores como a intervenção estatal, a existência de consórcios, a expansão do sistema de crédito e a ampliação dos prazos de financiamento possibilitou elevado crescimento econômico, permitindo especialmente às camadas médias o consumo de produtos duráveis — basicamente eletrodomésticos e automóveis. Além disso, o Sistema Financeiro da Habitação (SFH) facultava a aquisição da tão sonhada casa própria a essa camada.

Em termos de estruturação social, essa realidade engendrava novos contornos à hierarquização da sociedade brasileira, uma vez que as camadas médias passavam a ter acesso a bens que as afastavam ainda mais dos grupos sociais menos favorecidos. Mesmo porque

> o jogo das distinções simbólicas se realiza [...] no interior dos limites estreitos definidos pelas coerções econômicas, e, por esse motivo, permanece um jogo de privilegiados das sociedades privilegiadas, que podem se dar ao luxo de dissimular as oposições de fato, isto é, de forças, sob as oposições de sentido (Bourdieu, 2004, p.24-5).

Todavia, os resultados do "milagre" não foram equânimes: se não pairam dúvidas sobre a elevação do padrão de vida da classe média, o mesmo não se pode afirmar com relação aos grupos populares, os quais, ao menos parcialmente, receberam benefícios indiretos, como acesso a energia elétrica, saneamento básico, saúde e educação, mesmo que tenha ocorrido a redução de sua renda pessoal, visto que o "milagre econômico" favoreceu a concentração da riqueza.[7]

O novo regime também se empenhou em buscar legitimação por meio da produção e da divulgação de inúmeros livros didáticos, além de peças publicitárias de cunho oficial, difundindo as opiniões e os valores do Alto Comando das Forças Armadas. Essas obras deveriam ser utilizadas nas disciplinas englobadas sob o título genérico de estudos sociais, isto é, história, geografia, educação moral e cívica, organização social e política brasileira, e estudos dos problemas brasileiros, em todos os graus de ensino, abrangendo da alfabetização ao nível superior (Silva, 1985, p.42).

Por outro lado, a publicidade governamental objetivava atingir todas as parcelas da sociedade, principalmente os indivíduos que se encontravam alijados do ambiente escolar. Ou seja, o regime militar — como qualquer regime político — empenhava-se em divulgar uma imagem extremamente simpática de si mesma. Entretanto, ao contrário dos regimes em que os direitos civis são respeitados, os militares brasileiros se utilizaram também da censura — tanto aos meios de comunicação quanto às formas de expressão artística —, de maneira a impossibilitar a crítica, asfixiando os insatisfeitos.

Carlos Fico analisou a propaganda política do regime militar, diferenciando-a daquela realizada, por exemplo, durante o Estado Novo (1937-1945), pois a publicidade oficial do período compreendido entre 1968 e 1978 procurou se camuflar,

---

[7]. Cf. *Dicionário histórico-biográfico brasileiro*. Rio de Janeiro: Fundação Getulio Vargas, 2004.

evitando a identificação com o discurso oficial. Por essa lógica, o autor considerou insuficiente a noção de instrumentalização ideológica (Fico, 1997, p.18). Além disso, procurou relacionar a propaganda política produzida durante o regime militar com o quadro mais amplo da elaboração da perspectiva otimista sobre o Brasil; sua análise insere-se na renovação da história política, buscando ainda interpretar o imaginário social.

Segundo Carlos Fico, a propaganda oficial não criou o otimismo do nada, mas apoiou-se em elementos que já existiam; os militares produziram novos significados sobre o otimismo em relação ao Brasil, pensamento este cuja produção retrocederia ao império — por meio do Instituto Histórico e Geográfico Brasileiro (IHGB) — e mesmo ao período colonial.

Carlos Fico também analisou o sesquicentenário (*id.*, *ibid.*, p. 63-5), abordando a missa solene realizada na Catedral da Sé, em 7 de setembro de 1972, onde associou a junção civismo/religiosidade com a ideia de morte. Assim, a entrega do cadáver de d. Pedro I ao governo brasileiro mereceu destaque, abordando a "santificação" da figura do primeiro imperador, identificada com o processo de heroificação (*id.*, *ibid.*, p. 64). Todavia, as festividades e a fetichização de d. Pedro I não foram aprofundadas por Fico, o que pretendemos realizar nesta tese por meio da análise pormenorizada dos discursos sobre o tema produzidos na época, além do filme. Assim, levantamos a hipótese de que a "excursão fúnebre" dos despojos do primeiro imperador procurou mitificá-lo, transformando-o na figura central do processo de Independência, em detrimento de outras personalidades — por exemplo, Tiradentes.

Luís Fernando Cerri analisou a propaganda realizada durante o regime militar, na época do "milagre econômico", vinculando o otimismo presente na publicidade ao expressivo crescimento da economia brasileira, entre 1969 e 1973

(Cerri, in.: *Revista Brasileira de História*, 2002, p.195-224). O autor utilizou a propaganda com o objetivo de compreender o imaginário social; para essa finalidade, selecionou peças publicitárias produzidas para empresas estatais e privadas, e veiculadas em revistas de grande circulação nacional. Entretanto, ele não se preocupou em estudar a "memória" elaborada pelo poder — no caso, o regime militar —, além de não esmiuçar detidamente o estudo sobre as representações do período, visto que sua preocupação principal residiu em analisar o entendimento das pessoas *a posteriori* sobre as propagandas relatadas, já na década de 1990. Em nossa tese, analisaremos as representações elaboradas durante o regime militar.

Ao mesmo tempo, jornais e órgãos da imprensa se viam impelidos a não publicar notícias e/ou opiniões — o que incluíam fotos e textos — negativas a respeito dos sucessivos governos militares. Jornais, rádios e revistas, como *Correio da Manhã*, *Mayrink Veiga* e *Civilização Brasileira*, sofreram pressões de tal ordem que se viram obrigadas a encerrar suas atividades. Em contrapartida, as Organizações Roberto Marinho, como exemplo emblemático, receberam substanciais favores por parte dos ocupantes das posições de mando do Estado Nacional brasileiro, veiculando, no cotidiano, mensagens subliminares de apoio à manutenção do *status quo*.

Entretanto, havia, a partir do endurecimento do regime (pós-AI-5), um aparente afastamento entre o regime militar e os líderes civis da sociedade, pois os militares alijaram politicamente os interlocutores civis que haviam apoiado a ditadura até então. Sob a perspectiva do regime militar, existiria a necessidade de agrupar a sociedade em torno da ditadura, e um dos recursos possíveis era a utilização de símbolos.

A transladação dos restos mortais de d. Pedro I assinalou o início das comemorações, ao mesmo tempo que indicava a proximidade das administrações de Brasil e Portugal. Não por acaso, os dois países viviam sob regime autoritário. Ademais, seus presidentes se originavam da alta cúpula militar: o general Emílio Garrastazu Médici, pelo lado brasileiro, e o almirante Américo Tomás, pelo lado português. A 11 de abril, o esquife com os despojos de d. Pedro I deixaria Lisboa, a bordo do navio *Funchal*, seguindo para o Brasil, onde aportou na cidade do Rio de Janeiro em 22 de abril; autoridades portuguesas — entre as quais o chefe de governo, Marcelo Caetano — prestigiaram a cerimônia da "volta do emancipador" (*O Cruzeiro*, 29 de março de 1972). Além da urna mortuária, a embarcação trouxe o presidente português e diversos ministros de estado ao Brasil. Ao longo das 20 semanas de comemorações oficiais, o esquife do "emancipador" visitou a totalidade dos estados e territórios, além do distrito federal.[8]

Enfatizou-se, nas reportagens de época, a forte presença militar nessas cerimônias; assim, d. Pedro era "um homem, um rei, um imperador, um soldado" (*O Cruzeiro*, 26 de abril de 1972). A associação da imagem de d. Pedro aos militares nos parece uma adaptação promovida pelo regime vigente. As notícias sobre o translado priorizavam exaustivamente o elemento militar: "A urna vem acompanhada por uma Escolta do Batalhão Pedro I, do nosso Corpo de Fuzileiros Navais" (*id.*); ou, ainda, "os despojos de d. Pedro foram levados, então, em carro blindado do Exército, até o Monumento dos Pracinhas" (*id.*). As Forças Armadas apareciam como um dos protagonistas do evento: "No ano do sesquicentenário da Independência, as nossas Forças Armadas são três [...] Mas no próprio momento da emancipação política do Brasil, já se afirmava a nossa tradição militar, nas lutas pela consolidação do brado heroico de d. Pedro I" (*id.*). Dessa maneira, os militares respal-

---
8. Ver anexo "Excursão fúnebre".

davam sua "tutela" sobre a sociedade, usando a história como argumento; ademais, o texto omite a participação de soldados estrangeiros (mercenários), que formavam parcela relevante das "nossas Forças Armadas" nos acontecimentos de 1822.

Outro exemplo dessa construção histórica acerca de d. Pedro I pode ser vislumbrado ainda nas páginas de *O Cruzeiro*.[9] Essa revista semanal, não satisfeita em considerá-lo a "figura tutelar de nossa história" (*id.*), afirmou na mesma edição: "Após a entrega do esquife ao Brasil, um salão especial, preparado na Quinta da Boa Vista, guardou a relíquia" (*id.*). De acordo com o dicionário Aurélio, o termo *relíquia* significa "parte do corpo de um santo ou qualquer objeto que a ele pertenceu" (Hollanda, 2000, p.595), portanto tal afirmação pode ser interpretada como a aproximação da figura do "herói" com um aspecto de santidade inquestionável.

O futebol também foi utilizado nos festejos do sesquicentenário: ao longo de 28 dias, nos meses de junho e julho, realizou-se um certame internacional, tendo como objeto de disputa a Taça Independência. A competição reuniu cerca de 20 seleções, entre as quais Argentina, Colômbia, França, Chile, Equador, Irlanda, Bolívia, Paraguai, Peru, Venezuela, Uruguai e Rússia, atraindo dezenas de profissionais da imprensa internacional (Agostino, 2002, p.162). As partidas aconteceram nos principais estádios do país — Beira Rio, Mineirão, Fonte Nova, entre outros —, e a grande final foi entre Brasil e Portugal, peleja disputada no Maracanã. A seleção brasileira se sagrou campeã, vencendo por 1 a 0, com gol marcado aos 44 minutos do segundo tempo, diante de um público de aproximadamente 100 mil pessoas, entre elas, na tribuna de

---

9. As notícias não serão tratadas como fontes neutras, mas relacionadas com o contexto histórico em tela e com a apropriação das diferentes falas como forma de legitimação do poder.

honra, o presidente Médici, e cuja arrecadação ficou em torno de US$420 mil. O Brasil entrou na fase derradeira, disputando três partidas, além da final: derrotou Iugoslávia e Escócia (3 a 0 e 1 a 0, respectivamente), e empatou, sem gols, com a Tchecoslováquia.

O torneio foi financiado pela União e, de acordo com João Havelange, então presidente da Confederação Brasileira de Desporto (CBD, antecessora da atual CBF, órgão dirigente máximo do futebol brasileiro), em entrevista a *O Cruzeiro*, pôde ser considerado um sucesso, visto que evidenciou, em nível internacional, o desenvolvimento do Brasil. Além disso, contribuiu "para o alargamento da campanha de integração nacional" e explicitou para o mundo "que nenhum povo possui tanta capacidade e bom gosto para construir grandes estádios" (*O Cruzeiro*, 26 de julho de 1972). No que se refere especificamente ao futebol, o dirigente citou a qualidade da arbitragem, a emoção das partidas decisivas e o interesse suscitado pelas finais, transmitidas ao vivo e a cores para "Portugal, Espanha, Inglaterra, Áustria, Itália, Leste Europeu, Marrocos, Tunísia, Argélia, América do Sul, Central e até Estados Unidos" (*id.*). Além desse torneio internacional, os campeonatos estaduais de futebol e o hipismo celebraram o sesquicentenário.

Gilberto Agostino analisou a relação entre futebol e política, em especial durante o regime militar. Especificamente na administração Médici, o autor explicitou a interferência dos militares na seleção brasileira, culminando com a substituição de João Saldanha por Mário Zagallo e a "militarização da delegação" que conquistaria o tricampeonato mundial de futebol no México em 1970 (Agostino, 2002, p.160). O autor também aborda a Taça Independência e o uso propagandístico da seleção brasileira pelo regime militar. Contudo, Gilberto Agostino não analisou pormenorizadamente a questão simbólica, enfatizando que o torneio representava uma continuidade em relação ao tricampeonato, ao mesmo tempo que não correlacionou o Torneio do Sesquicentenário com a conjuntura mais ampla dos festejos nacionais. Nesta tese, discutiremos a hipótese de a Taça Independência ter funcionado como um elemento capaz de fornecer maior popularidade às festividades do sesquicentenário, atraindo a atenção de contingente maior de pessoas para a comemoração dos 150 anos do "Grito do Ipiranga".

Ao longo de 1972, diversos livros "clássicos" sobre história do Brasil foram reeditados. Em geral, eles se caracterizavam pelo destaque concedido aos acontecimentos políticos e aos líderes ("grandes homens"). Essa historiografia se pautava por uma "história política de tipo tradicional", caracterizada pelo excessivo factualismo (Falcon apud Cardoso e Vainfas [Orgs.], 1997, p.82). O IHGB obteve significativo destaque não só na nova publicação de obras antigas, mas especialmente na realização de curso sobre o sesquicentenário da Independência do Brasil, tendo recebido chancela oficial, por intermédio do presidente da Comissão Executiva dos Festejos, general Antonio Jorge Correa. Ademais, o IHGB obteve apoio do Ministério da Educação e Cultura (MEC). Não por coincidência, o general Médici presidiu a cerimônia de inauguração da nova sede do centenário IHGB (fundado em 1838), na cidade do Rio de Janeiro, em 5 de setembro de 1972.

Podemos inferir que a opção por priorizar o IHGB nas comemorações, em detrimento das instituições universitárias, repousou na sólida reputação intelectual do instituto e do prestígio internacional desfrutado por sua biblioteca, mas, principalmente, no fato de ser contemporâneo do período imperial. Contudo, essa escolha implicava, de modo bastante explícito, na aceitação da memória em lugar da história. Por construção da memória entendemos "a constituição gigantesca e vertiginosa de estoque de material, de tudo que nos é impossível lembrar; o repertório insondável daquilo que poderíamos ter necessidade de recordar" (Nora apud Guimarães in: *Revista do* IHGB, 1995). Naquela centenária instituição, as obras comemorativas que não priorizavam a análise crítica do processo de Independência poderiam ser reeditadas.

A construção do passado como memória por aquela instituição teve como norma evitar questões recentes que pudessem suscitar polêmicas, evitando atritos, sempre que possível. Não por acaso, os discursos oficiais enfatizavam a ligação entre Brasil e Portugal; o pressuposto básico dessa construção seria ressaltar as continuidades entre esses dois países (Guimarães, op. cit.).

A opção pelo IHGB se associa, sob nossa perspectiva, à disputa interna no campo da produção intelectual. Assim, o regime militar se apoiava na posição de predominância — discutível, certamente — desfrutada pelos integrantes do IHGB no que se refere aos estudos sobre o período monárquico brasileiro.

Ora, nesse momento, as universidades buscavam ocupar a posição central na produção da historiografia brasileira, desalojando o IHGB da posição proeminente; o conhecimento produzido no âmbito universitário se norteava por padrões científicos, problematizando assuntos e, assim, dessacralizando o passado nacional. Nada mais distinto do que se realizava então nas dependências do secular IHGB, onde eram produzidos textos que ressaltavam o "papel do indivíduo", o "grande homem", o "herói",[10] enfatizando os atos promovidos por ocupantes de funções no aparelho estatal. Dessa maneira, o

---

10. Os estudos produzidos no Instituto Histórico e Geográfico Brasileiro (IHGB) se mantinham apartados da renovação efetuada no âmbito da história política. Em termos forçosamente simplificados, pode-se afirmar que a historiografia realizada pelos integrantes do IHGB seria do tipo "tradicional".

IHGB baseava suas análises primordialmente em monumentos, e não em documentos (Le Goff, op. cit., p.545).

A atuação do instituto tampouco pode ser considerada "desinteressada", pois fornecia respaldo intelectual às comemorações, ministrando o curso sobre o sesquicentenário: uma série de palestras proferidas por membros do IHGB sobre os diversos tópicos que compunham as comemorações. Ademais, como já assinalado, o instituto contou com a presença do próprio presidente Médici na inauguração de sua nova sede. A aproximação dessa centenária entidade com o regime militar lhe trouxe expressivos benefícios materiais (a edificação de sua atual sede) e, talvez, lhe tenha angariado vantagens na disputa concorrencial que travava com as universidades pela hegemonia no campo da produção simbólica.[11]

Assim, ao conquistar o apoio do Estado, este legitimaria a posição do IHGB, visto que o Estado participaria do "sistema das instâncias de conservação e consagração cultural" (Bourdieu, op. cit., p.120) e teria capacidade de conceder ao instituto o prestígio necessário, legitimando-o diante de seus concorrentes "na competição pelo monopólio da violência simbólica" (*id., ibidem*, p.176). Ao participar ativamente dos festejos do sesquicentenário da Independência, o IHGB assumia uma posição clara no sistema de produção e circulação de bens simbólicos, de modo a tentar manter sua preponderância no âmbito dos estudos sobre o passado brasileiro (*id., ibid.*, p.159-60).

---

11. Sem nos atermos a longos conceitos sobre os diversos campos analisados por Bourdieu, ressaltemos apenas isto: "O motor da mudança nas obras culturais, na língua, na arte, na literatura, na ciência etc., reside nas lutas cujo lugar são os campos de produção correspondentes: essas lutas que visam conservar ou transformar a relação de forças instituída no campo de produção têm, evidentemente, o efeito de conservar, ou de transformar, a estrutura do campo das formas que são instrumentos e alvos nessas lutas" (Bourdieu, 1997, p. 63). Por outro lado, as ingerências externas mostravam, cabalmente, quão distante se encontrava a autonomia do campo enfocado nesse momento. O mesmo fenômeno pode ser observado na confecção do filme *Independência ou morte*, enfocado nas páginas subsequentes.

Enfatizaremos a construção da nova sede do IHGB como um momento ímpar na sua aproximação com a ditadura militar, o que impeliu diversos integrantes do dito instituto a participar ativamente dos festejos dos 150 anos da Independência brasileira. Ressaltaremos ainda, além da construção do prédio, a outorga de funções honoríficas a dignitários nacionais e estrangeiros envolvidos na comemoração do sesquicentenário, assim como abordaremos a edição da *Biblioteca do sesquicentenário* e os eventuais benefícios materiais obtidos pelo IHGB ao aceitar a coordenação de semelhante empreitada. No decorrer dessa tese abordaremos a participação do instituto nos festejos oficiais de 1972, levantando a hipótese de que o IHGB legitimava a comemoração do sesquicentenário.

O mês de setembro assinalou, obviamente, a culminância das festividades cívicas. Além da inauguração da nova sede do IHGB, foram depositados os restos mortais de d. Pedro I no Monumento do Ipiranga, em cerimônia de impacto superior ao seu repatriamento. Se, na Guanabara, 13 mil estudantes recepcionaram o féretro, que foi ainda saudado pela "esquadrilha da fumaça", em São Paulo milhares de militares, policiais e estudantes, entre outros, marcharam em honra ao imperial defunto, saudados por uma significativa assistência.

Ainda em setembro estreou o filme *Independência ou morte*. Dirigido por Carlos Coimbra e produzido por Oswaldo Massaini, foi estrelado por Tarcísio Meira (no papel de d. Pedro I) e Glória Menezes (interpretando a marquesa de Santos), astros das telenovelas exibidas pela Rede Globo. O filme reuniu o maior elenco até então formado no país: Tarcísio Meira Júnior (d. Pedro II), Dionísio Azevedo (José Bonifácio), Kate Hansen (imperatriz Leopoldina), Manoel da Nóbrega (d. João VI), Heloísa Helena (d. Carlota Joaquina) e Emiliano Queiroz (Chalaça). Ademais, o filme era o mais caro já realizado pela indústria nacional, e pretendia "ter categoria internacional, sem desprezar a verdade histórica [...] foi rodado, tanto quanto possível, nos próprios locais dos acontecimentos" (*O Cruzeiro*, 6 de setembro de 1972).

Parece-nos bastante discutível a popularidade que o imperador d. Pedro I desfrutou na história do Brasil, exceto talvez na conjuntura imediatamente posterior à Independência e que findaria com a dissolução da Assembleia Nacional Constituinte, em novembro de 1823. Assim, parece-nos plausível inferir que tal personagem não desfrutava de uma representação efetiva na sociedade brasileira da década de 1970. Entretanto, seu valor simbólico poderia ser resgatado — ou seria possível tentar revesti-lo de uma inédita valoração.

Logo, a produção do filme *Independência ou morte*, na qual a centralidade ocupada por d. Pedro I é inequívoca, pode ser interpretada como uma tentativa de valorizar simbolicamente tal personagem histórico — ainda que baseada em uma narrativa romanceada. Parece-nos possível, então, afirmar que a tentativa de valorização da figura de d. Pedro I pela ditadura militar significava, de fato, a legitimação do próprio regime, uma vez que o valor simbólico das ações de d. Pedro I carrega em si elementos de permanência, conferindo-lhes certa atemporalidade, que poderia ser resgatada pelo regime da época.[12]

Todavia, a pretensão de retratar a "verdade histórica" não se revelou factível, entre outros fatores, porque "o ponto culminante da fita é o Grito do Ipiranga. Para a sua total fidelidade, foi reproduzido na tela — com imagens vivas e reais — o

---

12. Entre as ações de d. Pedro I poderíamos citar: a dissolução da Assembleia Nacional Constituinte, a outorga da Constituição imperial adaptada aos interesses do governante, a repressão à Confederação do Equador e o tratamento dispensado aos opositores. Entenderemos o filme como o testemunho de uma época, relacionando-o à comprovação de nossas hipóteses. Ver, para mais detalhes, entre outros: Cardoso e Mauad in: Cardoso, Ciro e Vainfas (orgs.), 1997; Kornis, 2004; Kornis apud Abreu, Lattman-Weltman e Kornis, 2003.

famoso quadro de Pedro Américo, que traduz toda a emoção épica do fato mais significativo da história do Brasil" (*id.*, *ibid.*, p.67).

O quadro que inspirou os autores do longa-metragem foi pintado por Pedro Américo na Europa, em 1888, por encomenda do Estado imperial. Assim, além de o pintor retratar o que não presenciou (a bem da verdade, mais de 60 anos após o fato em si, quando poucas testemunhas oculares ainda podiam ser encontradas), havia a preocupação de agradar ao patrocinador da obra de arte — no caso, o filho do "personagem principal": d. Pedro II. Acrescente-se ainda o relato de alguém insuspeito, no caso o próprio Pedro Américo:

> É difícil, se não impossível, restaurar mentalmente, e revestir das aparências materiais do real, todas as particularidades de um acontecimento que passou-se há mais de meio século; principalmente quando não nos foi ele transmitido por contemporâneos hábeis na arte de observar e descrever. [...] A realidade *inspira* e não *escraviza* o pintor. Inspira-o naquilo que ela encerra digno de ser oferecido à contemplação pública, mas não o escraviza o quanto encobre, contrário aos desígnios da história (Américo apud Oliveira e Mattos [Orgs.], 1999, p.19).

Ou seja, por um lado, o autor reconhece a dificuldade em recriar a realidade "tal como ela aconteceu", em especial quando as fontes não são confiáveis; por outro, o quadro não retratou o que de fato ocorreu, mas o que deveria ter ocorrido.

O filme recebeu apoio do Estado brasileiro, por intermédio dos Ministérios do Exército e das Relações Exteriores, mas não o da Educação; foi lançado em 4 de setembro de 1972, em 20 capitais brasileiras e, na semana seguinte, em Portugal. Ao receber os dirigentes e artistas da produção, em audiência no Palácio do Planalto, o presidente Médici demonstrou o interesse do Estado na apresentação do tema "Independência", principalmente centrado na figura de d. Pedro, o que possivelmente facilitou o financiamento do projeto: "Está demonstrado que podemos nos orgulhar dos artistas nacionais e que tudo depende de escolher um bom tema para filmar" (*A Tribuna de Santos*, 1º de setembro de 1972). Dessa forma, o Estado adentrava o campo cultural, de forma estranha às normas que o regem ou que o deveriam reger.

Em decorrência da exposição, o objetivo geral de nossa tese consiste em entender de que maneira as atividades comemorativas apresentadas acima foram utilizadas de forma propagandística, com o intuito de angariar capital simbólico ao regime militar, com destaque para a culminância das festividades do Sete de Setembro. Esse objetivo principal é subdividido na análise das diversas festividades realizadas durante as comemorações do sesquicentenário, sendo que pretendemos desenvolver tais estudos em forma de capítulos que comprovem o objetivo geral.

Especificamente, estudaremos a fetichização[13] e a heroificação da figura de d. Pedro I, enfocando a construção de sua imagem como um "mártir" da Pátria e, principalmente, um herói militar nos discursos oficiais e jornalísticos de divulgação do sesquicentenário. Para o cumprimento desse objetivo, pretendemos analisar os aspectos pertinentes ao translado do corpo e sua apresentação pública no Brasil, além do filme *Independência ou morte*.

---

13. Usamos o termo fetiche com base na concepção marxista, isto é, com base na crítica feita por Marx à naturalização de elementos sociais. Assim, os restos mortais de d. Pedro I teriam valor inerente, adquirindo significação desproporcional. Em alguns documentos analisados, os despojos são descritos como relíquias — o que nos parece corroborar, portanto, o uso do termo fetiche. Para uma análise mais acurada do conceito fetichismo, cf. Bottomore, 2001, p. 149-50.

De acordo com José Murilo de Carvalho, uma das principais disputas simbólicas da nascente República brasileira ocorreu em torno do(s) herói(s) que legitimaria(m) o novo regime. Após o fracasso da heroificação dos contemporâneos ao fato, isto é, com a dificuldade em converter os líderes do 15 de novembro em "pais fundadores", os republicanos apelaram a personagens do passado brasileiro. A seleção recaiu sobre Tiradentes, cuja ambiguidade possibilitava a todos os matizes (republicanos ou não) se associar com sua imagem. Nesse processo, Tiradentes se viu transformado em mártir, e sua figura, lentamente, foi relacionada com a de Jesus Cristo, assim ampliando sua força simbólica. A partir da República, as comemorações concernentes à rebelião de 1789 assemelhavam-se à "Paixão de Cristo" — agora não mais com conotação religiosa, mas cívica. Ao mesmo tempo, a despeito de toda a documentação histórica em contrário, ocorreu a valorização da participação de Tiradentes na Conjuração, transmutado agora em líder inconteste do movimento; assim idealizado, Tiradentes se tornou o herói republicano (Carvalho, op. cit.). Pautados em suas análises, propomo-nos a estudar se ocorreu processo semelhante com a figura de d. Pedro I.

Ainda de acordo com José Murilo de Carvalho, havia a preocupação, no alvorecer da República, em legitimar o novo regime, diante da ínfima participação popular em sua implantação. As elites recorreram, então, a símbolos, imagens, mitos, objetivando transformar o imaginário popular, moldando-o às perspectivas republicanas. José Murilo de Carvalho procurou demonstrar a batalha em torno desse imaginário social em gestação, associando-o aos diferentes projetos republicanos que se digladiavam na época; a eficácia da construção desse novo imaginário repousou, em grande parte, da prévia existência de um "terreno fértil" na sociedade brasileira de então (*id.*, *ibid.*).

A opção republicana por Tiradentes se relacionava também ao panorama político da Primeira República, em que se fazia mister a formação de identidades que superassem as rivalidades políticas e pacificassem o conturbado cenário nacional; o herói selecionado se prestava ao papel de aglutinador da sociedade brasileira na passagem do Oitocentos para o Novecentos.

2. Comemoração na Primeira República: o centenário da Independência

Antes de mais nada, acreditamos ser fundamental analisar o ato de comemorar. Assim, para trabalhar com festividades cívicas e comemorações de centenários, utilizaremos Eric Hobsbawm. Segundo ele, os *centenários* apareceram na metade final do século XIX. Por volta de 1870 as sociedades ocidentais transformaram alguns acontecimentos em efemérides, ou seja, fatos históricos passíveis de comemoração (Hobsbawm, 1988, p.29). A partir desse momento, ocorreu uma construção de tradições, objetivando "assegurar a subordinação, a obediência e a lealdade" das camadas populares, que então aspiravam à participação eleitoral (*id.*, *ibid.*, p.154).

Muitas vezes as comemorações cívicas se pautaram pelas orientações estatais, especialmente quando dirigidas por governos autoritários. Todavia, algumas exceções se fizeram presentes: 1º de maio, ou, mais recentemente no Brasil, o "dia da consciência" negra — cuja comemoração apresenta acirrada disputa ideológica —, ou ainda o "dia do trabalhador rural", que, todavia, ainda não pode ser considerado de importância similar aos feriados oficiais.

Registre-se, por outro lado, que as tradições, mesmo inventadas, deviam possuir respaldo social (Hobsbawm e Ranger [orgs.], 1997, p.272); caso contrário, sua sobrevivência correria significativos riscos. Assim, por exemplo, o "dia da raça" não resistiu à deposição de Getúlio Vargas em outubro de 1945.

De acordo com Fernando Catroga, as comemorações cívicas se originaram a partir da Revolução Francesa e buscavam a atualização constante do passado, de modo a espantar os problemas existentes no presente, associando tais festividades ao momento em vigor (Catroga, Mendes e Torgal, 1998, p.225 e 312). Ao mesmo tempo, as comemorações pretendiam forjar identidades, integrando os indivíduos ao todo social.[14]

Ao longo da história política brasileira, a construção de uma identidade nacional não foi um processo pacífico. Assim, por exemplo, Lúcia Lippi de Oliveira abordou a disputa em torno do imaginário coletivo, travada durante os anos iniciais da Primeira República brasileira, momento de grande turbulência política, quando se digladiavam defensores da monarquia e adeptos da República (Oliveira in: *Revista Estudos Históricos*, 1989). Nessa análise em retrospectiva, Lúcia Lippi resgatou as interpretações distintas elaboradas pelos dois grupos, utilizando como expoentes principais Eduardo Prado e Afonso Celso, pelos monarquistas, e Raul Pompéia, Rodrigo Otávio e Quintino Bocaiúva, pelos republicanos.

Após o fracasso das tentativas implementadas pelos grupos monarquistas para a substituição da República pela monarquia, durante os governos Deodoro da Fonseca e Floriano Peixoto, e a neutralização dos republicanos radicais ("jacobinos") após a infrutífera tentativa de assassinar Prudente de Morais (em novembro de 1897), procurou-se

---

14. Id., ibid., p. 223. Por outro lado, a relação entre história e memória também faz parte da análise a respeito do comemoracionismo. Todavia, tal relação não será abordada em nossa tese. Para um estudo mais aprofundado da relação supra, ver, entre outros: Rousso in: Ferreira (org.), 1999; Nora in: *Projeto História*, dez. de 1993; Nora, 1986-1992; Halbwachs, 1990; Halbwachs, 1976.

estabelecer uma nova memória nacional, que auxiliasse no (re)estabelecimento da concórdia interna.

Entretanto, quem participaria dessa "Memória Nacional"? Melhor dizendo: quais efemérides e personagens receberiam o culto da sociedade brasileira, julgados pelos contemporâneos da passagem dos séculos XIX-XX como merecedores da recordação coletiva? Necessário, portanto, a superação das memórias particulares, isto é, daquelas elaboradas pelos diversos grupos sociais, momento em que a atividade dos historiadores — e de outros profissionais, como educadores e jornalistas, por exemplo — assumia relevo. Esses profissionais organizaram as festividades, "definindo os heróis que não merecem ser esquecidos" (*id.*, *ibid.*, p.174), a partir de elementos conjunturais, que condenavam ao olvido ou resgatavam das brumas.

Uma das primeiras medidas adotadas pela República consistiu, justamente, no estabelecimento das festividades nacionais, por meio do decreto 155B (14 de janeiro de 1890), ou seja, tentando forjar a memória nacional. As datas fixadas pelo texto legal enfatizaram duas modalidades distintas: a fraternidade internacional e a comunhão nacional. O primeiro aspecto procurou vincular a história brasileira a aspectos mais gerais, à herança ocidental que se expressou nas datas de 14 de julho — "República, liberdade e independência dos povos americanos" (*id.*, *ibid.*, p.180) — e 12 de outubro — "descoberta da América" (*id.*, *ibid.*) —, inserindo o Brasil no contexto internacional, e, em parte, uma perspectiva deísta, expressa pelas datas de 1º de janeiro e 2 de novembro, visto que a Primeira República estabeleceu a laicidade, a ponto de o Natal não fazer parte da lista de feriados nacionais.

O segundo aspecto dialogava diretamente com o passado nacional. Com isso, o martírio de Tiradentes (21 de abril) exprimiria a luta de todos os "precursores da Independência" (*id.*, *ibid.*), associando a Conjuração Mineira às rebeliões nativistas e às demais conjurações, de modo a diminuir o impacto do Sete de Setembro. O Quinze de Novembro se constituiu em elemento óbvio das festas nacionais, definido como "comemoração da pátria brasileira" (*id.*, *ibid.*), ou seja, a Proclamação da República assumia o papel de data magna, superior, inclusive, à declaração de Independência.

O Sete de Setembro, no contexto dos "anos entrópicos" (Lessa, 1988), não desfrutava da unanimidade atual, recebendo, ao contrário, severas críticas por parte de alguns intelectuais republicanos, que julgavam que "os acontecimentos do dia 7 de setembro de 1822 só fizeram piorar a situação brasileira, prolongando a dominação portuguesa" (Oliveira, op. cit., p.181), e retardaram a adoção da forma republicana, que se apresentou desde meados do século XVII — exemplificada pela Restauração Pernambucana e a Aclamação de Amador Aguiar Bueno — até às vésperas do "Grito do Ipiranga" — Revolução Pernambucana. Semelhante interpretação também criticava tanto as rebeliões regenciais, expressão maior da decadência da nacionalidade, em função da experiência monárquica, quanto a colonização portuguesa, incapaz de edificar uma sociedade justa.

> A versão republicana da história do Brasil, ou seja, a parte do passado que merece ser lembrada e ensinada, está presente em outras obras, como a de Gonzaga Duque, *Revoluções brasileiras* (1897), e a de Urias A. da Silveira, *Galeria histórica da Revolução brasileira de 15 de novembro de 1889* (1890). São livros de época, que retomam os movimentos precursores da República e assim tentam mostrar que este regime foi sempre uma aspiração nacional, ou seja, tem tradição, tem passado na história pátria. O novo regime tem origem no passado (*id.*, *ibid.*, p.182).

Intentava-se, nesse processo, legitimar a República, fornecendo-lhe raízes profundas, de modo a demonstrar não só a "naturalidade" da opção republicana, como, analogamente, o "exotismo" da monarquia tropical na América.

Os monarquistas não assistiram em silêncio ao discurso legitimador republicano. Eles disputaram o domínio simbólico, maneira de moldar os corações e as mentes das futuras gerações. Nesse conflito, até Tiradentes se transformou em objeto de batalha, tendo em vista que a realização de suas aspirações teria ocorrido a partir de 7 de setembro de 1822, e, portanto, o alferes mereceria lugar "no panteão dos monarquistas" (*id.*, *ibid.*, p.183). Simultaneamente, ainda em relação ao personagem Tiradentes, Lúcia Lippi de Oliveira resgatou a associação entre tal herói e Jesus, presente no discurso de um republicano histórico — Quintino Bocaiúva — nos estertores do Segundo Reinado (Oliveira, op. cit., p.183).

A disputa simbólica em torno do imaginário republicano assumiu contornos expressivos na comemoração do primeiro aniversário da proclamação da República, em novembro de 1890, momento em que se procurou elaborar um conjunto de novas tradições, de maneira a garantir a legitimidade do novo regime, isto é, assegurar-lhe a obediência coletiva em função dos ideais em nome do qual se administraria o país (Girardet, 1987). As festividades duraram três dias, quando ocorreram desfiles cívicos ao som do hino nacional, executado por bandas militares localizadas nos coretos ornamentados com o brasão da República. Ao mesmo tempo, moderna iluminação se espalhava pelo Distrito Federal, destacando edifícios oficiais e privados, além das vias públicas. "No Campo da Aclamação foi erguida uma coluna, em cujo topo encontrava-se uma 'Estátua da Liberdade'. Na mão direita ela portava um facho de luz, na esquerda o decreto da proclamação da República" (Siqueira in: *Revista Estudos Históricos*, 1994).

De acordo com Carla Siqueira, a República procurou se legitimar por meio da adaptação de normas e crenças aos novos tempos, no esforço em benefício da consolidação da ordem republicana, mediante a fixação de uma nova simbologia. Dessa forma, a comemoração republicana pressupunha a participação popular, mas em nível subalterno, isto é, essa "reunião cívica instaura uma ordem onde a adesão das massas conjuga-se com a preeminência da classe política, pois a comemoração é o apelo à participação popular, mas também o exercício de um ritual hierarquizado" (*id.*, *ibid.*, p.164). Assim, as festividades estabelecem as hierarquias e, ao incluir as camadas populares, realizam tal inclusão desvinculando-a de qualquer autonomia.

A construção de uma memória legitimadora da República passava, no contexto brasileiro de 1890, necessariamente pelas páginas da imprensa escrita, cuja função maior seria tornar inteligível às futuras gerações o momento atual, auxiliando a confecção de uma identidade mais ampla. "A rememoração histórica realizada pela imprensa não oferece apenas uma visão do passado. Pelo que lembra e pelo que esquece, oferece também uma compreensão do presente, uma ordem que se quer preservar no futuro" (*id.*, *ibid.*, p.162). Os noticiários, portanto, participam da batalha pela elaboração do imaginário, atuando de modo análogo à artilharia nos conflitos bélicos. Como decorrência, as informações sobre os festejos assumiram tonalidades distintas, de acordo com a filiação do respectivo jornal. Assim, as folhas monarquistas fundamentam sua crítica à República em uma pretensa legitimidade histórica da monarquia, enquanto os órgãos de imprensa republicanos enfatizam as "raízes" republicanas do Brasil.

Introdução

Uma das principais confrontações travadas nos jornais cariocas de novembro de 1890 consistiu no "mito de origem" a respeito da República, ou seja, o acontecimento da proclamação. Os republicanos históricos, por meio de *O Paiz*, priorizaram, em sua análise, a desagregação da ordem monárquica, maneira encontrada para tornar secundária a participação dos militares no evento em tela. Igualmente, o matutino então dirigido por Quintino Bocaiúva enalteceu a presença popular nos festejos de um ano da República, ao que parece tentando responder às acusações de apatia da população (*id.*, *ibid.*, p.168).

> Nas palavras de *O Paiz*, assim como nas dos demais jornais situacionistas, o 15 de novembro surge como um marco incontestável. Indica o início de um novo tempo, este sim verdadeiramente legítimo. As luzes da festa atestam o progresso, a abertura do Congresso no próprio dia 15 marca a ordem... A comemoração do 15 de novembro torna-se a prova palpável da afirmação da República.

Outra estratégia utilizada pela imprensa republicana consistiu na incorporação de espaços originalmente não republicanos, fornecendo a lugares emblemáticos do passado monárquico uma nova significação, identificando-os, doravante, com a República e, assim, "apagando" sua simbologia anterior.[15]

Os órgãos informativos identificados com a monarquia pautaram sua atuação jornalística de modo bastante hostil à República. Assim, o Governo Provisório recebia a denominação de ditadura, destacando-se a presença militar e o discurso autoritário que exalava de alguns setores do movimento republicano. Para os articulistas desses periódicos — em

---

15. Tal situação ocorrera com o Palácio de São Cristóvão — residência da família real até novembro de 1889 e, durante os primórdios da República, transformado em sede do Parlamento (Siqueira, op. cit., p. 169).

especial *A Tribuna*, folha dirigida por Carlos de Laet —, a República se resumira a mero golpe de Estado, sem adesão popular, e tal situação ainda perduraria decorrido um ano da proclamação: a população estaria indiferente aos festejos, não se identificando com a ordem republicana, caracterizando-se pela passividade diante da comemoração e se restringindo à função de espectador. Ainda sob essa perspectiva, o mesmo não ocorreria durante o império, quando a população participaria ativamente das festividades oficiais, inclusive com doações espontâneas (*id.*, *ibid.*, p.171).

Os jornais também divergiam frontalmente no que se refere à própria vigência da experiência republicana. Logo, a imprensa identificada com o novo regime associa a República à noção de regeneração, que assinalaria a inauguração de um novo tempo, marcado pelo progresso. "Assim, a República, ponto culminante da linearidade histórica, deve ser festejada a cada ano como o tempo do progresso, da legalidade, da ordem, da liberdade e da democracia" (*id.*, *ibid.*, p.173). Em contrapartida, os jornais monarquistas associaram a República à ideia de retrocesso, de degeneração, que acarretaria prejuízos incalculáveis ao futuro do Brasil (*id.*, *ibid.*, p.173).[16]

A interpretação referente ao império e à República também opôs monarquistas e republicanos, durante o período compreendido entre 1890 e 1930. Alguns intelectuais favoráveis à ordem republicana estigmatizaram a família real e seu governo, chegando ao ponto de valorizar a convulsão social de abril de 1831 que culminou na abdicação de d. Pedro I, identificando o passado como antinatural, autoritário e demasiadamente concentrado na pessoa do imperador e da

---

16. Ressalte-se, todavia, a existência de pontos de contato entre os jornais monarquistas e republicanos, não sendo possível afirmar que havia uma oposição radical entre ambos.

corte. Por outro lado, importantes pensadores afeitos à monarquia enfatizaram, em sua análise do passado monárquico, os seguintes elementos: a harmonia interna, a manutenção da integridade territorial e a presença do Brasil nas relações internacionais, ao mesmo tempo que acusavam a República de não possuir respaldo popular e de ter sido iniciada com uma simples quartelada — típica das repúblicas.

Esses dois grupos — republicanos e monarquistas — construíram suas memórias específicas e lutaram por torná-las mais estáveis; a memória nacional, por outro lado, procura superar as versões e construir símbolos, sínteses que unifiquem, apaguem as diferenças e diluam as lembranças distintas (Oliveira, op. cit., p.184).

A unidade se fazia pela conciliação, na medida do possível, entre as interpretações monarquistas e republicanas, integrando essas análises na busca da coesão social. Semelhante reforço em benefício da pacificação simbólica se expressou, de modo cristalino, em 1925, no centésimo aniversário natalício de d. Pedro II. A República parou para homenageá-lo, tecendo-lhe comemorações em espaços sagrados e laicos, ao mesmo tempo que se reavaliava sua atuação na história pátria.

Os monarquistas perderam a confrontação política, visto que, a despeito das dificuldades enfrentadas no primeiro decênio republicano, não ocorreu a restauração dos Orleans e Bragança — que, inclusive, permaneceram proibidos de retornar ao Brasil até 1921. Entretanto, a intelectualidade monarquista logrou êxito na batalha pelo controle do imaginário coletivo, impondo sua análise do passado brasileiro e, principalmente, do legado deixado pelo império às novas gerações. Triunfava, assim, a interpretação de que a integridade territorial brasileira deveu-se aos esforços monárquicos, que evitaram a desagregação nacional e a consequente aparição de repúblicas de menor extensão territorial.

Ao abordarmos o sesquicentenário, julgamos fundamental realizar uma breve análise a respeito da comemoração do primeiro centenário de nossa Independência. Assim, de acordo com Marly Silva da Motta, as festas realizadas em 1922 tiveram, como ponto marcante, o encontro com o próprio Brasil, isto é, a tentativa de conhecer o país em profundidade e fixar a identidade coletiva, assim como estabelecer uma nova interpretação canônica a integrar passado, presente e futuro (Motta, 1992).

As comemorações do primeiro centenário colocaram em relevo a disputa simbólica em torno do passado brasileiro, isto é, a construção de uma memória a mais adequada possível à conjuntura. Tal situação se apresentou no alvorecer da República, quando a nova ordem política exigia a formação de outro imaginário, agora ao feitio dos diversos grupos republicanos em aberto confronto pela imposição de sua hegemonia. Basicamente, colocava-se a seguinte questão: qual é a data nacional por excelência? Ou, em outras palavras: quando se comemoraria o nascimento do Brasil como realidade política autônoma?

A efeméride do Sete de Setembro estava intimamente relacionada ao período monárquico e à deposta família real. "Era preciso deixar claro que a República não fora obra do acaso ou do capricho dos militares, mas sim fruto de memoráveis acontecimentos passados. O ideal republicano teria sido uma presença constante ao longo da história brasileira" (*id.*, *ibid.*, p.13). Haveria, portanto, a preocupação em secundarizar o Grito do Ipiranga, em benefício de eventos capazes de legitimar a experiência republicana e eclipsar as décadas vividas sob governo monárquico. Os dois eventos potencialmente capazes de substituir o Sete de Setembro eram a abdicação de d. Pedro I (7 de abril de 1831) e a "Proclamação da República" (15 de novembro de 1889), que, todavia, não desfrutavam de unanimidade.

Assim, apesar dos esforços do Governo Provisório em homenagear sua própria implantação, a data de 15 de novembro alijava os monarquistas e, ademais, possibilitaria recordar a diminuta presença popular nos momentos iniciais da República. Por outro lado, a abdicação de d. Pedro I se caracterizou como um momento de profunda agitação social, com significativa participação popular.

> Embora fiel ao ideal republicano, 1831 fora marcado por convulsões populares... A desordem espreitava o Sete de Abril. E mais, o Sete de Setembro já estava fixado na memória nacional. Decidido a eliminar certas arestas que comprometiam seu esforço de consolidação, o governo republicano buscou certa conciliação com o passado monarquista (*id.*, *ibid.*, p.15).

Diante dessas dificuldades, o Sete de Setembro poderia se transformar em símbolo da unidade nacional, capaz de extrapolar as fronteiras do movimento republicano e agregar as hostes monarquistas, desde que ressignificado, isto é, adaptado ao regime republicano.[17]

Além da fixação da data magna, os republicanos enfrentaram ainda outra dificuldade: quais personagens participariam do Panteão cívico? Ou melhor: já que o Sete de Setembro se tornara data nacional, havia a necessidade de escolher o

---

17. "Vitorioso o Grito do Ipiranga — pela necessidade de conciliação, pela inviabilidade de outras opções e pela maior habilidade dos monarquistas em impor o seu passado —, a saída republicana foi moldar a comemoração do 7 de setembro aos novos tempos. Era preciso identificar o que podia ser salvo e o que deveria ser esquecido. Enquanto d. Pedro I foi execrado como estroina, irresponsável, oportunista, José Bonifácio foi devidamente resgatado e guindado a uma posição preponderante." Id., ibid., p. 16.

indivíduo a ser cultuado por sua atuação nos acontecimentos de 1822. Os republicanos questionaram a figura de d. Pedro I, identificando-o com o passado colonial, em benefício de José Bonifácio, elevado à condição de articulador do movimento emancipacionista, mas, ao mesmo tempo, desprovido de qualquer responsabilidade pelas dificuldades político-administrativas enfrentadas durante o Primeiro Reinado e símbolo da racionalidade científica valorizada ao longo da Primeira República (*id.*, *ibid.*, p.107). Assim, confrontavam-se candidatos a heróis nacionais e interpretações a respeito do Grito do Ipiranga.[18]

Os festejos do primeiro centenário ocorreram em uma conjuntura de crítica aos rumos percorridos pela República brasileira, identificada com as oligarquias, a fraude eleitoral e o atraso. Nesse contexto, a proposta de supressão da pena de banimento imposta aos integrantes da família real suscitou acirrado debate, ao longo dos últimos meses de 1920. Pretendia-se, dessa maneira, o repatriamento dos restos mortais de d. Pedro II e de d. Teresa Cristina, assim como o retorno da princesa Isabel e do conde d'Eu, e dos demais descendentes ainda vivos do último casal imperial. O regresso dos Orleans e Bragança assinalaria a comunhão nacional de todos os brasileiros, superando-se a oposição entre monarquistas e republicanos. "A chegada ao Brasil dos restos mortais da família imperial, em janeiro de 1921, provocou uma romaria dos 'republicanos históricos' aos túmulos de Floriano Peixoto e Benjamim Constant, numa clara indicação de que a disputa pelo controle da memória é uma luta pelo poder de encaminhar o futuro do país" (Motta, op. cit., p.26). A despeito da

---

18. Lúcia Bastos Pereira das Neves analisa a construção do 7 de setembroSetembro como data exponencial do império, visto que, durante algum tempo, a monarquia comemorava a separação em relação a Portugal a 12 de outubro — data da coroação de d. Pedro I como imperador do Brasil (Neves, 2003).

Introdução

intenção de cimentar a unidade nacional, percebe-se a presença do confronto, que se refere mais aos republicanos do que aos defensores da restauração monárquica, já pouco atuantes na década de 1920.

Desde o início da década de 1920 já circulavam na imprensa propostas referentes às comemorações do centésimo aniversário do Estado Nacional brasileiro, ocorrendo uma "eficaz operação de vigilância simbólica" (*id., ibid.*, p.49). Segundo Marly da Motta, nos textos da imprensa carioca havia a preocupação com a imagem da Capital Federal, que deveria continuar o processo de remodelação iniciado pela gestão Pereira Passos (1903-1906): abertura de novas vias de comunicação, alargamento das artérias viárias existentes, demolição de moradias e, em especial, a destruição do Morro do Castelo.[19]

Contudo, as comemorações do primeiro centenário não se restringiram ao translado dos cadáveres de d. Pedro II e sua esposa ou à derrubada do Morro do Castelo. Assim, o apogeu das festividades assumiria a forma da Exposição Internacional, cujo planejamento ocorreu entre 1920 e 1921. A programação oficial das comemorações dos cem anos de Brasil independente incluiria ainda a inauguração de monumentos (Panteão dos Andradas, localizado em Santos) e de prédios públicos (nova sede da Câmara de Vereadores do Rio de Janeiro e da Escola Nacional de Belas Artes — ambas situadas no Distrito Federal), assim como a publicação de importantes obras de referência (*Dicionário histórico, geográfico e etnográfico do*

---

19. O arrasamento do Morro do Castelo provocou, nas páginas da imprensa carioca, acalorada discussão entre os defensores e os oponentes da preservação do maciço. Para os "conservacionistas", o Castelo "era o repositário vivo da memória da nação, célula-mater da sua futura capital, e destruí-lo em plena comemoração do centenário era um verdadeiro 'sacrilégio'", ao passo que seus detratores julgavam-no "depósito do cisco nacional" (Motta, op. cit., p. 64).

Brasil; Arquivo diplomático da Independência), além da realização de encontros acadêmicos em diversas áreas (história, educação, direito).

A Exposição ocorreria no Distrito Federal, e sua inauguração aconteceu em 7 de setembro de 1922. Ela terminaria suas atividades, após uma prorrogação de 15 semanas, somente em 24 de julho de 1923. A área da Exposição foi segmentada entre um setor específico de representações estrangeiras, composta por países da América — Argentina, Estados Unidos e México —, da Europa — Bélgica, Dinamarca, França, Inglaterra, Itália, Noruega, Portugal, Suécia e Tchecoslováquia — e da Ásia — Japão —, e outro setor, este nacional e que se dividia entre os estados da federação, alguns prósperos municípios, ministérios, empresas privadas nacionais e estrangeiras e atividades relevantes para a aniversariante nação brasileira.[20]

A inauguração da Exposição contou com significativa afluência popular, expressa por meio de salva de fogos e zoar de buzinas e apitos, além do canto do hino brasileiro. De acordo com Marly da Motta, "a multidão levanta[ra]-se eletrizada" (*id., ibid.*, p.69) com o início do evento, o que assinalaria a possibilidade de uma unidade nacional. Afinal, buscava-se o apaziguamento entre as diferentes forças políticas, eliminando-se os ásperos conflitos recentemente vivenciados, expressos pela Reação Republicana e pelo levante tenentista do Forte de Copacabana — 5 de julho de 1922 (Motta, op.cit., p.72). Se não

---

20. Segundo Marly Silva da Motta, eram as seguintes atividades nacionais na exposição: educação e ensino; instrumentos e processos gerais das letras, das ciências e das artes; material e processos gerais da mecânica; eletricidade; engenharia civil e meios de transporte; agricultura; horticultura e arboricultura; florestas e colheitas; indústria alimentar; indústrias extrativas de origem mineral e metalurgia; decoração e mobiliário dos edifícios públicos e das habitações; fios, tecidos e vestuários; indústria química; indústrias diversas; economia social; higiene e assistência; ensino prático, instituições econômicas e trabalho manual da mulher; comércio; economia geral; estatística; forças de terra e esportes (Motta, *op. cit.*, p. 67-8).

houvesse perspectiva de excluir o conflito, ao menos haveria a possibilidade de diluí-lo, e mesmo eclipsá-lo, a partir da ênfase no centenário.

A comemoração do primeiro centenário envolveu, no Distrito Federal, além da realização da Exposição Internacional, a doação, por parte do governo mexicano, de uma réplica da estátua de Cuauhtémoc, com quatro metros de altura e que fora instalada na interseção das ruas Rui Barbosa, Beira Mar e Oswaldo Cruz. A réplica foi inaugurada com toda a pompa possível, em 16 de setembro de 1922, em cerimônia dirigida pelo então presidente da República, Epitácio Pessoa, e da qual participou José Vasconcelos, ministro da Educação do México.

Maurício Tenório analisou detalhadamente alguns aspectos da Exposição Internacional de 1922, grandiosa mas anacrônica, visto que perdera seu momento histórico, o século XIX por excelência, momento em que se realizaram feiras internacionais na Europa e na América do Norte, sempre com presença brasileira (Tenório in: *Revista Estudos Históricos*, 1994, p.123).

A Exposição do Rio de Janeiro buscou explicitar, no âmbito internacional, as mudanças provocadas no tecido urbano e na saúde pública no início do século XX, respectivamente sob o comando de Francisco Pereira Passos e Oswaldo Cruz, ao mesmo tempo que, e de modo contraditório, procurava valorizar a arquitetura pré-Independência. Isso porque, de acordo com Maurício Tenório, os pavilhões construídos para abrigar as delegações que participariam da Exposição Internacional se inspiravam, na maior parte das vezes, em estilos arquitetônicos neocoloniais ibéricos,[21] o que se opunha ao antilusitanismo presente em muitos discursos exalados à época.[22]

---
21. Segundo Tenório, "o neocolonialismo brasileiro teve sua melhor expressão na Exposição do Centenário do Rio de Janeiro" (*id., ibid.*, p. 135).
22. Para o antilusitanismo existente no início do século XX, ver: Ribeiro, 1990.

Ainda de acordo com Maurício Tenório, a exposição do primeiro centenário possuiu, além da reforma urbanística, a questão política como outro ponto de contato com as feiras internacionais anteriores. O evento do Rio de Janeiro "apresentou-se como uma ilha de harmonia e consenso, rodeada por todos os lados de agitações políticas, crises econômicas, rebeliões regionais, inquietações sociais e controvérsias intelectuais" (Tenório, op. cit., p.125), de modo a obscurecer as crescentes dificuldades enfrentadas pelo regime oligárquico no curso de seu derradeiro decênio, além de constantes problemas econômicos.

Simultaneamente, os contemporâneos de 1922 não esqueceram a construção de uma nova memória, capaz de neutralizar a sensação de "perda" decorrente da demolição do Morro do Castelo, e que se efetivou com a criação do Museu Histórico Nacional, em agosto de 1922, espaço habilitado a preservar as mais distintas tradições do país (Motta, op. cit., p.73).

Na capital bandeirante, entretanto, as festividades de 1922 potencializavam a explicitação de novas imagens, que enfatizavam o papel desempenhado por personagens paulistas no processo de emancipação política brasileiro. Mais ainda, tais imagens valorizavam a contribuição de São Paulo (cidade e estado) no progresso nacional, ao mesmo tempo que se estigmatizava a cidade do Rio de Janeiro, identificada com valores negativos, cujo esquecimento beneficiaria o próprio desenvolvimento do Brasil (*id.*, *ibid.*, p.103).

De certa forma, o discurso em favor da preponderância paulista participava do esforço, perpetrado pela intelectualidade "modernista" (mas de modo algum exclusivo do grupo) local para refundar a cultura nacional, o que passaria obrigatoriamente pela depreciação dos principais literatos da época, além de outros artistas, mas especialmente pela reescrita do passado brasileiro (*id.*, *ibid.*, p.106).

Introdução

Esse processo representou, efetivamente, uma disputa simbólica, confrontando-se interpretações distintas da trajetória brasileira. Nessa construção de memória, impunha-se o estabelecimento de uma nova mitologia fundacional, capaz de legitimar as aspirações dos viventes à época do primeiro centenário, que utilizariam o passado como argumento para justificar suas pretensões políticas e ideológicas, de maneira que o destino do Brasil passaria, obrigatoriamente, por paulistas e por São Paulo. Assim, a predominância paulista deitaria suas raízes na própria história nacional, fato "comprovável" pela epopeia bandeirante, um dos marcos basilares das fronteiras definitivas de nosso país.

No capítulo 1, abordamos — de modo sucinto — o governo Médici e, logo após, discutimos o conceito de comemoração em outros países. Posteriormente, tratamos algumas atividades vinculadas ao sesquicentenário da Independência brasileira: inauguração de prédios e vias públicas, além da realização de cursos, entre outras.

No capítulo 2, analisamos a aproximação do IHGB com o regime militar e, em especial, com o governo Médici, culminando com a participação ativa dessa centenária instituição nas comemorações oficiais do sesquicentenário — por meio da construção e da inauguração de sua nova sede pelo presidente Médici, e com a publicação da *Biblioteca do sesquicentenário*. Ainda neste capítulo, abordamos algumas produções culturais que tinham o processo de emancipação política como tema principal, destacando o filme *Independência ou morte*.

No capítulo 3, discutimos a utilização dos esportes nas festividades do sesquicentenário da Independência, em particular do futebol. Destacamos, assim, a realização da Taça Independência e sua vinculação ao discurso da "integração nacional" existente na época.

Por fim, no capítulo 4, estudamos as festividades oficiais ocorridas entre abril e setembro de 1972, assim como a propaganda — oficial e privada — associada ao sesquicentenário, culminando com a cerimônia de inumação dos despojos de d. Pedro I no Monumento do Ipiranga.

Capítulo 1
O sesquicentenário da Independência do Brasil (1972) e o Governo Médici

Neste capítulo analisamos alguns aspectos importantes do governo Médici, objetivando traçar a conjuntura do período em que se realizaram as festividades, ao mesmo tempo que busco apresentar uma espécie de visão "panorâmica" a respeito das comemorações oficiais, desde a Primeira República. Finalmente, busco justificar a escolha dos objetos e do tema que estudarei ao longo desta tese.

1.1. Para além do porão e do milagre: alguns apontamentos sobre o governo Médici

As comemorações dos 150 anos da Independência brasileira ocorreram sob o governo do presidente Emílio Garrastazu Médici. Os festejos aconteceram em todos os estados e territórios brasileiros, culminando com a colocação dos despojos mortais de d. Pedro I no Monumento do Ipiranga, em São Paulo (SP), em 7 de setembro de 1972.

O Estado brasileiro participou ativamente das comemorações, com a criação da Comissão Executiva Central para as comemorações do sesquicentenário da Independência do Brasil (CEC), cuja presidência foi confiada ao general de exército Antônio Jorge Correia. Essa comissão, criada pelo decreto 69.922, de 13 de janeiro de 1972, encarregou-se de preparar as festividades oficiais que assinalariam o evento.[23]

---

23. O decreto n. 69.344, de 8 de outubro de 1971, instituiu "uma comissão nacional para programar e coordenar as comemorações do sesquicentenário da Independência do Brasil, durante o ano de 1972, bem como propor os meios necessários à realização das mesmas", sendo composta "pelos ministros de Estado da Justiça, da Marinha, do Exército, das Relações Exteriores, da Educação e Cultura e da Aeronáutica, pelos chefes dos gabinetes militar e civil da presidência

De acordo com Helenice da Silva, as comemorações significariam a manipulação da memória por meio do esquecimento e da lembrança propositais, que priorizariam determinados eventos e personagens, em detrimento de outros.

> A esse propósito, as comemorações nacionais oferecem exemplos pertinentes, uma vez que elas são objeto de interesses em jogo (políticos, ideológicos, éticos etc.). O uso perverso da seleção da memória coletiva encontra-se, portanto, nesse processo de "rememoração" social, cuja função é justamente a de impedir o próprio esquecimento. Apagam-se da lembrança as situações constrangedoras [...] e privilegiam-se os mitos fundadores e as utopias nacionais [...] Ora, essa seleção da memória coletiva é comum em todas as comemorações de uma data nacional [...] as comemorações buscam, nessa "rememoração" de acontecimentos passados, significações diversas para uso do presente (Silva in: *Revista Brasileira de História*, 2002).

No ato de festejar a efeméride selecionada, os elementos divergentes são eliminados, em favor daqueles que sustentam determinadas interpretações a respeito do passado coletivo e possibilitam legitimar situações atuais.[24] Por outro lado, as festividades nacionais assinalam, mais do que mera lembrança desinteressada do passado, uma justificativa para o presente e a indicação do rumo a ser trilhado pelas próximas gerações.

---

da República, e pelos presidentes das seguintes entidades: Instituto Histórico e Geográfico Brasileiro, Conselho Federal de Cultura, Liga de Defesa Nacional, Associação Brasileira de Imprensa, Associação Brasileira de Emissoras de Rádio e Televisão (Abert) e Associação Brasileira de Rádio e Televisão (Abrate)". Ela também designaria a Comissão Executiva Central, criada pelo decreto 69.922/72.
24. Assim, por exemplo, Helenice da Silva aborda os festejos oficiais do quinto centenário da expedição comandada por Pedro Álvares Cabral à região de Porto Seguro (BA), por ela julgada comemoração não de um evento, mas da própria história nacional, pautada em interpretações a-históricas ("mitologia da nação"). Cf. id., ibid. p. 432-3.

> Em outras palavras, a comemoração tem por objetivo demonstrar, como já vimos, que o acontecimento "rememorado", por seu valor simbólico, pode se reportar ao devir, as comemorações buscam, pois, nessa reapropriação do acontecimento passado, um novo regime de historicidade, projetando-o em direção ao futuro. Em outros termos, a comemoração das datas nacionais demonstra que os acontecimentos tidos por inaugurais exercem ainda uma função eminentemente simbólica (*Id.*, *ibid.*, p. 436).

Dessa maneira, as festividades nacionais participam da disputa política, pois asseguram o controle do poder simbólico, visando perpetuar (ou, ao menos, prolongar) a situação de poder vigente.

De acordo com Eric Hobsbawm, o comemoracionismo procuraria se fixar na temporalidade, afirmando-se como parte da tradição, constituindo-se, portanto, em resquício de períodos imemoriais. Entretanto, em não raras ocasiões semelhante vinculação com o passado é artificial — para não dizermos arbitrária —, visto que, em realidade, os Estados, de acordo com esse autor, inventam tradições, objetivando não apenas adquirir legitimidade política, mas também estabilidade social.

Assim, as tradições inventadas possuem nítidos vínculos com a política e buscam ampliar a coesão social, especialmente em momentos de grande contestação.[25] Em certa medida,

---

25. Por tradição inventada, Hobsbawm entende "um conjunto de práticas, normalmente reguladas por regras tácita ou abertamente aceitas; tais práticas de natureza ritual ou simbólica visam inculcar certos valores e normas de comportamento mediante a repetição, o que implica, automaticamente, uma continuidade em relação ao passado. Aliás, sempre que possível, tenta-se estabelecer continuidade com um passado histórico apropriado. [...] Inclui tanto as 'tradições' realmente inventadas, construídas e formalmente institucionalizadas, quanto as que surgiram de maneira mais difícil de localizar num período limitado e determinado de tempo — às vezes coisa de poucos anos apenas — e se estabeleceram com enorme rapidez. [...] É

as tradições inventadas expressam mudanças ocorridas na sociedade e a dificuldade das velhas tradições em conviver com essas rupturas.[26] Ressalte-se ainda que tais tradições inventadas procuram responder a problemas atuais e de recente emergência no cenário social e não se confunde nem com o costume nem com a rotina, pois a tradição inventada se baseia em sua função ritual ou simbólica, e não em aspectos "práticos".

Maurício Parada estudou o comemoracionismo durante o "Estado Novo" brasileiro (1937-1945), quando se utilizou do conceito de *Cerimônias Sintéticas*, definido como "um olhar que permite encontrar uma continuidade entre os eventos públicos e as práticas disciplinares realizadas no cotidiano das escolas" (Parada, 2003, p.19). As festividades não assinalariam uma ruptura com o cotidiano, mas, ao contrário, indicariam uma continuidade, e, em alguma medida, as comemorações patrióticas explicitariam relações de poder presentes nas atividades corriqueiras da sociedade brasileira da década de 1930, indicando, ao menos em parte, a negociação entre Estado e Sociedade, e não apenas a associação entre comemorações cívicas e propaganda política — ainda que as comemorações se relacionassem à atmosfera repressiva (*id.*, *ibid.*, p.32).

As festas cívicas não eram apenas instrumento de controle social, mas também assumiam a forma de mecanismos de fabricação do consenso social. Mais ainda, as comemorações elaborariam interpretações sobre acontecimentos pretéritos, procurando restabelecer os vínculos entre passado, presente

---

óbvio que nem todas essas tradições perduram; nosso objetivo primordial, porém, não é estudar suas chances de sobrevivência, mas sim o modo como elas surgiram e se estabeleceram". Hobsbawm, Eric; Ranger, Terence (orgs.). *A invenção das tradições*. Op. cit., p. 9.

26. De acordo com Eric Hobsbawm e Terence Ranger, existiriam três modalidades de tradição inventada: preservar a unidade de grupos étnicos minoritários, legitimar o poder político ou internalizar determinados hábitos. Cf, id., ibid., p. 17.

e futuro, ao mesmo tempo que permitiriam a formação de identidades coletivas, por meio da transformação do poder em espetáculo, legitimando alguns discursos que expressariam as aspirações coletivas e, portanto, simbolizariam a própria nação.

> [As comemorações] demonstram como um sistema de crenças pode mobilizar uma população, seja para apoiar o *status quo* ou para subverter a estrutura social. Celebrações públicas tornaram-se particularmente significativas durante períodos de transformação revolucionária, quando sociedades não somente devem projetar a si mesmas no futuro, mas devem lutar pelo legado de seu passado [...] Paradas, desfiles e comícios são representações públicas que teatralizam as relações sociais, aqueles que as realizam procuram definir os limites da participação de cada um dos agentes sociais, além de estabelecer quais ações e ideias devem ser considerada (*id., ibid.*, p.44 e 48).

Nesse contexto, o desfile cívico adquiria capital importância, pois forneceria um novo estatuto a espaços de utilização ordinária, sacralizando tais territórios, que, a partir de então, adquiririam nova função durante as cerimônias cívicas. Acrescente-se ainda que seus frequentadores também sofriam alteração, sendo transformados em uma plateia, pois eles não se localizavam no "espaço cerimonial... assistem ao espetáculo e não participam [...] olham sem ser vistos porque não têm direito à visibilidade" (*id., ibid.*, p.115).

Simultaneamente, a percepção do tempo também sofreria mudança, pois ao se tornar feriado (ou "ponto facultativo") interromperia a labuta cotidiana, agora substituída pela realização dos festejos oficiais, isto é, o início de eventos e obras, além da realização dos discursos referentes ao feriado (*id., ibid.*, p.123). Essas cerimônias pressupunham a presença de plateias, sem as quais se prejudicaria a própria simbologia da comemoração. Ressalte-se, contudo, que tais festejos incorporam parcialmente as camadas populares, ainda que por meio da hierarquização de funções e da imposição de um comportamento passivo diante do espetáculo patriótico.

Por conseguinte, as festividades aparecem, sob a perspectiva de Maurício Parada, como a complementação da repressão política, pois elas "festejavam a norma que deveria regrar o bom cidadão e eram a contrapartida simbólica da repressão. [...] A prisão, o cárcere e o exílio eram 'legítimos' porque preservariam a harmonia encenada e teatralizada na praça pública" (*id.*, *ibid.*, p.246). Assim, as comemorações patrióticas estavam relacionadas às práticas de controle político oriundas do Estado Novo brasileiro, não existindo contradição entre ambas.

Nossa análise a respeito do comemoracionismo possui, em Fernando Catroga, uma de suas referências obrigatórias, constituindo-se em suporte fundamental para a tese. As comemorações expressam uma das funções sociais da história, tal como o século XIX a interpretava: a evocação do passado, estabelecendo "representações simbólicas que pudessem funcionar como lições vivas de memorização" (Catroga *et alii*, op. cit., p.221). As comemorações permitem à sociedade resgatar o passado, ou melhor, observar a interpretação que os contemporâneos fizeram dos acontecimentos por eles julgados relevantes e dignos de lembrança. Simbolicamente, tanto a história realizada durante o século XIX e início do XX quanto as comemorações trazem o passado de volta para o presente, homenageando efemérides e indivíduos e, ao mesmo tempo, quando se estabelecem como feriados, interrompendo o tempo normal, substituído por outro, agora sagrado devido ao culto cívico que o acompanha e o torna especial (*id.*, *ibid.*, p.329).

Capítulo 1

O objeto de análise de Catroga é a sociedade portuguesa, que utilizamos então como exemplo para nossa argumentação. Assim, embora as comemorações objetivassem cimentar o tecido social, elas não permaneceram desvinculadas dos conflitos da sociedade portuguesa entre o final do século XIX e meados do XX. Apesar, e em função, da confrontação latente, buscou-se forjar a unidade nacional em torno de "memória(s) consensualizadora(s)" (*id.*, *ibid.*, p.225). Ao mesmo tempo, a turbulência política de Portugal nas décadas compreendidas entre a Proclamação da República (1910) e a Revolução dos Cravos (1975) nos ajuda a entender o esforço unificador das festividades cívicas, de modo a eclipsar as divergências presentes em benefício do futuro.

> Como frequentemente tem sido escrito, as grandes comemorações foram promovidas para alimentar a unidade nacional. Em consequência, a recepção do que nelas se expressou esteve diretamente condicionada pela intensidade das lutas sociais e políticas que atravessaram as conjunturas em que se realizaram (*id.*, *ibid.*, p.318).

Em algum nível, os festejos cívicos deviam conviver com os conflitos, ainda que procurando ocultar sua existência.

Outro aspecto importante consiste na abordagem realizada por Catroga a respeito da comemoração das revoluções, quando ele analisa algumas festividades empreendidas pelo regime salazarista. Semelhante governo procurava se apresentar como elemento de continuidade das glórias pretéritas de Portugal, apelando para a edificação de novos monumentos e a ressignificação de construções históricas, além da realização de várias obras públicas. O Estado, simbolizado por Salazar e seus ministros, regenerava a nação portuguesa após os anos de decadência expressos pelo regime liberal-democrático da Primeira República e, mais ainda, procurava concretizar os desígnios que esperavam Portugal no futuro. Em todo esse processo de convencimento, a imprensa simpática ao salazarismo desempenhou relevante função. As comemorações da ditadura Salazar, dessa forma, glorificavam o regime, ao mesmo tempo que produziam virulenta crítica em relação ao passado próximo.

Uma ideia primordial desenvolvida por Fernando Catroga se refere à identificação entre comemoracionismo e religião cívica, ou seja, para o autor as comemorações se constituem na religião do Estado-nação, implantada a partir do alvorecer do próprio Estado-nação desde os últimos decênios do Setecentos (Catroga, 2004).[27] Inspirados no pensamento rousseauniano, os participantes da Revolução Francesa associaram a religião civil ao Estado, na tentativa de superar os entraves que a religiosidade impusera à emancipação humana. Nessa religião civil, a sociedade cultuaria o Estado-nação e os historiadores definiriam sua liturgia, destacando seus santos e mártires (isto é, os heróis nacionais), assim como seus santuários (os monumentos), as procissões (cortejos cívicos) e os momentos da comunhão (os feriados nacionais). Isso se tornou bastante explícito na sociedade norte-americana, onde tal religião cívica se apresenta no cotidiano, onde não

> faltam os seus profetas e os seus mártires, os seus grandes acontecimentos e os seus lugares de memória, nem práticas rituais que pontualizam o calendário cívico através de selecionadas evocações [...] ela traduz-se em símbolos (como hinos e as bandeiras),

---

27. Na obra, o autor analisa mais detalhadamente algumas noções anteriormente esboçadas, por meio da análise comparativa entre as festividades cívicas nos Estados Unidos, na França e em Portugal.

em ritos (como as sessões solenes, os discursos inaugurais, as paradas), em múltiplas expressões iconográficas, em fortes investimentos comemorativos, bem como num intenso culto cívico dos mortos na guerra e na frequente sacralização da linguagem político-ideológica, mormente na que qualifica o sentido do destino histórico da América (*id.*, *ibid.*, p.23 e 28).

Ressalte-se, entretanto, que a presença dessa ritualística não se configura uma exclusividade dos Estados Unidos, ocorrendo em diversos países. Alguns aspectos, todavia, ocorreram de modo mais agudo na sociedade estadunidense, como o culto aos mortos em todos os conflitos de que o país tomou parte — o que unifica, simbolicamente, quer os êxitos, quer os fracassos na política externa, além de pretender cicatrizar a chaga da Guerra de Secessão —, assim como as festividades em honra à Independência.

No que se refere à França, podemos destacar o potencial integrador dos festejos cívicos, elaborados como antídoto à ruptura provocada, no tecido social, pelo transcurso do processo revolucionário de 1789, buscando-se, principalmente, a educação dos cidadãos.

A partir do advento da Revolução Francesa, seria fundado não apenas um novo regime político ou uma nova maneira de dirigir os destinos da coletividade. Haveria o estabelecimento de um novo começo, de uma nova sociedade, enfim, de um país radicalmente distinto daquele até então existente, habitado por uma população regenerada e desprovida das antigas práticas viciosas, rumo ao futuro sempre grandioso.

No que se refere a Portugal, Fernando Catroga enfatizou a noção de nostalgia, ou seja, a saudade daquilo que se perdeu ao longo da trajetória. Assim, nas décadas finais do Oitocentos, a sociedade portuguesa assistiu a diversas comemorações que, por um lado, procuravam tornar sagrados assuntos já secularizados e, por outro, resgatavam a glória perdida de Portugal: a inumação dos despojos de Luís de Camões e do almirante Vasco da Gama no Mosteiro dos Jerônimos, em 1880, à época em que as novas potências imperialistas defendiam a divisão entre si do império colonial português.

Simultaneamente, o comemoracionismo em Portugal no período anterior à instalação do Estado Novo buscou transferir para o presente a epopeia das "Grandes Navegações", objetivando restabelecer a unidade nacional, particularmente quando as colônias, que integravam o território português desde a Idade Moderna, se encontravam ameaçadas pelas pretensões das potências capitalistas hegemônicas, tais como Inglaterra, França e Alemanha.

A partir do fim do regime liberal-democrático e, principalmente, da implantação da ditadura salazarista, as comemorações enfatizaram, crescentemente e em uníssono com a ideia de regeneração, o resgate da importância que o Estado português desfrutava entre o alvorecer do século XV e a batalha de Álcacer Kibir (1578).

> Toda a sua simbologia procurava veicular imagens tendentes a aurear o regime como se este fosse a culminação apoteótica do império, isto é, do próprio sentido da história de Portugal. Depois de séculos de decadência, que o liberalismo monárquico e republicano teriam acelerado, a nova ordem — apresentava-se como um "Estado Novo." Inspirando-se no melhor do passado, ele estaria, finalmente, a regenerar a nação decaída (*id.*, *ibid.*, p.128).

Apostava-se, portanto, em uma modificação substancial do imaginário coletivo, substituindo-se a perspectiva decadentista pela expectativa da idade de ouro lusitana (representada pelo apogeu do "Pacto Colonial", na época imediatamente anterior à União Ibérica).

Tais comemorações guardam pontos de contato com as festividades do sesquicentenário da Independência brasileira. Assim, pretendia-se "sufragar, simbolicamente, o regime, ou melhor, o seu chefe (Salazar), e concretizar uma manifestação capaz de ter uma grande repercussão internacional" (*id*., *ibid*., p.129). Intentava-se agregar apoio ao regime autoritário, fazendo das comemorações peças propagandísticas, que exaltariam, além dos ocupantes do poder político da época, a preservação do império colonial português — especialmente a partir da eclosão dos movimentos de libertação nacional afro-asiáticos, no decorrer das décadas de 1950 e 1960.

A questão colonial apareceu, então, como um dos fatores presentes no comemoracionismo português sob a ditadura salazarista. Com a emergência de atividades guerrilheiras de cunho nacionalista nas colônias situadas na África, assim como as pretensões sino-indianas sobre as possessões portuguesas, o Estado buscou exibir, às demais nações e organismos internacionais, o apoio da população ao colonialismo de Portugal.

As comemorações empreendidas pelo Estado Novo de Salazar expressaram ainda a comunhão entre a Igreja Católica e o governo português, com forte presença clerical, "apelando, não raro, para a proteção de um Deus providencialista e padroeiro, tal como o catolicismo tradicionalista o representava" (*id*., *ibid*., p.146). Isto é, recorria-se ao discurso religioso que, de certa maneira, legitimava o destino manifesto português: levar a civilização e o catolicismo (termos intercambiáveis) às regiões coloniais.

De modo análogo, a escolha dos heróis e dos monumentos a serem cultuados pela sociedade portuguesa também se relaciona com a aproximação entre as autoridades estatais e eclesiásticas, fornecendo sentido à exploração colonial ao associar passado ("Grandes Navegações"), presente (Estado Novo) e futuro (retorno das glórias pretéritas por meio da juventude lusitana): Mosteiro dos Jerônimos e Escola de Sagres (lugares doravante sacralizados pelo culto patriótico), assim como Luís de Camões, d. Henrique e d. Nuno Álvares Pereira (transformados nos heróis nacionais, destacando-se o último, defensor de Portugal e da religião).[28] Os heróis selecionados possuíam a capacidade de ser associados à conjuntura do período em tela (ditadura de Antônio de Oliveira Salazar) no momento em que se buscava "recatolicizar o imaginário nacional" (*id.*, *ibid.*, p.152) e, simultaneamente, legitimar a ordem vigente.

A presença portuguesa nas comemorações brasileiras mereceu destaque por parte de Fernando Catroga, quer no centenário (1922), quer no sesquicentenário da Independência (1972). Elas teriam objetivado o fortalecimento dos vínculos entre as antigas metrópole e colônia. Não por coincidência, nas duas festividades o então presidente da República (Antônio José de Almeida, em 1922, e o almirante Américo Tomás em 1972) portuguesa visitou o Brasil, à frente de comitivas das quais participavam ministros, importantes burocratas e empresários de destaque. Especificamente nas festas em homenagem ao 150º aniversário da Independência brasileira, o Estado português objetivaria explicitar sua política colonialista em relação aos territórios africanos, incapazes, sob a perspectiva oficial, de se gerir de maneira autônoma (*id.*, *ibid.*, p.140).

Retornando à cena brasileira, o governo Médici, tradicionalmente associado à repressão aos opositores, engajou-se na criação de um clima propício às festividades cívicas, mediante

---

28. De acordo com Catroga, "o perfil e o exemplo de abnegação destes heróis sugeriram que o católico e celibatário Antônio de Oliveira Salazar era a sua encarnação reatualizada". Id., ibid., p. 149.

a realização de reuniões e eventos dos quais participaram militares, intelectuais e empresários, buscando ampliar ao máximo a abrangência do 150º aniversário da Independência do Brasil.

O ponto máximo dos festejos do sesquicentenário consistiria no depósito dos restos mortais de d. Pedro I no Monumento do Ipiranga, doravante transformado em lugar de memória, isto é, em objeto autorreferencial para a sociedade brasileira, em objeto capaz de trazer sentido à realidade brasileira. Todavia, a eficácia desse esforço pode ser bastante questionada na atualidade, visto que o Museu do Ipiranga não se tornou um ponto de referência efetivamente nacional, ou seja, não adquiriu uma dimensão social mais ampliada. O local não recebeu a quantidade de visitantes que se espera para um lugar transformado em monumento nacional — um dos espaços formadores da nacionalidade brasileira —, e muitas pessoas nem sabem de sua existência. Podemos, então, nos interrogar acerca do sucesso do investimento simbólico realizado durante o sesquicentenário da Independência.

O governo Médici se preocupava com a imagem do Brasil (e do próprio regime militar), tanto no exterior quanto no interior da sociedade brasileira. A reformulação da Assessoria Especial de Relações Públicas (Aerp) — órgão criado durante o governo Costa e Silva em janeiro de 1968 — procurou formular uma perspectiva favorável em relação à ditadura. A Aerp, comandada durante todo o governo Médici (isto é, a partir de novembro de 1969) pelo então coronel Octávio Costa, promoveu a "operação de relações públicas mais profissional que o Brasil já vira" (Skidmore, 2000, p.221), procurando associar o momento favorável vivenciado em diversos setores (futebol, automobilismo) às ações governamentais. Em certa medida, o próprio "milagre econômico" ocorreu devido às medidas adotadas pelo regime militar.

Durante o regime militar, a propaganda política foi praticada com maior intensidade durante o governo Médici, que, a despeito de ter sido o mais repressivo, também desfrutou de apoio popular. Essa contradição, entretanto, pode ser elucidada a partir do momento que se percebe a ação da censura (política e de costumes), que atingia, além do noticiário, também a produção cultural do país (Fico, 2001; Kushnir, 2004; Smith, 2000). Outro aspecto que nos ajuda a compreender o apoio popular desfrutado pelo governo Médici era a repressão aos opositores, que procurava neutralizar quaisquer ações contrárias ao regime militar (Gaspari, op.cit.; Fico, op.cit.). Ao mesmo tempo, a popularidade desfrutada pelo general Médici pode ser associada ao vertiginoso crescimento da economia brasileira durante o período em tela, momento em que a classe média obteve substanciais ganhos financeiros, além de conseguir o acesso a bens de consumo duráveis, em especial casa própria, automóvel e televisão.[29]

A relação entre a ditadura militar e a sociedade brasileira não se limitou, entretanto, à mera dicotomia resistência *versus* colaboração, existindo, entre esses dois polos, uma espécie de zona cinzenta (Laborie, 2003). Afinal, não se deve esquecer que o período imediatamente anterior ao golpe de 1964 assistiu a expressivas demonstrações de apoio social às propostas conservadoras, explicitadas pelas "marchas com Deus e a família pela liberdade".[30] Assim, uma parte considerável da

---

29. Oliveira, Francisco de. "Ditadura militar e crescimento econômico: a redundância autoritária". In: Seminário 40 anos do golpe de 1964. *1964-2004: 40 anos do golpe: ditadura militar e resistência no Brasil*. Rio de Janeiro: 7 Letras, 2004. Cano, Wilson. "Milagre brasileiro: antecedentes e principais consequências econômicas". In: Seminário 40 anos do golpe de 1964. Op. cit. Prado, Luiz Carlos Delorme; Earp, Fábio Sá. "O 'milagre' brasileiro: crescimento acelerado, integração internacional e concentração de renda (1967-1973)". In: Ferreira, Jorge Ferreira; Delgado, Lucília de Almeida Neves (orgs.). *O tempo da ditadura: regime militar e movimentos sociais em fins do século XX*. Rio de Janeiro: Civilização Brasileira, 2003.
30. Cf. Carlos Fico. *Além do golpe: a tomada do poder em 31 de março de 1964 e a ditadura*

sociedade teria seus anseios respondidos pelo regime militar brasileiro e não se opôs aos militares no poder.[31] Igualmente, os grupos guerrilheiros não obtiveram respaldo social, quer por sua opção pela luta armada, quer por suas propostas políticas,[32] ocorrendo um distanciamento entre tais grupos e a sociedade da época.[33]

Ao mesmo tempo, contudo, já se percebia sinais de desgaste do regime, como se podia observar nas eleições de 1970: o voto em branco ou nulo aumentara substancialmente, transformando-se, na prática, em repúdio — ou, ao menos, em contestação — ao governo militar. Tal protesto foi expressivo principalmente na região Centro-Sul, a área mais desenvolvida e que já concentrava a maior parte da população brasileira. O governo vencera nas urnas, mas também houve um crescimento na votação do MDB e no "não voto" — isto é, votos brancos e nulos (Skidmore, op. cit.).

Por outro lado, a conquista definitiva da taça Jules Rimet (México, 1970) veio ao encontro da criação de uma atmosfera

---

militar. Rio de Janeiro: Record, 2004, especialmente páginas 208-10, onde foram relacionadas tais manifestações ocorridas em todo o Brasil entre os meses de março e junho de 1964.
31. Cf. Rollemberg, Denise. "Vidas no exílio". In: Seminário 40 anos do golpe de 1964. Op. cit., especialmente p. 202-3. Ver, ainda, Rollemberg, Denise. *Exílio: entre raízes e radares*. Rio de Janeiro: Record, 1999, especialmente p. 300-1.
32. Cf. Reis Filho, Daniel Aarão. "Ditadura e sociedade: as reconstruções da memória". In: Seminário 40 anos do golpe de 1964. Op. cit. Desta maneira, "as propostas revolucionárias não encontraram respaldo na sociedade. É certo que, em determinados momentos, algumas ações espetaculares chegaram a atrair a simpatia de importantes setores da população dos grandes centros urbanos. Efêmera simpatia. De modo geral, a sociedade não se empolgaria pela luta armada". Id., ibid., p. 133.
33. Cf. Rollemberg, Denise. *O apoio de Cuba à luta armada no Brasil: o treinamento guerrilheiro*. Rio de Janeiro: Mauad, 2001. Assim, por exemplo, ao analisar o apoio social desfrutado pela Aliança Libertadora Nacional (ALN), grupo liderado por Carlos Marighela, Denise Rollemberg afirmou: "O isolamento da ALN não era decorrência de uma opção política, mas do próprio isolamento da luta armada, uma vez que a sociedade jamais se identificou com este projeto." Id., ibid., p. 50. Ver ainda, da mesma autora, "Esquerdas revolucionárias e luta armada". In: FERREIRA, Jorge; DELGADO, Lucilia de Almeida Neves (orgs.). O tempo da ditadura. Op. cit., p. 71.

"mais amena", com a euforia que ganhou as ruas de todo o Brasil e foi aproveitada pela propaganda política do regime militar.[34] Assim, o próprio presidente Médici saudou os tricampeões mundiais de futebol, buscando, ainda que indiretamente, capitalizar a vitória sobre a Itália:

Na vitória esportiva, a prevalência de princípios [os quais] nos devemos armar para a própria luta em favor do desenvolvimento nacional. E desse ciclo a nossa conquista, a vitória da inteligência e da conquista de esforços. A vitória da inteligência e da bravura, da confiança e da humildade, da constância e serenidade dos capacitados, de técnicas, do preparo físico e da categoria. [...] Neste momento de vitória, trago ao povo a minha homenagem, identificando-me todo com a alegria e a emoção de todas as ruas, para festejar, em nossa incomparável Seleção de Futebol, a própria afirmação do valor do homem brasileiro.[35]

A chegada da seleção "canarinho" se transformou em feriado, com milhares de pessoas se aglomerando nos principais logradouros para observar o desfile dos tricampeões, recebidos com pompa e circunstância pelo próprio presidente da República.

A Aerp produziu slogans, cartazes, filmes e músicas, entre outros materiais veiculados na mídia em geral, mas, em especial, exibidos na televisão. Esse material de propaganda valorizava a tríade trabalho/educação/Forças Armadas, identificados como elementos capazes de gerar o desenvolvimento nacional, desde que associados à Doutrina de Segurança Nacional. Além desses, a Aerp também valorizava elementos como família e solidariedade, entre outros.

---

34. FICO, Carlos. *Reinventando o otimismo*. Op. cit., p. 137.
35. "Mensagem do presidente Médici ao povo brasileiro, quando da vitória da seleção no Campeonato Mundial de Futebol, a 21-6-1970". In: Brasil. Presidente (1969-1974) Garrastazu Médici. *A verdadeira paz*. Brasília: Departamento de Imprensa Nacional, 1973, p. 83-4.

Capítulo 1

O tema central da Aerp era a emergência do Brasil como uma sociedade dinâmica original, tendo como pano de fundo o rápido crescimento econômico, então de 10 por cento ao ano. O órgão acrescentava a sua própria mensagem sobre a unidade nacional do Brasil, suas novas metas, sua marcha disciplinada para a companhia das nações desenvolvidas (Skidmore, 2000, p. 223).

Esse órgão difundia, assim, não apenas uma imagem favorável do governo Médici. Mais ainda, a Aerp mostrava que o Brasil trilhava o caminho adequado para se transformar em uma potência, a partir do século XXI.

A ascensão do coronel Octávio Costa, em novembro de 1969, à direção da Aerp, representou a modificação da política de comunicação empreendida pelo regime militar, a partir do governo Médici. De fato, o órgão, criado na gestão Costa e Silva, até então realizava campanhas ufanistas. Ademais, a própria administração federal não mostrara muito empenho na fundação dessa Assessoria (Fico in Ferreira, Delgado, 2003, p. 194).

De acordo com Carlos Fico, a criação da Aerp foi uma vitória sobre a visão "espontaneísta", isto é, sobre aqueles que acreditavam na autoimposição da verdade, sem a necessidade da organização de um setor especializado em comunicação social (Fico, 1997, p. 92). A Aerp foi criada pelo decreto 62.119, de 15 de janeiro de 1968, que reorganizava órgãos da presidência da República. Ainda segundo Fico, tal órgão estabeleceria "comemorações enaltecedoras", ao mesmo tempo que não se evidenciava um "projeto de propaganda política muito claro" quando houve a criação da Assessoria de Relações Públicas.(*Id.*, *ibid.*, p. 93)

Ressalte-se ainda que a Aerp não possuía a dimensão política do SNI, firmando-se como um órgão aparentemente

61

secundário na estrutura de poder do regime militar brasileiro. Apesar desse caráter secundário, os representantes da Assessoria participavam de quaisquer órgãos oficiais cujas atividades possuíssem algum contato com a área da mídia.[36] Assim, durante o governo Costa e Silva, a Aerp produziu peças publicitárias de forte cunho ufanista e oficial, que enaltecia o país e os ocupantes das funções dirigentes. Nessa época, vigorou um estilo de publicidade escapista, que "anestesiasse" o público das medidas coercitivas e impopulares adotadas pelos governantes entre 1968 e 1969: a Aerp procurava exibir entusiasticamente a grandiosidade do Brasil, enfatizando-se a natureza exuberante (Amazônia, Pantanal, Sete Quedas, entre outras).

Havia, assim, a preocupação em angariar apoio para a "Revolução de 31 de março de 1964", ao mesmo tempo que se demarcavam as posições na sociedade brasileira a respeito do regime militar vigente (adeptos ou adversários, simpatizantes ou indiferentes). Porém, o tom "oficialista" existente nessas peças publicitárias prejudicava a consecução desse objetivo.

Com a posse do general Médici e a nomeação de Octávio Costa para a chefia da Aerp, a publicidade desenvolvida por esse órgão mudou radicalmente. A Aerp continuava se negando a copiar o DIP — cuja lembrança recebia críticas de importantes membros da oficialidade —, mediante a recusa ao "culto à personalidade", assim como enfatizava a separação entre propaganda e informação, ao mesmo tempo que produziu um tipo distinto de propaganda, diferente tanto daquela realizada sob o Estado Novo quanto também da feita durante o governo Costa e Silva.

---

36. Carlos Fico exemplifica esta última situação ao comentar a direção do Instituto Nacional de Cinema. Ver, para mais detalhes: FICO, Carlos. *Reinventando o otimismo*. Op. cit., p. 102.

> Tratava-se de uma estratégia retórica que buscava afirmar exatamente o contrário do que se vivia [...] também na propaganda política, o regime agia envergonhadamente, desejando não ser reconhecido como uma ditadura, negando que houvesse propaganda política, como negava que houvesse tortura ou censura (Fico in Ferreira, Delgado, 2003, p. 196).

A publicidade realizada pela Aerp, no período em que foi dirigida por Octávio Costa, pode ser vislumbrada como uma espécie de propaganda envergonhada, em luta cotidiana contra a realidade do período Médici, refutando a si mesmo.

Uma das principais preocupações da Aerp, no período 1969-74, consistiu especialmente em disfarçar a propaganda política, ampliando, com isso, sua eficácia. Assim, "era preciso 'ensinar o Brasil' ao povo brasileiro e protegê-lo dos políticos civis, quase sempre vistos como demagogos, corruptos e venais" (Id., ibid, p. 197). A solução encontrada enfatizava aspectos morais e afetivos, além de utilizar as técnicas mais modernas então disponíveis na televisão.

Os filmes televisivos foram o principal instrumento de trabalho da Aerp. Denominados "filmetes" por Octávio Costa, misturavam-se à propaganda televisiva cotidiana, dispondo da seguinte estrutura básica: música atraente, cenas impactantes e um slogan final, tudo isso elaborado de modo a trazer novamente o telespectador para diante da televisão, forçando-o a assistir, ao menos, ao término da propaganda — em que se situava o slogan.

Os filmetes eram objetos de concorrência pública disputados pelas principais agências de publicidade do país, o que lhes assegurava elaboração com técnicas modernas, rapidez e originalidade. Todavia, a Aerp acompanhava todo o processo de confecção da peça publicitária, sendo o órgão responsável pela concepção do filme. A publicidade desenvolvida pela Aerp fez algum sucesso, daí inspirando os anunciantes a copiar o "modelo Aerp", com o qual algumas empresas particulares se associavam com a propaganda oficial — o que certamente difundia os valores propostos pela equipe do coronel Costa, ajudando a construir o clima de harmonia social que o órgão de relações públicas buscava (Fico, 1997, p. 113-6). A Aerp se preocupava com a fabricação do clima considerado o mais conveniente possível pelos militares moderados, como Octávio Costa, procurando estabelecer "uma atmosfera de paz, de concórdia"(id., ibid., p. 97), em substituição ao panorama político vivido à época.

A Aerp se tornou, ao longo da década de 1970, uma das maiores anunciantes da mídia brasileira e, portanto, um dos principais clientes dos setores vinculados a essa atividade econômica (agências de publicidade, laboratórios cinematográficos etc.). Todavia, a ênfase de suas campanhas repousava na televisão, no cinema, na imagem em movimento, enfim. O rádio e a mídia impressa tiveram papel secundário na propaganda desenvolvida por aquele órgão oficial.

As peças publicitárias desenvolvidas pela Aerp enfatizavam a ideia de ruptura com o passado, por meio do qual o regime militar inauguraria uma nova época, próspera, feliz e harmônica, em nada semelhante ao período anterior à "Revolução de 31 de março de 1964". Essa propaganda utilizava imagens do cotidiano, que expressariam valores presentes na sociedade brasileira.

> A nova fase, inaugurada pelos militares, fazia promessas sutis. Não as afirmava em hinos marciais, com estandartes, ou a partir do programa de um partido ou da fala de um ditador, personalizado na figura deste ou daquele chefe. [...] O regime militar brasileiro

criou uma propaganda política singular, que, para alcançar grau ótimo de propagação, se travestia de "despolitizada", calcando-se em valores fundados num imaginário forjado por vasto material histórico (Id., ibid., p. 123, 129).

Ou seja, tal propaganda se distinguia daquela realizada por outros regimes autoritários ao utilizar uma linguagem "despolitizada", de temas idílicos, e passíveis de ser assimilados por um amplo espectro social: amor, solidariedade, felicidade, concórdia. Assim, durante o governo Médici, a Aerp buscou, na propaganda, veicular mensagens de forte cunho político, mas mediante imagens, à primeira vista, não ideologicamente engajadas.

As peças publicitárias se agrupavam em torno de ideias pedagógicas, que divulgavam, muitas vezes, elevados valores humanísticos. Os meios de comunicação veiculavam essas propagandas diuturnamente. Sempre ocorriam campanhas específicas, em comemoração a acontecimentos marcantes — destacando-se a Semana da Pátria, a Proclamação da República, a execução de Tiradentes e o aniversário do golpe de Estado de 31 de março de 1964. Estas últimas peças publicitárias, de caráter "cívico", ressaltavam a contribuição dos "grandes homens" e a comemoração das principais efemérides nacionais. Este último tipo de propaganda objetivou estabelecer um patriotismo com maior adesão popular, por meio da difusão dos símbolos pátrios e dos feitos "heroicos", procurando transformar as comemorações dessas datas nacionais em eventos festivos que contassem com a participação de um grande número de indivíduos.

Existiam, decerto, comemorações restritas aos meios militares. Assim, por exemplo, as "ordens do dia" referentes à Redentora (março de 1964) e à Intentona Comunista (novembro de 1935) eram lidas nos quartéis quando os militares queriam enfatizar noções de nacionalismo e de defesa da estabilidade e harmonia sociais. Nesses eventos, rememorava-se, respectivamente, o combate à desordem — cuja identificação maior, nos parece, era em relação aos políticos civis e ao trabalhismo em particular — e à subversão — identificado com o Partido Comunista, seus líderes e práticas —, ao mesmo tempo que se cultuavam os militares vitimados no levante de novembro de 1935, transformados em heróis e cultuados como tal.[37] Outra data importante para as Forças Armadas era o aniversário da Batalha de Guararapes (abril), considerada pelo Exército um importante marco para a definição da nacionalidade brasileira.[38] O aniversário da Batalha Naval do Riachuelo (junho) também merecia grande destaque, no âmbito da Marinha, e, em 1972, tal efeméride foi inserida no programa oficial de comemorações do sesquicentenário da Independência (*Última Hora*, 5 de janeiro de 1972), o que reforçaria nossa ideia de primazia do elemento militar nas festividades dos 150 anos da Independência brasileira.

A Aerp se preocupou, durante a gestão de Octávio Costa, em transformar alguns personagens em heróis nacionais, ao mesmo tempo que se comemorariam determinados eventos como fatos fundadores da história nacional. "A difusão dos símbolos nacionais e a popularização das comemorações do Dia da Independência foram as grandes metas desse tipo de

---

37. A título de ilustração, basta observar o monumento erguido à entrada da estação de bonde do Pão de Açúcar, em homenagem aos mortos durante os combates travados em novembro de 1935, não apenas na Praia Vermelha, mas também nas demais localidades onde se travou a tentativa de *putsch* liderada pelo Partido Comunista.
38. O Exército nomeou como "Sesquicentenário da Independência" a turma de cadetes formada em 1972 na Academia Militar das Agulhas Negras (Aman). Cf. *Jornal do Brasil*, 20 de agosto de 1972, "Borges Fortes dá espadim ao primeiro da turma do sesquicentenário". In: Arquivo Nacional, Fundo Sesquicentenário, pasta 61 A.

propaganda" (Fico, 1997, p. 142). Procurava-se, portanto, tornar a Semana da Pátria um evento de apelo social mais amplo, sem esquecer, todavia, seu apelo marcial: ao lado de uma visão mais lúdica do Sete de Setembro — expresso, por exemplo, no uso de gaivotas —, permanecia a preocupação com o papel de destaque das Forças Armadas — que se explicitava no desfile militar. Assim, Octávio Costa e sua equipe buscavam, ao que parece, muitas vezes tornar essas datas cívicas eventos populares, sem, todavia, romper com sua identificação marcial (*Id.*, *ibid.*, p. 127).

No que se refere à Semana da Pátria, Roberto DaMatta vinculou semelhante festividade à ideia de reforço das hierarquias sociais e da exclusão que caracterizou o Brasil. Em seu estudo de caso, o autor utilizou a categoria de ritual, a qual lhe permitiria destacar aspectos da realidade que, do contrário, permaneceriam difusos e ocultos no cotidiano. Os rituais combinam momentos presentes no dia a dia, apenas arranjando-os de maneira distinta da que acontece na experiência diária. "A matéria-prima do mundo ritual é a mesma da vida diária, e entre elas as diferenças são apenas de grau, não de qualidade [...] Os rituais seriam instrumentos que permitem maior *clareza* às mensagens sociais" (Da Matta, 1997, p. 83, grifo no original). Os rituais explicitam o que existe na realidade coletiva, de modo a que os atores sociais compreendam-na inquestionavelmente.

Os festejos da Independência e do Carnaval interrompem a faina diária e marcam um momento ímpar no calendário. Como feriados, suspendem o tempo "profano" e se distinguem do restante dos dias e semanas. Isto é, eles interrompem a sucessão corriqueira do calendário, tornando alguns dias especiais, quando o trabalho é substituído pelo descanso ou pela folia. DaMatta relaciona ainda alguns pontos de contato entre esses dois eventos, destacando-se seu caráter cíclico e sua duração, sendo que o Sete de Setembro se pauta pelo caráter nacional, pela historicidade, pela distribuição espacial e pelo momento do dia em que ocorre. Mais ainda, a comemoração da Independência se reveste de formalidade, não apenas por ser organizada pelo Estado-nação, mas, em especial, por rememorar efemérides e personagens que promoveram o nascimento do próprio Brasil.

O desfile de Sete de Setembro "se realiza num local historicamente santificado e diante de figuras que representam a ordem jurídica e política do país"(*id.*, *ibid.*, p. 55), rito de passagem pelo qual a pátria revisitasse sua própria história aos olhos de seus filhos mais ilustres. Os participantes da parada cívico-militar saúdam as autoridades (para as quais desfilam) no palanque, enquanto a população assiste ao desfile, restringindo-se à função de plateia, sem exercer qualquer papel destacado. Os festejos da Independência reforçam a identidade nacional e a padronização, agregando-lhes a distinção social e política, por meio do distanciamento entre os representantes do poder[39] e a população, entre os quais se interpõem aqueles que desfilam.

A padronização ocorre mediante o vestuário dos personagens, elemento que indica sua função e importância no ritual.

> O traje militar, a beca e outras vestimentas típicas de certas posições sociais têm a função de nelas esconder seu portador, protegendo o papel desempenhado da pessoa que o desempenha e, ainda, separando o papel que define sua posição no ritual dos outros papéis que desempenha na vida diária... as fardas (e outras vestes formais) serem exclusivas de certas posições (Da Matta, 1997, p. 60-1).

---

39. Organizados de acordo com a correlação de forças de cada conjuntura específica: estatal, eclesiástica, econômica, cultural.

Assim, determinadas roupas expressam o lugar ocupado por esse personagem na estrutura de poder — notadamente o estatal. O fato de o presidente Médici (como, de resto, seus sucessores) trajar vestes civis em cerimônias oficiais pode tanto indicar a tentação de eclipsar a realidade (o fato de governar uma ditadura militar) quanto, ao contrário, explicitar seu poder. Afinal, "um general é sempre um general; apenas acontece que, num determinado momento estabelecido pelo grupo, ele usa as vestes, condecorações e armas correspondentes ao seu posto e identidade"(*Id., ibid.*, p. 78). Contudo, ao final do desfile ele (e todos os demais militares) pode retornar às suas atividades diárias, despindo-se daqueles emblemas que lhe distinguia dos demais atores sociais (*Id., ibid.*, p. 69).

A propaganda formulada pela Aerp possuía forte teor otimista, que deveria ajudar na fabricação da atmosfera propícia à realização dos projetos do regime militar: desenvolvimento econômico a todo custo com a transformação do Brasil em potência do século XXI, além do apoio ao autoritarismo político vigente e ainda de valores civilizacionais: respeito aos idosos, campanhas de vacinação, entre outras. A Aerp buscava realizar campanhas de comunicação social que trouxessem alguma legitimidade ao regime militar, criando-lhe uma imagem favorável, ao mesmo tempo que procurou neutralizar as críticas sofridas por tal governo, além de atingir as camadas populares. Suas peças publicitárias se baseavam em um imaginário preexistente na sociedade brasileira dos anos 1970.

> O controle do imaginário social, da sua reprodução, difusão e manejo, assegura em graus variáveis uma real influência sobre os comportamentos e as atividades individuais e coletivas, permitindo obter os resultados práticos desejados, canalizar as energias e orientar as esperanças (Baczko, 1990, p. 312).

Pelo imaginário, tenta-se moldar as atitudes dos indivíduos e, por extensão, da própria sociedade. Mais uma vez, deparamos com a presença, central para Baczko, das vivências individuais e coletivas que, assim, forjam a coesão do tecido social. Ao mesmo tempo, o imaginário formula determinadas perspectivas a respeito do devir, que tanto podem significar a realização dos sonhos quanto a efetivação dos mais terríveis pesadelos: expectativas, desejos, temores.

Assim, o imaginário buscou balizar a ação dos indivíduos, inseridos na correlação de forças antagônicas, e, muitas vezes, procurando limitar o ímpeto dos agentes. Semelhante fenômeno ocorre, na contemporaneidade, sob a forma de discursos políticos, em especial por meio da propaganda. Todavia, segundo Baczko, o imaginário não pode ser analisado de maneira desconexa, particularmente em relação às demais espécies de imaginário.

Por outro lado, o controle simbólico repousa, grandemente, no domínio dos mecanismos divulgadores do próprio imaginário — modernamente, os meios de comunicação de massa. Esse processo de dominação tentaria produzir a internalização de normas, padrões comportamentais e crenças. Deve-se ressaltar ainda que a cultura de massas ampliou sobremaneira o impacto do imaginário, visto que, doravante, uma quantidade muito maior de indivíduos passou a ter contato com os artefatos simbólicos. A cultura de massas acarretou mudanças não apenas nos entretenimentos, mas primordialmente nas informações, que, a partir de então, sofreram um processo de desistoricização, isto é, desassociaram os fenômenos de sua relação com a temporalidade, apresentando-os como um eterno presente, assim desvinculando as notícias da integralidade social, "sendo, portanto, atomizada e fragmentada" (*Id.*, *ibid.*, p. 313).

Ao realizar semelhante intento, os meios de comunicação de massa produziriam a necessidade da propaganda, elemento capaz de gerar identidade ao superar a fragmentação e a ausência de ligações com o passado. Ressalte-se, igualmente, que informação e imaginário se influenciam mutuamente e, juntos, direcionam a produção simbólica das realidades sociais historicamente definidas.

A produção simbólica não ocorre com igual intensidade ao longo da história, havendo períodos mais quentes, nos quais se criariam mais símbolos, justamente em função da instabilidade política existente naquela conjuntura.

> A invenção e a difusão do repertório simbólico revolucionário, a implantação destes novos símbolos e a guerra aos antigos correspondem a outros tantos "fatos" revolucionários. Aquilo que estava essencialmente em causa, nesta guerra, sobre a qual os contemporâneos não tinham qualquer ilusão, era um poder real que se exercia no e através do domínio simbólico (*Id.*, *ibid.*, p. 321).

Dessa forma, os momentos, quer de crise de hegemonia, quer de instalação de regimes revolucionários, ou ainda de restaurações, aconteceram em épocas profícuas na confecção de artefatos culturais, utilizados para a demarcação das clivagens partidárias e que expressariam a luta pela condução dos assuntos coletivos.

A emergência de um poder simbólico deve se fundamentar na existência de uma *comunidade de imaginação*, isto é, de uma plêiade de indivíduos que se forjam em uma coletividade, estabelecendo sua própria identidade, e, simultaneamente, demarcam sua diferenciação em face dos demais atores sociais existentes. A propaganda, em momentos de acirrada confrontação política, é um importante mecanismo para a preponderância dos atores sociais; utilizam-na com o intuito de impor um dos projetos em disputa (Cf. Baczko, 1990, p. 323).

Ou seja, produzem um novo indivíduo, rompendo com o passado — ou o presente — que se deseja eliminar, por meio da edificação de um novo universo simbólico, que assumiria a forma de festas, leis, hinos, moedas, bandeiras e imagens, entre outros artefatos. Mais ainda, a consolidação da "nova ordem secular" (Arendt, 1990) pressupõe também um elevado investimento na difusão do universo supra, de modo a "influenciar e orientar a sensibilidade coletiva" (Baczko, 1990, p. 324), moldando-se, ao término desse percurso, uma sociedade substancialmente distinta da que existia anteriormente. Segundo Baczko, entretanto, a nova simbologia deve se fundamentar em uma comunidade de imaginação, pois, caso contrário, não logrará êxito, e as novas representações não serão internalizadas pela sociedade em tela (*id.*, *ibid.*, p. 325), restringindo-se a grupos e ocasiões específicos, ou mesmo desaparecendo do cenário social.

Baczko formula algumas ideias concernentes ao imaginário produzido em países sob governo ditatorial — no caso, a União Soviética sob o governo Stálin. Um aspecto fundamental desse tipo específico de imaginário foi a concertação entre propaganda e repressão políticas, quando a perseguição aos hipotéticos adversários e sua divulgação massiva aconteceram quase simultaneamente. "A propaganda encarrega-se de tirar as ilações dos processos e de as pôr em destaque num sistema de imaginários sociais que traduz fielmente o universo mental em que o terror se instala" (*Id.*, *ibid.*, p. 327). Os processos desfrutaram de ampla publicidade, transformando-se em objeto de propaganda com finalidades políticas, procurando manipular a população, para que esta anatematizasse os adversários e se identificasse com os detentores do poder político.

Capítulo 1

Ainda em relação à URSS, Baczko analisa algumas das imagens veiculadas durante o período stalinista e que se opõem, radicalmente, ao contexto da década de 1930 naquele país. "Quanto mais o país era atormentado pela realidade do terror, mais a sua imagem global oferecida pela propaganda exprimia um otimismo beato" (*Id., ibid.,* p. 329). Assim, o Estado soviético difundia massivamente imagens que enfatizavam a concórdia e a harmonia internas, além, de modo análogo, da uniformidade das atitudes individuais e coletivas, divulgadas como parte de uma estratégia que relacionava tais hábitos à própria sobrevivência do "socialismo real". Forçoso é, sob nossa perspectiva, reconhecer algumas analogias em relação ao Brasil da ditadura militar sob o governo Médici, que realizou um tipo similar de propaganda, em um momento pautado por severa repressão aos dissidentes políticos, destacando-se a presença de um discurso otimista em relação ao país, tanto em seu presente quanto, primordialmente, em seu futuro.

Assim, a propaganda oficial "despolitizada" do governo Médici enfatizava o universo rural, a família, as obras faraônicas empreendidas pela União, a natureza, além da perseguição de valores mais elevados (paz, harmonia, amor, fraternidade, entre outros) e "certa visão de cultura que contemplava o enaltecimento do que ela possui de mais estático, conservador e preservacionista" (Fico, 1997, p. 139), aspectos em alguma medida incompatíveis com a conjuntura da época — inclusive no aspecto cultural. A retórica tentava modificar a percepção social acerca da realidade circundante. Ao mesmo tempo, percebemos que inexistiu um único projeto de propaganda, na gênese da Aerp.

> Aquilo que, para os setores letrados e críticos da sociedade, parecia um arranjo de propaganda muito bem-estruturado, resultou, na verdade, de algumas

iniciativas pessoais ou setoriais, não contando em muitos casos com a simpatia de vários grupos da oficialidade (*Id., ibid.*, p. 93).

A Aerp não monopolizava a propaganda oficial, existindo peças publicitárias formuladas por outros setores do Estado brasileiro, em especial do Exército e dos setores mais intimamente vinculados à repressão política, que possuíam objetivos distintos daqueles formulados pela equipe do coronel Octávio Costa. A Aerp produzia seu trabalho — até com bastante autonomia administrativa —,[40] mas, apesar da exposição do coronel Costa na grande imprensa, seu trabalho estava longe de representar unanimidade.

A disputa interna ao regime militar pela direção da propaganda governamental se evidenciou com as festividades oficiais do sesquicentenário da Independência, que assinalam sobremaneira o viés de exibição do poderio militar, posição defendida por importantes setores do Exército e que triunfou nas comemorações dos 150 anos do Grito do Ipiranga.

Essa perspectiva de enfrentamento não se restringiu, todavia, à campanha do sesquicentenário, apresentando-se também na campanha do "Brasil: ame-o ou deixe-o", que não foi criada, produzida ou mesmo efetivada pela Aerp. Além dessa, temos ainda a exibição televisiva dos "arrependidos", ambas empreendidas por grupos associados à Operação Bandeirante (Oban). Com isso, podemos inferir que os projetos mais radicais de propaganda provinham dos militares vinculados diretamente aos órgãos de repressão: eram campanhas publicitárias politicamente mais agressivas, capazes de demonstrar a força do regime militar, como se fosse uma espécie de guerra psicológica (*Id., ibid.*, p. 100-1).

---

40. Durante o governo Médici, Octávio Costa pôde atuar com independência, realizando suas campanhas publicitárias sem interferência presidencial. Ver, para mais detalhes: id., ibid., p. 99.

Capítulo 1

O regime militar brasileiro pretendeu inaugurar — como, de resto, outros regimes autoritários também procuraram — um novo tempo, isto é, considerava que sua emergência acarretara uma alteração de tal modo relevante na sequência cronológica que, a partir daí, haveria um novo começo. Essa "ruptura" aparecia em contraposição ao golpe de 1964 — época identificada com o caos, com a ameaça à sobrevivência nacional —, assim, a propaganda oficial (inclusive aquela produzida pela Aerp) evidenciaria a inauguração de um tempo único que permitiria ao Brasil assegurar sua presença entre as mais resplandecentes nações do globo terrestre, desde que permanecesse sob a direção — firme e segura — dos militares.

"Não perceber os benefícios de se reunir aos que já divisaram o 'caminho certo', o 'mesmo caminho', 'cantando a mesma canção', resultaria em tristeza, em inadaptação — tal como eram não adaptados os que insistiam em se opor ao regime militar" (*Id.*, *ibid.*, p. 125). Ora, se os militares pretendiam o desenvolvimento nacional, seus críticos, como decorrência lógica, só podiam desejar o fracasso do país, e, portanto, deviam "se enquadrar" no ideal nacional mais amplo (simbolizado pelo governo militar). Indubitavelmente, a propaganda oficial apelava para a unidade nacional, para a superação das divergências internas — reflexo, parece-nos, da efetiva cisão que acontecia no país real durante o governo Médici.

O controle da mídia e a divulgação de notícias favoráveis ao governo militar foi uma preocupação constante para as autoridades governamentais, em especial durante a administração Médici. Desse modo, parece-nos que a reformulação da Aerp, o financiamento das empresas de comunicação e a censura do noticiário e das diversões públicas compunham uma política oficial. Em que pesassem as divergências existentes entre os diversos grupos que compartilhavam o poder no período 1969-1974, essas atividades paralelas agiam, muitas vezes, orquestradamente, isto é, diferentes instrumentos atuando sob autoridade única, aparentando portanto uma unidade interna para os espectadores (o restante da sociedade). Todavia, tal convergência era algo ilusório, visto não haver um projeto único de difusão da imagem do governo militar.

A comemoração ganhou espaço na mensagem de final de ano do presidente Médici, veiculada em 31 de dezembro de 1971, quando procurou associar passado, presente e futuro. Assim, o presidente identificava, no passado, "a inteligência, a cultura e o caráter de nosso homem em todos os domínios do pensamento e da ação [...] a colheita da generosidade e hospitalidade, do espírito de tolerância, da harmonia entre as raças, e do nosso desprendimento".[41] Por outro lado, o presente representava uma ruptura com o passado próximo (identificado ao governo Goulart), pois, a partir do regime militar, o país passou a viver sob o signo do "equilíbrio e da ordem do planejamento, do método, da continuidade e da convergência [...] [o ano de 1971 foi um] ano de povo unido, de país ouvido e respeitado".[42] Entretanto, o tempo que mereceu maior destaque na fala presidencial foi o futuro, pois nele se construiria um maior desenvolvimento econômico, a partir das ações governamentais:

> Entramos em 1972 com todas as condições internas para manter esse ritmo ascendente de crescimento [...] com todos os mecanismos econômicos ajustados e com os padrões de segurança necessária ao

---

41. Brasil. Presidente (1969-1974) Garrastazu Médici. "Mensagem ao povo brasileiro, no limiar do Ano-Novo, transmitida, por rede nacional de rádio e televisão, na noite de 31 de dezembro de 1971". In: *Nosso caminho*. Brasília: Departamento de Imprensa Nacional, 1972, p. 75.
42. Id., ibid., p. 76. Pode-se identificar, neste trecho, o fenômeno da autocomemoração dos regimes políticos, analisado por Catroga e citado supra.

> progresso, para ter, com a ajuda de Deus e com o esforço do povo, um ano igual ou melhor [...] Voltando-me para o futuro, pressinto sempre maior a contribuição brasileira para os destinos do mundo. Vejo a continuidade e a ampliação de nosso caminho de entendimento, de vida independente, a emancipação econômica do sonho dos inconfidentes. Vejo o crescimento material irmanar-se com esse humanismo brasileiro que nos distinguiu no mundo em século e meio de trajeto.[43]

Não deixa de ser interessante observarmos, no discurso presidencial transmitido para todo o país, a presença da retórica que permeava a propaganda desenvolvida pela Aerp: a concórdia, a união e a solidariedade que integrariam o "humanismo", enfim, traços que distinguiriam o caráter brasileiro em todos os tempos.

Como decorrência da fala presidencial, a partir dos primeiros dias de janeiro de 1972, a imprensa escrita começou a abordar o sesquicentenário da Independência brasileira, ainda sem veicular o retorno dos restos mortais de d. Pedro I — o que tampouco foi mencionado pelo presidente Médici em seu discurso de 31 de dezembro de 1971:

> As comemorações oficiais do sesquicentenário da Independência serão iniciadas no dia 21 de abril, com o hasteamento, em Brasília e em todos os estados, da bandeira brasileira. Na capital, num mastro monumental, será hasteada a maior bandeira já feita no país, e que lá permanecerá para sempre a fim de simbolizar a perenidade da Pátria (*Jornal do Brasil*, 4 de janeiro de 1972).

---

43. Brasil. Presidente (1969-1974) Garrastazu Médici. "Mensagem ao povo brasileiro, no limiar do Ano Novo". Op. cit.

Uma das primeiras medidas oficiais efetivadas com o intuito de celebrar o sesquicentenário da Independência foi alterar o prefixo do programa radiofônico *A voz do Brasil*, com a substituição de *O guarani* pelo *Hino da Independência*, o que vigorou ao longo de 1972 (*Jornal do Brasil*, 31 de dezembro de 1972).

Ao mesmo tempo, havia a preocupação em associar as obras faraônicas então realizadas pelo regime militar aos festejos oficiais, exemplificados pela inauguração do metrô paulista,[44] da nova ligação ferroviária entre os estados do Rio de Janeiro e São Paulo (*Jornal do Brasil*, 3 de março de 1972), da ponte ligando os estados de Piauí e Maranhão (*Correio do Estado*, 27 de março de 1972), além de trechos da rodovia Transamazônica (*Folha do Norte*, 30 de junho de 1972).

Outra modalidade comemorativa utilizada durante o sesquicentenário da Independência brasileira foi a inauguração de prédios, públicos ou privados, como parte oficial das festividades nacionais ou regionais: Central de Abastecimento do Estado do Rio de Janeiro,[45] Palácio da Justiça (Brasília/DF),[46] campus da Universidade Federal de Santa Maria (UFSM/RS) (*Folha da Tarde*, 3 de julho de 1972), escolas que receberam o nome de d. Pedro I e de outros próceres do processo de Independência (*Folha do Norte*, 11 de julho de 1972), além da Sede regional da Associação Nacional de Imprensa (Natal/RN) (*Diário de Natal*, 29 de julho de 1972) e da Cidade Universitária da Universidade Federal do Rio de Janeiro (UFRJ) (*Luta Democrática*, 2 de agosto de 1972).

---

44. Cf. *Diário de São Paulo*, 9 de fevereiro de 1972; *Folha Popular*, 7 de março de 1972. In: Arquivo Nacional, Fundo Sesquicentenário, pasta 63.
45. *O Jornal*, de 10 de fevereiro de 1972; *O Dia*, de 11 de fevereiro de 1972. In: Arquivo Nacional, Fundo Sesquicentenário, pasta 63.
46. *Diário do Paraná* e *Jornal do Brasil*, ambos de 2 de julho de 1972. In: Arquivo Nacional, Fundo Sesquicentenário, pasta 63 A.

Capítulo 1

Esse conjunto de inaugurações se coaduna à mensagem presidencial de dezembro de 1971, pois buscam associar, ao seu modo, passado e presente, isto é, relacionam o regime militar aos ideais emanados no "Grito do Ipiranga".

> Há 150 anos, a história reservou a um príncipe impetuoso a coragem para romper os elos com a pátria-mãe. Em 1972, o Brasil, como República, encontra à sua frente um homem tranquilo, mas com a inegável capacidade de liderar uma equipe homogênea e garantir ao nosso país um índice de respeito internacional que muitos céticos julgavam impossível antes do século XXI (*Diário de Notícias*, 2 de janeiro de 1972).

A associação buscada pelo regime militar com a Independência, por meio do sesquicentenário, transpareceu no lançamento do selo em homenagem à "Revolução de 31 de março de 1964", como tal integrado aos festejos oficiais do sesquicentenário (*A Tribuna*, 2 de abril de 1972). Igualmente, as moedas comemorativas dos 150 anos da Independência traziam as efígies de d. Pedro I e do general Médici, buscando relacionar os dois momentos históricos (*Diário de Notícias*, 6 de abril de 1972).

Em certa medida, o conjunto de notícias publicadas, à época do sesquicentenário e relacionadas ao evento, permite-nos pensar no papel da imprensa como formadora de uma memória. De acordo com a afirmação de Carla Siqueira, a imprensa se destaca na constituição da memória, fornecendo coesão e ordem à sociedade, não apenas sobre o passado, mas também auxiliando o entendimento do presente, além de assinalar a organização a permanecer no futuro (Siqueira in: *Revista Estudos Históricos*, 1994, p. 162). Em outras palavras, podemos inferir que o governo Médici, ao comemorar os 150 anos da Independência nacional, celebrava o regime militar.

Outro aspecto que norteou as comemorações oficiais a respeito dos 150 anos da Independência do Brasil foi o destaque concedido às Forças Armadas, que podemos comprovar pelas exposições organizadas pela Comissão Executiva Central dos festejos (CEC) em homenagem ao Exército e à Marinha, que seriam realizadas no âmbito da segunda Região Militar (São Paulo), respectivamente, entre 19 de agosto e 25 de agosto, e na primeira semana de setembro.[47] Ou, ainda, pela exposição organizada pelo Arquivo Nacional do Rio de Janeiro, durante o mês de março de 1972, com o título "O Exército e a Independência".[48]

A ênfase na presença militar apareceu também na solicitação da Rede Ferroviária Federal (RFFSA) para que oficiais do Exército proferissem palestras acerca da Independência brasileira nas escolas da empresa situadas em Bicas, Porto Novo, Macaé e Governador Portela.[49] Igualmente, essa primazia do elemento militar se fez presente na autorização concedida pelo presidente da CEC ao major Alfredo Gabriel de Miranda para tratar, em Brasília, dos assuntos referentes às festividades oficiais.[50]

Por outro lado, a Igreja Católica — por intermédio do cardeal-arcebispo e vigário-geral de Aparecida — também resolveu contribuir para as comemorações do sesquicentenário, propondo a transformação do ano de 1972 em "Ano Marial" na cidade de Aparecida (SP), pois seriam realizadas

---

47. Arquivo Nacional, Fundo Sesquicentenário, pasta 48, rádios expedidos, nº 616, encaminhado ao comandante da segunda região militar, general Bethlem, datado de 6 de junho de 1972.
48. Id., ibid., nº 125, encaminhado ao ministro do Exército, general Orlando Geisel, com data de 3 de fevereiro de 1972.
49. Id., ibid., documentos expedidos, ofício nº 424, encaminhado ao comandante do I Exército, com data de 6 de abril de 1972.
50. Id., ibid., ofício nº 607, encaminhado ao comandante militar do Planalto e datado de 22 de junho de 1972.

diversas celebrações "na Basílica Nacional em consonância com os festejos que as autoridades civis irão prestar [ao 150º aniversário da Independência do Brasil]".[51]

Ao mesmo tempo, a presidência da CEC também recebeu solicitações para a inclusão de novos membros, exemplificado pelo pedido do Grande Oriente do Brasil para que seu grão--mestre participasse da Comissão. O general Antônio Jorge Corrêa recusou o pedido, sob a argumentação de que seria inconveniente, pois "as subcomissões que compõem esta comissão já se encontram em pleno regime de trabalho, além de constituir-se tal fato em precedente que poderá suscitar pedidos de inclusão de outros representantes".[52] O decreto nº 69.922, de 13 de janeiro de 1972, estabeleceu a CEC. Dela participariam representantes dos seguintes órgãos da presidência da República: Secretaria da presidência, grupo executivo, assessores especiais, grupo de administração, grupo de ligação e subcomissões especiais (assuntos culturais, diplomáticos, desenvolvimentistas, desportivos, cívicos, festejos populares, propaganda e publicidade).[53]

A primeira cerimônia comemorativa dos 150 anos da Independência foi o sesquicentenário do "Dia do Fico", que, todavia, não contou com a presença do presidente Médici. Essa efeméride, "ponto de partida dos acontecimentos que culminaram no Sete de Setembro de 1822" (*O Jornal*, 6 de janeiro de 1972), foi comemorada em dois eventos distintos, pelo Conselho Federal de Cultura[54] e pelo Instituto Histórico

---

51. Arquivo Nacional, Fundo Sesquicentenário, pasta 32.
52. Id., ibid., ofício nº 272 — CEC RJ, GB, 1º de março de 1972: do presidente da CEC ao ministro João Leitão de Abreu.
53. Cf. Senado Federal. Legislação. www.senado.gov.br.
54. A cerimônia ocorreu em 6 de janeiro de 1972 e consistiu numa palestra proferida por Pedro Calmon. Id., ibid.

e Geográfico Brasileiro (IHGB),[55] além de ter sido objeto de exposição realizada no Arquivo Nacional (*Correio Diário*, 13 de janeiro de 1972).

Outro evento importante foi a celebração do aniversário da Abertura dos Portos, associada aos festejos oficiais do sesquicentenário da Independência. A comemoração dessa efeméride recebeu apoio, em diversos estados brasileiros, das respectivas Associações Comerciais e Industriais, além das Forças Armadas e governos estaduais (entre outros órgãos públicos), sendo noticiada pela imprensa escrita da época.[56]

1.2. Da escolha dos objetos

De modo similar ao primeiro centenário, o tema do sesquicentenário da Independência tampouco mereceu muitos estudos. Um dos poucos pesquisadores que abordaram semelhante assunto foi Luís Fernando Cerri (Cerri, In: *Estudos Ibero-Americanos*, junho 1999). O autor propõe analisar os festejos do sesquicentenário da Independência brasileira abordando a chegada dos despojos mortais de d. Pedro I e sua posterior excursão por todas as capitais da Federação, culminando com a inumação no Monumento do Ipiranga. Além disso, Luís Fernando Cerri analisou a película *Independência ou morte*, assim como a opção

---

55. O evento ocorreu em 12 de janeiro de 1972, quando houve palestra de Pedro Calmon e Haroldo Valadão, e contou com a presença do general Antônio Jorge Corrêa (presidente da CEC). *Jornal do Brasil*, 13 de janeiro de 1972. Os 150 anos do "Dia do Fico" (9 de janeiro de 1972) não puderam ser comemorados no próprio dia, por ser domingo. In: Arquivo Nacional, Fundo Sesquicentenário, pasta 61.

56. Cf., por exemplo: *Gazeta de Alagoas*, de 28 de janeiro de 1972: "Nação comemora hoje abertura dos portos"; *Diário de Pernambuco*, também de 28 de janeiro de 1972: "Festa pela abertura dosportos"; *Diário de Aracaju*, de 29 de janeiro de 1972: "A abertura dos portos"; *O Fluminense*, de 29 de janeiro de 1972, "Primeiro Distrito Naval relembrou ontem a abertura dos portos"; e *Diário de Pernambuco*, de 29 de janeiro de 1972: "Bahia: homenagem ao visconde de Cairu". In: Arquivo Nacional, Fundo Sesquicentenário, pasta 61.

pelo primeiro imperador como o herói a ser cultuado e as motivações para a exclusão de Joaquim José da Silva Xavier. Por fim, esse autor procurou relacionar as festividades ao contexto do governo Médici.

Luís Fernando Cerri, inicialmente, estabeleceu pontos de contato entre a chegada dos restos mortais de d. Pedro I e dois momentos paradigmáticos da história brasileira: a viagem da esquadra de Pedro Álvares Cabral e a transmigração da Corte joanina, ocorrendo, nesse percurso, a fixação da trajetória nacional: o nascimento (1500), a adolescência e início da juventude (1808-1822), e a maturidade (1972). Importa observar que a comemoração realizada pela ditadura militar foi, em grande parte, uma autocomemoração,[57] isto é, o regime militar festejou a si próprio com a comemoração dos 150 anos da Independência brasileira.

Ao mesmo tempo, as comemorações do sesquicentenário, pelo menos em parte, criticaram os festejos do primeiro centenário, pois não teriam se pautado pela grandiosidade que caracterizara as festas de 1972. De fato, as festividades do 150º aniversário da Independência homenageiam um tempo mítico, um período anterior à eclosão de conflitos potencialmente destruidores da sociedade brasileira. A "Independência como monumento da unidade e da identidade" (Cerri, op. cit., p. 195) não possui sustentabilidade sequer factual, salvo mediante o eclipse das disputas internas exemplificadas pelas guerras de Independência, Confederação do Equador e dissolução da Assembleia Nacional Constituinte. A Independência como época unificadora se esfacelou logo após o "Grito do Ipiranga", quando se explicitaram os projetos distintos de país, na

---

57. De acordo com o general Médici, "o Brasil emergiu da longa infância e da tumultuária adolescência para o estágio da nação adulta e séria que sabe para onde vai e sabe o que pretende". *Revista Veja*, n. 174, p, 19. Apud: Cerri, Luís Fernando. "1972: 'Sete bandeiras do setecentenário por mil cruzeiros velhos". Op. cit., 194.

busca pelo predomínio político: de um lado, d. Pedro I e a preponderância do imperador em detrimento dos demais poderes constituídos; de outro, os irmãos Andrada (entre outros) defendendo a instalação de uma monarquia parlamentar na qual o monarca reinasse mas não governasse. A partir dessa disputa ocorreriam os demais conflitos que dividiram o Brasil durante o Primeiro Reinado.

A comemoração do sesquicentenário da Independência enfatizou o momento da convergência em torno da ideia de emancipação política, ocultando aqueles conflitos. Podemos conjecturar, então, que a escolha por comemorar tal "Idade de Ouro" repousaria na conjuntura de 1972, momento em que se desvalorizava a menção a dissensões políticas e ideológicas entre os brasileiros, e, ao mesmo tempo, priorizava-se o discurso em favor da unidade interna.

Ainda objetivando associar a comemoração de 1972 à ditadura militar, Luís Fernando Cerri indica que a figura de d. Pedro I legitimaria o autoritarismo então vigente, assim como as ideias de "integração nacional e de uniformidade ideológica" (*id.*, *ibid.*, p. 196), expressas com a viagem realizada pela urna mortuária com os restos mortais do primeiro imperador pelo território nacional. A integração nacional seria realizada, simbolicamente, por meio da viagem dos restos mortais de Sua Majestade, e, ao mesmo tempo, a homenagem ao primeiro imperador implicaria, se não a defesa de suas ações autoritárias, pelo menos a homenagem ao Grito do Ipiranga. Ou seja, podemos supor que os militares, ao tornar d. Pedro I o "construtor" da nação, empunhavam o discurso patriótico que, a princípio, teria a capacidade de agregar a sociedade brasileira em torno do regime militar.

Podemos inferir, então, que o féretro enfatizaria a união nacional, que extrapolaria a simples integridade territorial, abrangendo também aspectos político-sociais e culturais, onde o cadáver de d. Pedro mereceria lugar de destaque, servindo ao culto cívico, à nova religião estatal: o patriotismo. Todavia, devemos ressaltar que semelhante preocupação com a integração nacional repousaria também nos aspectos simbólicos, em bases desiguais: os restos mortais não permaneceram o mesmo tempo em todas as capitais, ocorrendo o predomínio das capitais do Centro-Sul em detrimento daquelas situadas nas regiões Norte-Nordeste — exceto a Bahia — e Centro-Oeste — inclusive Brasília. Mais ainda, conforme nos recorda Luís Fernando Cerri, a derradeira excursão de d. Pedro I representava a integração de todo o país à Independência, ainda que diversas localidades não tenham participado ativamente dos eventos de 1822, como a maior parte da região Norte — exceto o Pará — e uma parcela substancial do Nordeste.

> Assim, o ponto central da biografia da nação, a Independência, é experimentado de alguma forma por todas as histórias pessoais, familiares e regionais que até então não tinham necessariamente nenhum contato direto com aquele momento histórico, exceto pela história ensinada nos livros didáticos e cerimônias cívicas (*Id., ibid.*, p. 196-7).

Dessa maneira, podemos supor que a comemoração do sesquicentenário da Independência poderia alterar a historicidade do processo de emancipação política brasileira, substituindo a memória dos conflitos por uma visão "idílica", ao mesmo tempo que ocultaria a preponderância de alguns poucos Estados em detrimento da maior parte do território.

Os festejos dos 150 anos de nossa emancipação política foram marcados ainda pela produção e exibição do filme *Independência ou morte*. De acordo com o autor, ele se tornou "o filme oficial do sesquicentenário" (*id.*, *ibid.*, p. 199), obtendo sucesso nas salas de cinema, com cerca de três milhões de espectadores (*id.*, *ibid.*, p. 199) além de haver recebido elogios do próprio general Médici.

O filme foi incluído no esforço de ocultamento das divergências existentes no transcorrer do processo de Independência, ajudando no estabelecimento de uma interpretação linear sobre o tema. Assim, uma de suas primeiras cenas equipara o alferes Tiradentes ao príncipe-herdeiro Pedro de Bragança, visto que ambos teriam combatido pela mesma ideia: a emancipação do Brasil diante de Portugal. Ora, tal semelhança nos parece insustentável, e, para levá-la adiante, os realizadores da película ocultaram, por exemplo, a repressão aos movimentos emancipacionistas que ocorreram no início do século XIX no Nordeste,[58] assim como não fizeram qualquer referência ao fato de a ordem para a execução de Tiradentes ter emanado do Estado português (representado, no fim do século XVIII, pela avó de d. Pedro e, em 1821-22, pelo próprio futuro imperador).

Do mesmo modo, segundo Luís Fernando Cerri, pode-se perceber a busca, por parte de alguns destacados expoentes da ditadura militar brasileira, de uma história linear, de base teleológica, quando a realização dos supremos desígnios da nacionalidade ocorreria de forma pacífica e exangue, não se permitindo o aparecimento de divergências, julgadas nocivas ao desenvolvimento brasileiro. As comemorações do sesquicentenário se assemelham às festividades nacionais em geral, que enfatizam a interpretação linear e cronológica do passado, matéria-prima para a construção da identidade, possibilitando que "os comemorantes estabeleçam-se como herdeiros do que está sendo comemorado" (Cerri, op. cit., p. 200). Diante de semelhante perspectiva, o espaço para a

---

58. Revolução Pernambucana (1817) e Confederação do Equador (1824-25).

aparição do novo se reduz substancialmente, e a história se limitaria a gerar variações sobre ele, criando o *déjà-vu*.

De acordo com Cerri, as festividades cívicas, no contexto da ditadura militar brasileira, apareciam como catalisadores da identidade nacional, possibilitando à população alguma participação em pleno regime discricionário, ainda que de modo subalterno. As festividades permitiam a adesão popular e, mais ainda, a comunhão coletiva em torno de valores nacionais, daí resultando, entretanto, uma situação paradoxal: ao mesmo tempo que a ditadura impedia a mobilização política, ela não poderia permitir a apatia, cabendo ao sesquicentenário suprir semelhante lacuna.[59] Sob essa perspectiva, a afirmação do general Médici nos parece esclarecedora: "Quisemos fazer do libertador de nossa pátria e do monarca das duas pátrias o centro das comemorações, para que o sesquicentenário da Independência fosse mais ainda uma festa de concórdia e união"(Cultura, apud Cerri, op. cit., p. 204). Explicitavam-se, então, as ideias fundamentais das comemorações oficiais: a concórdia e a união, o que eliminaria os conflitos que afligem qualquer sociedade, mas que, na conjuntura brasileira vigente em 1972, assumiam proporções graves, embora nessa época o Brasil vivesse um período de "grande mobilidade geográfica e social [...] um país estável e sólido."[60] Tentava-se, dessa maneira, reforçar

---

59. Em que pese o fato de ela incentivar a "alienação" da discussão sobre os assuntos coletivos — cf. id., ibid., p. 203.
60. REIS FILHO, Daniel Aarão. "Ditadura e sociedade: as reconstruções da memória". In: Seminário 40 anos do golpe de 1964. Op. cit., p. 128. Também na cultura (música, cinema, teatro, televisão) vivia-se um período de grande dinamismo. Cf. Bahiana, Ana Maria; Wisnik, José Miguel; Autran, Margarida. *Anos 70, v. 1, música popular*. Rio de Janeiro: Europa, 1979-1980. Freitas Filho, Armando; Hollanda, Heloísa Buarque de; Gonçalves, Marcos Augusto. *Anos 70, v. 2, literatura*. Rio de Janeiro: Europa, 1979-1980. Arrabal, José; Lima, Mariângela Alves de; Pacheco, Tânia. *Anos 70, v. 3, teatro*. Rio de Janeiro: Europa, 1979-1980. Bernadet, Jean-Claude; Avellar, José Carlos; Monteiro, Ronald F. *Anos 70, v. 4, cinema*. Rio de Janeiro: Europa, 1979-1980. Carvalho, Elizabeth; Kehl, Maria Rita; Ribeiro, Santuza Neves. *Anos 70, v. 5, televisão*.

a coesão social, de modo a proceder-se com a eliminação das dissensões.

Essas preocupações se encontravam no cerne das motivações que resultaram na substituição de Tiradentes por d. Pedro I como *o* herói a ser cultuado no altar-mor da Pátria, construído especialmente no centenário da Independência para abrigar os despojos de Pedro de Bragança, enquanto, para o alferes, não se estabelecera um espaço de culto. De acordo com José Murilo de Carvalho, desde a instauração do regime republicano, paulatinamente a figura de Tiradentes se tornou central no panteão cívico brasileiro. Como todo regime nascente, havia a preocupação, comum às diversas matizes republicanas, em estabelecer o herói (ou o conjunto de heróis) que seria cultuado pela nação em comunhão patriótica:

> Heróis são símbolos poderosos, encarnações de ideias e aspirações, pontos de referência, fulcros de identificação coletiva. São, por isso, instrumentos eficazes para atingir a cabeça e o coração dos cidadãos a serviço da legitimação de regimes políticos. Não há regime que não promova o culto de seus heróis e não possua seu panteão cívico. Em alguns, os heróis surgiram quase espontaneamente das lutas que precederam à nova ordem das coisas. Em outros, de menor profundidade popular, foi necessário maior esforço na escolha e na promoção da figura do herói. É exatamente nesses últimos casos que o herói é mais importante. A falta de envolvimento real do povo na implantação do regime leva à tentativa de compensação, por meio da mobilização simbólica. Mas, como a criação de símbolos não é arbitrária, não se faz no vazio social; é aí também que se colocam as maiores dificuldades na construção do panteão cívico. Herói que se preze tem de ter, de algum modo, a cara da nação. Tem de responder a alguma necessidade ou aspi-

---

Rio de Janeiro: Europa, 1979-1980.

ração coletiva, refletir algum tipo de personalidade ou de comportamento que corresponda a um modelo coletivamente valorizado. Na ausência de tal sintonia, o esforço de mitificação de figuras políticas resultará vão (Carvalho, 1993, p. 55-6).

Ou seja, os candidatos ao posto de herói necessitam de alguma proximidade com a sociedade que representarão, de algum nível de respaldo popular, pois do contrário o processo de fabricação não logrará êxito. Dessa maneira, os líderes republicanos que participaram dos eventos do Quinze de Novembro tiveram sua trajetória rumo ao panteão interrompida, visto que lhes faltava o lastro social fundamental. Da mesma forma, Frei Caneca e Bento Gonçalves — entre outros, mais antigos — também foram alijados, em função de terem participado de conflitos que, efetivamente, resultaram no derramamento de sangue (ou faziam parte de regiões periféricas do Brasil). Nos anos iniciais da República existia a necessidade premente de símbolos unificadores, de elementos que aglutinassem o país em torno da experiência republicana, visto que a realidade já possuía demasiada quantidade de beligerância: Revolta da Armada, Revolução Federalista do Rio Grande do Sul, tentativas de golpes de estado favoráveis ao retorno da monarquia, entre outros.[61]

Assim, gradualmente, Tiradentes se transformou no herói da República, visto que dispunha de condições primordiais para o sucesso do processo de mitificação. A mutação ocorrida em torno do personagem Joaquim José da Silva Xavier, desde o período monárquico, possibilitou ao alferes, executado em 1792, tornar-se o herói republicano por excelência,

---

61. Para uma análise mais detalhada da conjuntura da primeira década republicana, ver: Lessa, Renato. *A invenção republicana*. Op. cit. E, ainda, Holanda, Sérgio Buarque de (org.). *História geral da civilização brasileira*. 2. ed. São Paulo: Difel, 2005; entre outros.

capaz de reunir, ao seu redor, a sociedade brasileira. A partir de 1873, com a publicação do livro de Joaquim Norberto de Souza Silva,[62] a imagem de Tiradentes se assemelhou a de Cristo, assim como se enfatizou, doravante, a noção de *sacrifício*, que adquiriu forte conotação religiosa. A despeito de a Primeira República orgulhar-se de seu caráter laico, o culto cívico a Tiradentes guardava semelhanças com a religião, em especial o Catolicismo (Carvalho, 1993, p. 64-5).

Em grande parte, o potencial operatório de Tiradentes, capaz de transformá-lo em mito, existiu devido à ausência de violência efetiva, pois a Conjuração Mineira não se realizou, e com isso ele pôde fornecer uma imagem que uniria a coletividade em torno de múltiplas ideias.

> O domínio do mito é o imaginário que se manifesta na tradição escrita e oral, na produção artística, nos rituais. A formação do mito pode dar-se contra a evidência documental; o imaginário pode interpretar evidências segundo mecanismos simbólicos que lhe são próprios e que não se enquadram necessariamente na retórica da narrativa histórica. [...] Era o totem cívico. Não antagonizava ninguém, não dividia as pessoas e as classes sociais, não dividia o país, não separava o presente do passado nem do futuro. Pelo contrário, ligava a República à Independência e a projetava para o ideal de crescente liberdade futura. [...] A aceitação de Tiradentes veio, assim, acompanhada de sua transformação em herói nacional, mais do que em herói republicano. Unia o país através do espaço, do tempo, das classes (*Id.*, *ibid.*, p. 58, 68, 71).

Em um país fracionado pelo espectro da guerra civil, sua imagem agregaria não apenas os republicanos, mas também os monarquistas e os católicos, desde que o "radical" se

---

62. Id., ibid., p. 62 e seguintes.

transmutasse em mártir, representando a todos em geral e, ao mesmo tempo, a nenhum grupo em particular.

Ainda assim, a figura de Tiradentes aparecia, na conjuntura de 1972, excessivamente popular e subversiva, potencialmente identificável com os integrantes da oposição armada à ditadura militar. Afinal, não podemos esquecer que inclusive grupos guerrilheiros se inspiravam no alferes Joaquim José da Silva Xavier, utilizando sua figura como exemplo ao mesmo tempo patriótico *e* contestatório, buscando em sua existência a legitimidade para combater o regime militar que então vigorava no Brasil.[63] Enfim, problemas insanáveis para possibilitar-lhe lugar de destaque nas comemorações do sesquicentenário.

Todavia, a opção por d. Pedro I como símbolo do sesquicentenário da Independência brasileira e, mais ainda, a peregrinação de seus restos mortais pelo país, enfrentou resistências dentro do próprio governo Médici, como a de Octávio Costa, então diretor da Aerp, que considerava a excursão um tanto quanto mórbida, "chapa-branca" e defendia a escolha de Tiradentes como ícone a ser festejado. A posição de Octávio Costa, entretanto, não prevaleceu, e d. Pedro I passou a figurar como elemento central nas comemorações pelos 150 anos do "Grito do Ipiranga".[64]

Cleodir da Conceição Moraes trabalhou a comemoração dos 150 anos de adesão do Pará ao Brasil (1823-1973). Não apenas pela proximidade temática e cronológica, mas também

---

63. Cf. id., ibid. Poderíamos inferir ainda do fato de um militar sublevar-se contra a ordem estabelecida, em 1972, ser considerado polêmico, pois haveria a possibilidade de associação com a figura do capitão Lamarca.
64. Cf. Fico, Carlos. *Reinventando o otimismo*. Op. cit. Por outro lado, não se pode considerar a posição defendida por Octávio Costa como totalmente descartada nas comemorações. Afinal, os despojos de d. Pedro I desembarcam na cidade do Rio de Janeiro em 21 de abril, feriado dedicado a Tiradentes. De alguma forma, as festividades do sesquicentenário associavam, ainda que de modo tangencial, as figuras de Tiradentes e d. Pedro I, que estariam unidas em torno da emancipação nacional.

por apresentar uma detalhada análise dos festejos do sesquicentenário da Independência brasileira no Pará, assim como pela tentativa em associar as temáticas nacional e regional.

> A celebração do sesquicentenário da "adesão" passou a integrar, desde 1972, uma preocupação do próprio governo federal, por meio do auxílio financeiro e logístico dispensado pelos membros do Conselho Federal de Cultura (CFC). Isso dava aos festejos realizados em solo paraense um sentido nacional (Moraes, 2006, p. 39, mimeo).

Igualmente, Cleodir Moraes considerou o sesquicentenário da adesão paraense um evento político, que evidenciaria o exercício do poder, no momento em que aglutinou a sociedade paraense em torno das ideias-chave *brasilidade* e *civilidade* (Id., ibid., p. 15). Assim, os festejos cívicos buscariam a continuidade histórica, visto que articulam passado e presente, usando os eventos pretéritos para legitimar determinadas situações atuais e, ao mesmo tempo, silenciando interpretações divergentes. As comemorações cívicas utilizam momentos específicos do passado que mereceriam a recordação coletiva, da mesma forma que recriam o tempo presente (Id., ibid., p. 22). A utilização de trajes e objetos da época homenageada, assim como a reprodução de gestos associados à data, objetivaria copiar a mesma atmosfera do evento ora festejado, de maneira a retornar simbolicamente no tempo, recriando o passado e tornando-o vivo na rememoração das pessoas do presente (Id., ibid., p. 30).

No que se refere especificamente ao sesquicentenário da Independência brasileira, Cleodir Moraes assinalou a ênfase dada pelos discursos ao progresso material e cultural, associando as festividades ao otimismo vigente na época do "milagre". Outro aspecto enfatizado na dissertação em questão foi a preocupação dos organizadores do sesquicentenário em vincular d. Pedro I ao momento em que eles viviam, ao mesmo tempo que se procurava atingir a emoção das pessoas, mediante a utilização de discursos marcados pelo tom sentimental na passagem da urna mortuária que levava os despojos de d. Pedro.

> O "Brasil Grande Potência" teve em d. Pedro o seu primeiro e mais ilustre defensor e viabilizador. [...] Era preciso que a população não só tomasse conhecimento disso, pelos seus representantes, como também esse sentido emblemático da imagem de d. Pedro deveria ser experimentado e vivenciado por ela.[65]

Ademais, a comemoração paraense enfatizou uma visão idílica da adesão, não fazendo referência a eventos que colocassem sob questionamento os aspectos conciliador e pacífico da incorporação do Pará ao império do Brasil.

Conforme nos recorda Paul Connerton, as comemorações cívicas possuem a capacidade de sacralizar alguns eventos específicos, capacidade esta que se traduz, simbolicamente, pela própria exumação do passado, o qual deveria ser retirado das brumas e reencenado àqueles que não o testemunharam em sua realização original. "A realidade transfigurada do mito era reapresentada uma e outra vez, quando aqueles que tomavam parte no culto se tornavam, por assim dizer, contemporâneos do acontecimento mítico" (Connerton, 1993, p. 51). Mais do que mera recordação, a efeméride se apresentava novamente

---

65. Id., ibid., p. 65. O autor justificou a escolha de d. Pedro I em detrimento de Tiradentes afirmando que a ditadura militar não pretendia assinalar o início da insatisfação dos brasileiros com Portugal, "e sim o momento em que a Independência se concretizara e junto com ela apropria unidade e integridade nacional que a partir daí se mantinha". Cf. p. 67.

aos espectadores, os defuntos abandonavam suas tumbas e recebiam as honras dos vivos; ocorria a interrupção momentânea do tempo cotidiano, com a repetição dos acontecimentos históricos.

Os festejos do sesquicentenário da Independência brasileira, realizados ao longo do ano de 1972, buscavam reencenar os acontecimentos ocorridos um século e meio antes, reivindicando-se, de modo explícito, como elementos continuadores do "Grito do Ipiranga". As comemorações do aniversário da Independência estão inseridas na esfera do ritual político, construídas em atenção às demandas que emergiam da sociedade brasileira de 1972.

Simultaneamente, a figura de d. Pedro I apareceria como portadora de "virtudes" inquestionáveis: a nítida vinculação com o Estado, a defesa da manutenção da ordem constituída, ou seja, alguém distante da analogia à subversão pugnada pelo alferes. Acrescente-se ainda que, numa perspectiva extremada, seu autoritarismo e truculência se combinariam com a conjuntura do período: comandou a repressão a grupos oposicionistas, tolheu o parlamento, governou acima dos outros poderes constituídos, incorporando a imagem de árbitro que o Poder Moderador lhe facultava. Com isso, d. Pedro aparecia como um possível mas questionável reflexo do regime autoritário instaurado em abril de 1964 (Cerri, op. cit., p. 205).

No que se refere à propaganda estatal sobre os festejos, destaca-se o selo oficial, que associava direta e inequivocamente as duas datas — 1822 e 1972 —, em que este último ano herdaria as esperanças e certezas da época da Independência. Nesses dois momentos, em especial, não se admitia a divergência, reivindicando-se, com isso, a uniformidade: ao refutar a existência de projetos alternativos de país em 1822,

Capítulo 1

o regime militar legitimava seu projeto, exibido à sociedade brasileira como continuidade do "Grito do Ipiranga".

A escolha do sesquicentenário como tema de estudo deve-se, em grande medida, à legitimidade obtida pela ditadura militar durante os festejos nacionais. Segundo Luís Fernando Cerri, a comemoração dos 150 anos da Independência do Brasil foi uma "grande festa de massas dos governos militares, sua aclamação nas ruas" (Id., ibid., p. 202), pois os eventos contaram com a afluência estimada de centenas de milhares de pessoas. Ou seja, a festa do sesquicentenário da emancipação política acarretou aos governantes da época a obtenção de algum nível de legitimidade perante a sociedade brasileira.

Por outro lado, a seleção do filme *Independência ou morte* como objeto de análise se pauta pelas seguintes questões: o apoio oferecido pelo Estado brasileiro, os elogios proferidos pelo presidente Médici e, ainda, seu desempenho mercadológico, que lhe assegurou sobrevida bastante significativa.[66]

Por fim, a escolha do Torneio Sesquicentenário deveu-se à tentativa, de nossa parte, de relacionar o futebol aos interesses políticos do Estado brasileiro durante o governo Médici. Conforme afirma Cerri, o Torneio Internacional de 1972 se fundamentou na busca da "reedição e dos resquícios do delírio nacional pela conquista do tricampeonato mundial de futebol em 1970" (Id., ibid., p. 202). Parece-nos possível inferir que a ditadura militar tinha objetivos políticos quando pretendia prolongar a "euforia coletiva" que tomou conta da sociedade brasileira após a vitória sobre a Itália no Estádio Azteca, visto que isso favoreceria não só à propaganda oficial, mas também aos demais objetivos estatais da época.

---

66. A película é exibida, ainda hoje, na televisão por assinatura, e, até o final do regime militar brasileiro, passava sempre à época da Semana da Pátria.

Capítulo 2
O grito do Ipiranga: o imaginário em ação no sesquicentenário da Independência

A historiografia produzida nos quadros do IHGB, destinada a um público mais culto, enfatizava, como no filme *Independência ou morte* — destinado à cultura de massa —, a preponderância dos grandes homens, subtraindo os conflitos sociais que aparecem em qualquer conjuntura. Em sentido análogo, o filme valorizava a bravura e o heroísmo, que também transparecem na produção bibliográfica oriunda do instituto.[67] Em outras palavras, buscava-se reafirmar um imaginário que destacava a continuidade presente já em 1822, na qual os anseios de liberdade encontraram no Exército um de seus intérpretes mais significativos. Mais ainda, tanto o IHGB quanto o filme valorizavam a ação dos governantes e o patriotismo, além de legitimarem o autoritarismo.

Sob a perspectiva da cúpula das Forças Armadas, nada mais evidente que registrar a defesa da liberdade durante o regime militar, no momento em que a nação depararia com a ameaça comunista. Em termos simbólicos, a construção do herói d. Pedro I deveria se contrapor às ideias "subversivas" que punham em risco valores fundamentais à identidade nacional,

---

67. A título de ilustração, cf.: Macedo, Joaquim Manuel de. *O ano biográfico brasileiro*. Rio de Janeiro: Tip. e lit. do Imperial Instituto Artístico, 1876, 3 v. Mais recentemente, anos 1990) temos: Mattos, Carlos de Meira. "As Forças Armadas do Brasil na Segunda Guerra Mundial". In: *Revista do Instituto Histórico e Geográfico Brasileiro*. Rio de Janeiro: IHGB, n. 369 — out/ nov 1990, p. 530-43; Bento, Cláudio Moreira. "Participação das Forças Armadas e da Marinha Mercante do Brasil na Segunda Guerra Mundial (1942-1945)". In: *Revista do Instituto Histórico e Geográfico Brasileiro*. Rio de Janeiro: IHGB, n. 372, jul/ set 1991, p. 685-745; Bento, Cláudio Moreira. "Os 350 anos das primeiras batalhas dos Guararapes e a sua projeção histórica na nacionalidade brasileira". In: *Revista do Instituto Histórico e Geográfico Brasileiro*. Rio de Janeiro: IHGB, n. 402, jan/ mar 1999, p. 207-12; Barreto, Dalmo. "A participação do Brasil na Segunda Guerra Mundial". In: *Revista do Instituto Histórico e Geográfico Brasileiro*. Rio de Janeiro: IHGB, n. 401, out/ dez 1998, p. 1.697-706.

sublinhadas na expressão "Independência ou morte". Assim, a figura de d. Pedro I adquiriria conotações ideológicas, pois ela pode, ao mesmo tempo, gerar mensagens que favoreçam seus adeptos e desqualificar seus adversários na disputa pelo comando da sociedade.

2.1. O IHGB e o sesquicentenário

Ao longo do século XIX, e em particular sob o império, o IHGB se atrelou ao Estado brasileiro, por meio do patrocínio oficial que se expressava, entre outros aspectos, nas verbas que recebia para sua manutenção, nos prédios em que funcionou, no financiamento das atividades de seus membros pela monarquia dos Bragança e, como se não bastasse, no fato de o imperador presidir suas sessões.

O século XX assinalou, em parte, o afastamento do IHGB do Estado brasileiro, em especial durante os anos iniciais da Primeira República. A lenta e paulatina reaproximação transcorreu durante a gestão de Max Fleiuss na função de Secretário da referida agremiação, pois, a partir de 1905, a entidade passou a homenagear o regime republicano, assegurando "uma nova aliança com os representantes da República, que a partir de então ganhavam um acesso mais formalizado aos recintos do instituto" (Schwarcz, 1993, p. 107). Essa aproximação prosseguiu após o término da república oligárquica, a partir de 1930.

O IHGB se aproximou dos militares logo que estes se assenhorearam do poder, em abril de 1964. Assim, Humberto de Alencar Castelo Branco e Artur da Costa e Silva assumiram a função de presidente de honra da agremiação carioca, em cerimônias marcadas pela hierarquia e nítido apoio à organização política da época. De fato, Rodrigo Octávio Filho — presidente interino do instituto — afirmava, na cerimônia realizada em 25 de agosto de 1967, durante a posse do marechal Costa e Silva:

> Nós do instituto hoje vamos dormir sossegados. Vivíamos alarmados com o que aqui se passa, e as palavras de Vossa Excelência foram tão generosas, tão cheias de promessas, que estamos todos com os corações batendo e com profunda satisfação. E não satisfação apenas em dizer as palavras que foram por nós ouvidas. Vossa Excelência ainda nos deu a honra de ver assim este decreto, aqui no instituto, neste dia.[68]

A tranquilidade assinalada por Rodrigo Octávio Filho se devia ao apoio financeiro prometido pelo presidente da República e, em especial, ao reconhecimento da utilidade pública do IHGB por parte da União, estabelecido pelo decreto nº 61.251, de 30 de agosto de 1967, e assinado pelo presidente Costa e Silva e por Luís Antônio da Gama e Silva, ministro da Justiça.[69]

Uma das maiores preocupações da direção do IHGB era com a edificação da nova sede, que deveria substituir o Silogeu Brasileiro, então em precárias condições de funcionamento. Com esse objetivo, o Conselho Administrativo da Associação Brasileira de Imprensa solicitou aos Ministérios do Planejamento e da Educação e Cultura que fornecessem ao IHGB as verbas necessárias para a conclusão da nova sede.[70] Ainda em 1969, a direção do IHGB informava haver recebido recursos do Conselho Federal de Cultura, que asseguraria o funcionamento ordinário do instituto, e que esperava a concessão de verbas

---

68. Instituto Histórico e Geográfico Brasileiro. Lata 344, pasta 6, documento 4.
69. O Instituto Histórico recebera o estatuto de órgão de utilidade pública, em nível estadual, pela lei n. 1068, de 14 de setembro de 1966, sancionada por Francisco Negrão de Lima — à época, governador da Guanabara.
70. Instituto Histórico e Geográfico Brasileiro. Lata 682, pasta 36, ofício enviado em 24 de janeiro de 1969.

pelo Orçamento Federal capazes de, no mínimo, garantir sua própria manutenção durante o ano de 1970.[71]

A dependência do IHGB em relação aos cofres públicos pode ser observada em carta manuscrita da parte de João Lyra Filho, ministro do Tribunal de Contas do Distrito Federal, em resposta ao telegrama do embaixador Macedo Soares, presidente do instituto, que versava sobre a tramitação de processo referente aos subsídios para o funcionamento do órgão. Apesar da ausência de datação, percebe-se a importância dos órgãos estatais para a sobrevivência do IHGB. É importante destacar a permanência das relações pessoais como elemento básico para a aceitação de novos sócios:

> Não faltarei ao instituto, com meu espírito nem com meu sentimento. Conquanto não me tenha sido dado ensejo, para pertencer ao seu quadro de sócios, conforme iniciativa apenas ensaiada por alguns dos seus titulares, o instituto estará sempre perto da minha devoção, não só pelo apreço que dedico ao seu presidente como no culto que devo à memória do meu pai e do meu tio, ambos inscritos nos anais de sua faina. Cultivando os vínculos dessa filiação, estarei sempre à devoção da Casa.[72]

A aproximação do IHGB com a ditadura militar acontecia também com a participação em estudos orientados pela Doutrina de Segurança Nacional. Dessa maneira, a Associação dos Diplomados da Escola Superior de Guerra (Adesg) convidou de modo reiterado, entre 1960 e 1970, os membros do IHGB a participar dos cursos por ela ministrados.[73]

---

71. Id., ibid., pasta 36, ofício de 27 de junho de 1969, do IHGB à ABI.
72. Instituto Histórico e Geográfico Brasileiro. Lata 360, pasta 28, carta manuscrita do dr. João Lyra Filho ao presidente do IHGB, embaixador José Carlos de Macedo Soares, sobre a subvenção do referido Instituto Histórico.
73. Cf. Instituto Histórico e Geográfico Brasileiro. Lata 682, pasta 39, ofícios en-

Capítulo 2

A construção do novo edifício-sede aparecia como uma das preocupações básicas da Diretoria do IHGB.[74] Assim, em 1967, o presidente José Carlos de Macedo Soares solicitara ao Conselho Federal de Cultura uma subvenção anual para o término das obras, propondo, inclusive, a construção de um prédio menor — limitado a loja, sobreloja e mais dois andares — que abrigaria o museu, o arquivo e a biblioteca, na ocasião supostamente "em grave risco de perecimento no velhíssimo e bastante arruinado edifício que ocupa atualmente".[75] Esse mesmo documento traz importantes informações não apenas sobre o acervo, mas igualmente sobre o soerguimento do novo edifício-sede. Assim, desde o início a construção dependeu de recursos oficiais, oriundos da União e do estado da Guanabara, paralisando-se em alguns momentos — de novembro de 1963 a julho de 1967 — devido a uma conjunção de fatores, como escassez da verba, corrosão inflacionária e elevação dos custos, que atingiram um valor próximo a NCR$1 bilhão em meados de 1967,[76] valor à época próximo de R$7,4 milhões atualmente.[77]

A aproximação do IHGB com o presidente Emílio Garrastazu Médici tornou possível o levantamento da nova sede, concretizando-se o projeto há muito sonhado. Em sessão

---

viados ao IHGB pela Adesg, 6 documentos.
74. O IHGB teve as seguintes sedes ao longo de sua história: antigo Museu Nacional, Paço Imperial, antigo Convento do Carmo, Real Gabinete Português de Leitura e Silogeu Brasileiro. Ver, para mais detalhes: Seara, Berenice. "IHGB: a memória do Brasil faz 150 anos". In: *Revista do Instituto Histórico e Geográfico Brasileiro, Suplemento.* Rio de Janeiro: IHGB, 1988 (1-289). Lyra Tavares, Aurélio de. "O sesquicentenário do instituto". In: *Revista do Instituto Histórico e Geográfico Brasileiro, Suplemento.* Rio de Janeiro: IHGB, 1988 (1-289).
75. Instituto Histórico e Geográfico Brasileiro. Lata 663, pasta 20, carta datada de 12 de junho de 1967, do embaixador Macedo Soares ao dr. Josué Montello, presidente do Conselho Federal de Cultura acompanhada de um relatório sobre atividades do IHGB, pedindo uma subvenção anual para as obras da nova sede do IHGB.
76. Instituto Histórico e Geográfico Brasileiro. Lata 663, pasta 20.
77. Cf. Câmbio do dólar em agosto de 1967. In: *Jornal do Commercio* do Rio de Janeiro.

especial realizada em 3 de junho de 1970, o instituto entregou ao general Médici sua presidência de honra, efetivando a decisão da Assembleia Geral de 29 de abril de 1970.[78] A cerimônia, ocorrida no Salão de Conferências, contou com a presença de grande número de sócios, que o aplaudiram de modo entusiástico mais de uma vez. O presidente da República estava acompanhado dos ministros da Casa Militar, João Batista Figueiredo; da Casa Civil, João Leitão de Abreu; da Aeronáutica, brigadeiro Mello e Souza; da Justiça, Alfredo Buzaid; e do chefe do Serviço Nacional de Informações, general Carlos Alberto Fontoura. Em seu discurso de posse como presidente de Honra do IHGB, Médici afirmou:

> A ninguém é licito ignorar a importância da contribuição da história para o desenvolvimento nacional, como instrumento de ação, para elucidação de temas e definição de alternativas e prospectivas, assim como no encontro de métodos de análise dos acontecimentos [...] Ninguém governa sem história e sem historiadores (*Revista do Instituto Histórico e Geográfico Brasileiro* outubro-dezembro de 1970, p. 261-2).

A história era um elemento instrumental cujo conhecimento auxiliaria na execução do "desenvolvimento nacional". Ademais, o general Médici reiterou a importância do IHGB, em particular na comemoração do sesquicentenário da Independência, cujos festejos adquiririam, com isso, "um cunho de austeridade, consentânea com as premências da educação e da cultura nacional" (Id., ibid., p. 261-2). Assim, caberia ao IHGB estabelecer o tom das comemorações do sesquicentenário.

A partir de então, as obras para o soerguimento do novo edifício-sede foram aceleradas, processo acompanhado de

---

78. Instituto Histórico e Geográfico Brasileiro. Lata 675, pasta 55.

perto pelo governo Médici, que recebia relatórios pormenorizados do desenvolvimento da edificação.

> O edifício do Instituto Histórico e Geográfico Brasileiro, sob a presidência de honra de Vossa Excelência, será, sem dúvida, o monumento que no Rio de Janeiro perpetuará o 150º aniversário da Independência do Brasil. Para tanto, também sob os patrióticos auspícios de Vossa Excelência, a Caixa Econômica Federal concedeu o empréstimo que se tornava indispensável para o recomeço das obras. Dada a urgência e tendo em consideração o estimulante interesse de Vossa Excelência pelas iniciativas que visam à comemoração condigna do sesquicentenário, é com prazer que levo ao conhecimento de Vossa Excelência que as referidas obras prosseguem em ritmo acelerado, estando em execução no presente momento a estrutura do quinto ao oitavo pavimentos.[79]

Ainda objetivando manter o general Médici informado a respeito do andamento das obras, o presidente do IHGB enviou, em 13 de agosto de 1971, telegrama comunicando-lhe sobre a assinatura de documento com o presidente da Caixa Econômica Federal, ao mesmo tempo que convidava o presidente da República para comandar a cerimônia de inauguração que ocorreria em setembro do ano seguinte (*Revista do Instituto Histórico e Geográfico Brasileiro*, julho-setembro de 1971, p. 210-1). Outro telegrama, de igual teor, foi enviado pelo professor Pedro Calmon ao ministro da Educação e Cultura, coronel Jarbas Passarinho (Id., ibid., p. 210-1). O convite para a inauguração foi aceito, e a inauguração da

---

79. Instituto Histórico e Geográfico Brasileiro. Lata 663, pasta 22. "Carta do dr. Pedro Calmon Muniz de Bittencourt ao presidente da República general Emílio Garrastazu Médici, relatando o andamento das obras do edifício sede do IHGB" (cópia). Rio de Janeiro, 19 de outubro de 1971.

nova sede do IHGB se tornou parte das comemorações oficiais do sesquicentenário.[80]

A inauguração da nova sede, ocorrida a 5 de setembro de 1972, contou com a participação, além do presidente Médici, também do governador do estado da Guanabara, Chagas Freitas; do cardeal-arcebispo do Rio de Janeiro, d. Eugênio Sales; do ministro das Relações Exteriores, Mário Gibson Barbosa; do embaixador de Portugal, Antonio Manoel Fragoso; do presidente da Comissão Executiva Central para as Comemorações do sesquicentenário da Independência do Brasil (CEC), general Antonio Jorge Correia; e do presidente do IHGB, Pedro Calmon, seus sócios e os participantes do I Congresso de História da Independência do Brasil. Todos recepcionaram o presidente à entrada do novo prédio (*O Globo*, 6 de setembro de 1972, p. 10). A placa comemorativa da inauguração, afixada no hall de entrada da nova sede, homenageava Médici:

> O presidente da Republica, general Garrastazu Médici, inaugurou este edifício em 5 de setembro de 1972, propiciando sede definitiva ao Instituto Histórico e Geográfico Brasileiro, fundado em 1838 sob os auspícios de S. M. o imperador d. Pedro II e consagrado um labor ininterrupto ao serviço, às tradições e à gloria da pátria — sesquicentenário da Independência do Brasil (*Diário de S. Paulo*, 6 de setembro de 1972).

O prédio foi inaugurado durante as comemorações oficiais do sesquicentenário da Independência brasileira, de modo a assegurar a perenidade não só dos festejos, mas da própria ideia de Brasil, que se imortalizaria com as novas instalações da centenária entidade nacional.[81]

---

80. Telegrama de Jarbas Passarinho, ministro da Educação e Cultura, datado de 27 de agosto de 1971. In: Id., ibid., p. 210-1.
81. Cf. Instituto Histórico e Geográfico Brasileiro. Lata 360, pasta 33.

Capítulo 2

Assim, o IHGB pôde participar ativamente do sesquicentenário, em especial após a assinatura do convênio com CEC, para a edição da *Biblioteca do sesquicentenário* (Diário Oficial da União, 26 de abril de 1972). O convênio, assinado pelo general Antonio Jorge Correa, representando a Comissão Executiva Central, e pelo professor Pedro Calmon, representando o IHGB, constava de sete cláusulas, que definiam o valor do contrato — pelo qual o IHGB receberia CR$400 mil —, o trâmite editorial — a seleção dos textos ficaria a cargo da Subcomissão de Assuntos Culturais, e estes dependeriam da aprovação final da presidência da CEC, além de disporem de padrão gráfico único — e as atribuições do instituto, que era obrigado a

> editar documentos e informações sobre pessoas e fatos da Independência brasileira, bem como estudos especiais de pesquisadores que esclareçam o alvorecer do país, devendo se ater particularmente ao período de 1808 a 1825 [...] O IHGB fica constituído em editor, vendedor e distribuidor dos livros e documentos editados ou coeditados (*Revista do Instituto Histórico e Geográfico Brasileiro*, abril-junho de 1972, p. 264-265).

Significa, portanto, que o IHGB receberia recursos estatais e, a despeito da ausência de autonomia para a escolha dos textos, poderia lucrar com a venda das publicações, ainda que editadas em parceria com outros órgãos ou instituições. Pela análise do convênio, depreende-se que a União teria somente a atribuição de chancelar — ou não — a seleção prévia dos textos.

O IHGB também participou ativamente do processo de valorização da presença militar na Independência brasileira. Assim, o referido instituto solicitou que o coronel Francisco Ruas Santos — integrante do Estado Maior do Exército e um dos autores da obra *História da Independência do Brasil* — proferisse palestra referente aos "aspectos militares" do processo emancipatório do Brasil, nas dependências do Ministério da Educação e da Cultura.[82]

Os festejos oficiais contaram com a atuação do IHGB, cuja diretoria assinou convênio com a União em abril de 1972.[83] Aquele instituto ficou responsável, entre outras atribuições, pela elaboração da *História da Independência do Brasil*, obra coletiva composta por quatro volumes e que "foi coordenada pelo ilustre acadêmico Josué Montello e aborda aspectos históricos, geográficos, militares, políticos e psicossociais que influenciaram e consolidaram a nossa emancipação política". O livro foi editado por Décio de Abreu e escrito "pelos mais renomados historiadores brasileiros".[84]

Entre aqueles "renomados historiadores", foram selecionados para uma audiência com o presidente Médici, que ocorreu em 20 de abril de 1972, no Palácio Laranjeiras, na cidade do Rio de Janeiro: Josué Montello, Pedro Calmon, Américo Jacobina Lacombe, Raymundo Faoro, Marcos Carneiro de Mendonça, Artur César Reis, coronel Francisco Ruas Santos, Max Guedes, Manoel Diegues Júnior, general Jonas Corrêa e Andrade Muricy, além do editor da obra.[85]

O livro supramencionado foi enviado a diversos órgãos públicos e autoridades do Poder Executivo: o Ministério da Educação,[86] integrantes do Ministério das Relações

---

82. Arquivo Nacional, Fundo Sesquicentenário, pasta 48, documentos expedidos, ofício nº 541, encaminhado ao ministro do Exército e datado de 12 de maio de 1972.
83. Arquivo Nacional, Fundo Sesquicentenário, pasta 32, rádios expedidos, n. 140 e 517, respectivamente de 26 de abril de 1972 e 2 de maio de 1972.
84. Id., ibid., ofício nº 688, endereçado ao ministro da Agricultura, sr. Luiz Fernando Cisne Lima e datado de 2 de agosto de 1972.
85. Arquivo Nacional, Fundo Sesquicentenário, pasta 32, rádios expedidos nº 435, de 10 de abril de 1972; id., ibid., rádios recebidos, nº 131, urgente, com data de 18 de abril de 1972.
86. Arquivo Nacional, Fundo Sesquicentenário, pasta 35, rádios recebidos, nº 475,

Exteriores,[87] membros do alto escalão do Ministério do Exército,[88] entre outros. Buscava-se, assim, distribuir a *História da Independência* para importantes personagens da administração pública da época, mas também havia a preocupação em dotar as bibliotecas do país dessa obra.[89]

Por outro lado, o IHGB recebeu ofício a respeito tanto da entrega dos restos mortais de d. Pedro I quanto sobre a inumação de seus despojos.[90]

> Para que se cumpra o desejo da nação brasileira, atendido fraternalmente pela nação portuguesa, de que viesse repousar para sempre neste sítio glorioso o Príncipe que — em 7 de setembro, há 150 anos — proclamou a Independência do Brasil, e para memória perene da solenidade, ungida das pompas cívicas que testemunham a ação do povo, a homenagem do Governo, a justiça da história, lavrou-se a presente Ata, em duas vias, destinada uma ao Arquivo Nacional do Brasil, a outra ao Arquivo Nacional da Torre do Tombo, de Portugal.[91]

Percebe-se no próprio discurso uma nítida preocupação política, segundo a qual o "povo" brasileiro estaria representado por seu governante, no esforço de associar passado e presente. Com isso, a população e os governantes caminhariam

---

endereçado ao chefe de gabinete do ministério, datado de 11 de agosto de 1972. Idem, pasta 35, ofício n. 688, de 2 de agosto de 1972.
87. Arquivo Nacional, Fundo Sesquicentenário, pasta 42, documentos expedidos, ofícios n^{os}s 688 e 707, datados respectivamente de 2 de agosto de 1972 e 8 de agosto de 1972.
88. Arquivo Nacional, Fundo Sesquicentenário, pasta 48, documentos expedidos, ofícios n. 297 e 798, ambos datados de13 de novembro de 1972.
89. Cf. Arquivo Nacional, Fundo Sesquicentenário, pasta 34. Ofício CEC n. 475, de 11 de agosto de 1972, onde tal comissão solicita ao MEC 'informar quantidade exemplares esse ministério necessita fim dotar Biblioteca a ele subordinado".
90.Respectivamente, Instituto Histórico e Geográfico Brasileiro. Lata 609, pasta 2 e Pasta 3.
91. Instituto Histórico e Geográfico Brasileiro. Lata 609, pasta 3.

na mesma direção, sob a severa vigilância de Clio, que emitiria veredictos que perdurariam pelos tempos vindouros. Em alguma medida, o governo realizaria os desejos da população, atuando como se portasse a "vontade geral" rousseauniana — embora esta mesma população não tivesse condições objetivas de influenciar a ação governamental.

Ainda no contexto das comemorações sobre o sesquicentenário da Independência, o IHGB empossou o almirante Américo Deus Rodrigues Thomas, presidente de Portugal, em sua presidência de honra, atendendo à proposta aprovada pela Assembleia Geral de 17 de dezembro de 1971. No discurso de saudação ao novo integrante honorífico, Pedro Calmon abordou a trajetória política de d. Pedro I, afirmando que o repatriamento de seus despojos

> irá enriquecer o Monumento do Ipiranga, em cuja base a cripta de d. Pedro I equivale ao alicerce granítico da Independência brasileira [...] numa praça que se chamou Rócio, levanta a fronte altaneira recordando a liberdade, pela qual viveu, num turbilhão de entusiasmo, pela qual morreu, num crepúsculo de apoteose (*Revista do Instituto Histórico e Geográfico Brasileiro*, abril/junho de 1972, p. 250-1).

Assim, e de maneira recorrente, o primeiro imperador se transformaria no fundador da nacionalidade, e como tal mereceria o culto cívico da sociedade e das instituições brasileiras. No entanto, e de modo significativo, o discurso de Pedro Calmon enfatiza a questão da liberdade — um dos aspectos mais criticados pelos contemporâneos do imperador. A imagem de d. Pedro I como inaugurador da nacionalidade brasileira apareceu explicitamente no discurso do almirante Américo Thomas ao receber a presidência de honra do IHGB:

Capítulo 2

> Quando respondeu, e correspondeu, ao apelo do presidente Emílio Garrastazu Médici — presidente de honra deste instituto —, confiando à guarda da nação brasileira os despojos mortais do fundador do império, com o complemento cativante de vir trazê-los; para que conheçamos na sua extensão e no seu significado a importância e a beleza da oblata, senão a profundidade e o sentido do sacrifício [...] Se desfalcava o panteão de São Vicente, povoado de tantas memórias vinculadas à civilização lusíada, permitiu conduzir ao Monumento do Ipiranga o verdadeiro fundador da nacionalidade brasileira. Lá era uma; ali será único, e insubstituível (Id., ibid., p. 250-1).

Por outro lado, nesse mesmo discurso, o presidente Américo Thomas ressaltou as ligações entre Brasil e Portugal, o que assinalaria a existência de uma comunidade luso-brasileira, aproximando-se os interesses brasileiros e portugueses. Nessa época, o governo português equiparou, para fins jurídicos, os brasileiros aos cidadãos portugueses, aguardando igual medida por parte do governo Médici. Desde 1953 já se tentava realizar essa comunidade, com a assinatura do Tratado de Amizade e Consulta.[92] Fundamentado nessa tentativa de aproximação, o governante português enfatizou, em seu discurso como presidente de honra da centenária agremiação, a contribuição do IHGB à formação daquela comunidade:

> O Instituto Histórico e Geográfico Brasileiro mergulha as suas raízes no mais esclarecido luso-brasileirismo [...] [o IHGB] persistiu inalteravelmente no caminho de aproximação luso-brasileira. Prenunciou, portanto, a comunidade, cujos fundamentos

---

92. Cf. Instituto Histórico e Geográfico Brasileiro. FL 704, 31, documento 11: Embaixada de Portugal — Boletim. Rio de Janeiro, 18 de junho de 1971, n. 7/71.

documentais ao longo destes 134 anos com a verdade histórica bebida nos arquivos portugueses e brasileiros. Fiel à integração moral de toda gente lusíada nas glórias do passado, quis o instituto chantar na própria sala de sessões o padrão da posse dos descobridores. [...] Coloca-se [o IHGB] na vanguarda das entidades que promovem o culto do civismo e, dentro deste, dos valores que informar no seu espírito e no seu destino a comunidade Luso-brasileira. Natural e lógico este ideal tradicionalmente cultivado pelo instituto, porquanto a comunidade não é outra coisa senão transformação, na ordem prática, dos valores espirituais que assentam os seus dois membros. Três séculos de história comum, o mesmo sangue na origem, a mesma língua, tradições idênticas de cultura, de religião, enfim, todo um patrimônio que é igualmente dos brasileiros e dos portugueses e que os irmana (*Revista do Instituto Histórico e Geográfico Brasileiro*, abril/junho de 1972, p. 250-1).

A identidade luso-brasileira, de acordo com o discurso, estaria fundamentada no patriotismo e na defesa dos elementos tradicionais que comporiam a cultura comum aos dois Estados nacionais e que se expressaria efetivamente. Ao mesmo tempo, a história produzida pelo IHGB não passou despercebida pelo almirante Américo Thomas, que louvou a preocupação em imortalizar as ações dos governantes brasileiros, em todos os momentos de sua trajetória, vinculando IHGB e Estado, ainda que tangencialmente:

> O instituto sempre honrou os heróis da história brasileira, oferecendo-os como exemplos à posteridade para que nunca sejam esquecidos os valores que inspiraram e presidiram à construção do Brasil. E assim homenageou os seus mestres monarcas: d. João VI,

d. Pedro I e d. Pedro II, e os estadistas da República que continuaram a afirmar e defender os princípios fundamentais da cultura e da unidade brasileira. Entre estes estadistas noto, com prazer, o preclaro nome do presidente Emílio Garrastazu Médici, alta figura de brasileiro, sábio timoneiro do Brasil de hoje e de amanhã, personificação mais acabada das virtudes que asseguram a grandeza e a crescente prosperidade deste nobre país (Id., ibid., p. 250-1).

A imagem do general Médici também merece destaque, transformando-se em guia da sociedade brasileira, capaz de fazê-la atravessar o mais revolto dos oceanos.

Até em seus documentos oficiais, o IHGB identifica os despojos de d. Pedro I a relíquias (*Revista do Instituto Histórico e Geográfico Brasileiro*, outubro/dezembro de 1971, p. 230-1). O instituto buscava sacralizar o imperador.

A atuação do IHGB no sesquicentenário da Independência antecedeu às cerimônias oficiais e contou com o apoio da CEC dos festejos — personificada pelo general Antonio Jorge Correa. Nesse evento, quando se comemorou o sesquicentenário do "Dia do Fico", a direção do IHGB expôs a máscara mortuária de José Bonifácio, a partitura original do hino da Independência e a espada de comando do Duque de Caxias.[93] Em discurso realizado nesta sessão, o general Correa afirmou que representaria o Exército na CEC e abordou alguns aspectos do programa oficial das comemorações, admitindo algum atraso em sua divulgação, sem, todavia, explicar as motivações do retardamento. Ademais, o general Correa pretendia evitar "uma vulgarização talvez excessiva das comemorações" (*Revista do*

---

93. A espada de comando de Caxias foi dada em garantia ao empréstimo levantado junto à Caixa Econômica Federal (CEF) para a edificação da nova sede, o que permite demonstrar seu valor histórico e material.

Instituto Histórico e Geográfico Brasileiro, outubro/dezembro de 1972, p. 295), ao mesmo tempo que os festejos ficariam limitados ao período empreendido entre 21 de abril e 7 de setembro. Além disso, segundo o general Correa, o IHGB participava efetivamente da CEC e, em suas palavras, "cumpriu sua obrigação" ao comemorar o "Dia do Fico", não deixando a efeméride sem a devida comemoração oficial (Id., ibid., p. 296).

Assim, a atividade realizada no IHGB possuiria uma dimensão formal, que contrastaria com a dimensão mais festiva das demais comemorações — de maior participação popular — a serem realizadas durante o sesquicentenário da Independência brasileira. A cerimônia do "Dia do Fico" assinalaria, portanto, uma distinção relevante em relação aos demais eventos comemorativos dos 150 anos do "Grito do Ipiranga", justamente por se revestir de maior grau de seriedade, enquanto nas outras cerimônias a presença popular acarretaria na "excessiva vulgarização" que tanto preocupava o presidente da Comissão Executiva dos festejos.

Ainda nessa cerimônia, o general Correa informou a respeito do périplo que o cadáver imperial faria pelas capitais estaduais do país, culminando com sua entronização no Monumento do Ipiranga, o qual teria "quatro piras procedentes de quatro pontos longínquos do Brasil" (Id., ibid., p. 297). O transporte dos restos mortais ocorreria "em carro blindado fabricado para a cerimônia pela indústria paulista" (Id., ibid., p. 297), e o presidente do IHGB, professor Pedro Calmon, assumiria a função de orador oficial da cerimônia de inumação.

O fogo das quatro piras seria transportado durante a "corrida do fogo simbólico", evento realizado pela Liga de Defesa Nacional desde 1938 e que, nesse ano, fora incluído no calendário oficial de festividades do sesquicentenário da Independência. Os corredores partiriam de pontos extremos do território nacional, e deveriam percorrer — preferencialmente a pé — o país até chegar ao Monumento do Ipiranga. Seriam quatro rotas: Cabo Branco (saída em 1º de maio), Oiapoque (partida em 9 de maio), Javari (partindo de Boa Vista, em 17 de maio) e Chuí (partindo em 27 de maio). Em alguns trechos do percurso, o mesmo seria realizado a bordo de navios ou aviões oficiais — basicamente na rota Javari, isto é, na região amazônica.

> As rotas Oiapoque, Chuí, Cabo Branco e Javari constituem a corrida da "Integração Nacional", promovida pela comissão nacional coordenadora das comemorações do sesquicentenário da Independência em consonância com a Liga de Defesa Nacional. Aos atletas que participarem da Corrida, em marcha constante de revezamento, serão conferidos diplomas, com a assinatura em fac-símile do presidente Emílio Garrastazu Médici (*Correio do Povo*, 17 de maio de 1972).

A corrida envolveu centenas de cidades, e, em cada localidade pela qual passavam os corredores, a CEC distribuía "expressivas mensagens patrióticas às professoras e aos jovens. À população em geral serão distribuídos folhetos com quadrinhos, contando a história da nossa Independência e dos símbolos nacionais e Bandeiras Históricas do Brasil" (*A Notícia*, 25 de abril de 1972). Em muitas dessas localidades, a passagem da "corrida do fogo simbólico" recebeu tratamento de destaque por parte das autoridades: as aulas foram suspensas, houve reunião cívica com a participação do prefeito e, nas capitais, o próprio governador tomou à frente das festividades.[94]

Todos os competidores chegariam ao mesmo tempo no Monumento do Ipiranga, em 1º de setembro, quando as tochas acenderiam as quatro piras. Cada estado ou território

---

94. Cf. Arquivo Nacional, Fundo Sesquicentenário, pasta 53 A.

enviaria dois representantes, com suas respectivas bandeiras, no momento em que se acendessem as piras. A preocupação com a integração nacional marcaria, dessa forma, a "corrida do fogo simbólico" e o próprio Monumento do Ipiranga, que, com as quatro piras, abarcaria a totalidade do país.[95] É importante ressaltar ainda que a corrida simbolizaria a integração nacional, que era uma das principais ideias defendidas pelo regime militar e que se expressava, por exemplo, na construção da rodovia Transamazônica.

Por outro lado, a participação do IHGB forneceria seriedade, assinalando um contraponto à participação popular, ao mesmo tempo que evitava a "vulgarização excessiva". Assim, o instituto associaria seu prestígio às comemorações oficiais e receberia significativos investimentos do Estado brasileiro: o término das obras de construção do prédio que abrigaria sua nova sede e que lhe permitiria desfrutar de relativa independência financeira diante do poder público, visto que a União autorizava ao IHGB o aluguel da maior parte dos andares do edifício; a publicação da *Biblioteca do sesquicentenário* e o apoio oficial à realização do ciclo de palestras sobre o século e meio da emancipação política brasileira.

---

95. O fato não passou despercebido pela imprensa da época. Assim, *A Gazeta* noticiava em 30 de agosto de 1972: "Fogo unirá o Brasil no Monumento do Ipiranga". Já o *Diário Popular* anunciava, em 30 de agosto de 1972: "Centelhas do fogo simbólico retratam integração nacional". In: Arquivo Nacional, Fundo Sesquicentenário, pasta 53 A. A cerimônia de chegada do Fogo Simbólico foi presidida pelo governador paulista, "23 casais de jovens tipicamente vestidos, representando todos os Estados e Territórios brasileiros, estarão perfilados naquele local, onde as quatro centelhas se encontrarão depois de haverem percorrido todo o território nacional, desde o Rio Grande do Sul ao Amazonas. [...] No momento em que os quatro atletas com os fachos postarem-se simultaneamente perante a pira, um coral entoará o hino da Independência, acompanhado pela orquestra filarmônica, sob a regência do maestro Eliazar de Carvalho. A pira será acesa após a fala do ministro Jarbas Passarinho, à meia-noite, ao som do Hino Nacional, havendo em seguida um espetáculo pirotécnico que marcará o encerramento da cerimônia". *A Tribuna*, 31 de agosto de 1972: "São Paulo abre festa da Independência". In: Arquivo Nacional, Fundo Sesquicentenário, pasta 61 B.

A participação do IHGB nos festejos poderia lhe acarretar capital simbólico em sua disputa para permanecer como referência na historiografia brasileira, no mesmo momento em que os primeiros programas de pós-graduação em Ciências Humanas entravam em funcionamento, o que ameaçaria — a longo prazo — a proeminência da produção intelectual do instituto.

Por fim, o presidente da Comissão Executiva Central informou que a inauguração da nova sede do IHGB constaria na programação oficial dos festejos do sesquicentenário. Logo, pode-se depreender que o instituto foi um importante parceiro na realização das comemorações a respeito dos 150 anos do Grito do Ipiranga, inclusive tendo participado da comissão original que programou os eventos comemorativos do sesquicentenário.[96]

Entretanto, se o IHGB jamais desfrutara de independência frente ao poder público, sua associação com a comemoração do sesquicentenário significou aproximá-lo — talvez em demasia — da ditadura militar então em vigor. A posse do general Médici na presidência honorífica do IHGB foi seguida pela concessão da mesma homenagem ao presidente de Portugal, Américo Thomas. Posteriormente, o IHGB tornou Marcelo Caetano — presidente do conselho de ministros português — seu integrante honorário, concedendo-lhe a vice-presidência de honra, por julgá-lo "eminente jurista e historiador das instituições portuguesas [...] a quem tanto disse, escreveu e realizou, o bem dos supremos interesses da cultura de língua portuguesa" (*Revista do Instituto Histórico e Geográfico Brasileiro*, outubro/dezembro de 1972, p. 300). Esse cargo seria ocupado pela primeira vez, visto que até então somente se dava posse a presidentes de honra no IHGB

---

96. Cf. Decreto n. 69.344, de 8 de outubro de 1971.

(Id., ibid., p. 300). Coerente com sua trajetória desde a fundação, o IHGB se integrava à política estatal, agora por meio da homenagem aos chefes de Estado e de Governo de Portugal, no momento em que se buscava maior aproximação dos interesses luso-brasileiros. Em sua cerimônia de posse no IHGB, Marcelo Caetano recebia os primeiros exemplares da *Biblioteca do sesquicentenário* e, além de oferecer ao instituto livros de sua autoria, comprometeu-se a facilitar o acesso dos historiadores brasileiros ao acervo documental português (Id., ibid., p. 300).

Nessa mesma época, o general Antonio Jorge Correa se tornou sócio-honorário do IHGB, em função dos benefícios legados ao instituto, na função de presidente da Comissão Executiva Central do sesquicentenário da Independência, o que foi reconhecido pela comissão de admissão de sócios do instituto:

> A Comissão de Admissão de Sócios, conhecedora dos atos de benemerência praticados pelo general Antonio Jorge Correa à frente da Comissão Executiva Central do sesquicentenário, e do valioso patrocínio por ele dispensado à realização do próximo Congresso da História da Independência do Brasil, promovido pelo IHGB, sem esquecer a inclusão no programa oficial da Semana da Pátria da inauguração do novo edifício-sede do instituto, expressa o seu inteiro apoio à entrada do eminente brasileiro no quadro social do instituto na categoria de sócio-honorário (Id., ibid., p. 302).

Assim, o instituto retribuía o apoio recebido ao longo das comemorações pelos 150 anos da Independência. A "dívida de gratidão" citada pelo general Lyra Tavares do IHGB para com o general Médici era inegavelmente maior, devido à atuação do então presidente no financiamento público às obras da nova sede. Disso decorreria a associação do IHGB com a

Capítulo 2

figura do general Garrastazu, como enviar telegrama de homenagem ao aniversário do supremo mandatário da nação, estimado pela diretoria do instituto como o "grande benfeitor desta Casa" (Id., ibid., p. 327).

A ligação do instituto com o general Médici ultrapassou a duração do mandato presidencial. Médici participou de outros eventos do IHGB, que podemos exemplificar com a sessão em homenagem dos 136 anos de fundação do IHGB, já sob o governo Geisel, em 21 de outubro de 1974, quando ele compôs a mesa da solenidade, juntamente com o cardeal do Rio de Janeiro, d. Eugênio Sales; o ministro da Educação, Ney Braga; e o presidente da Academia Brasileira de Letras, Austregésilo de Ataíde. Nessa cerimônia, o professor Pedro Calmon, presidente do IHGB, sintetizou o que talvez fosse o sentimento dos associados do instituto em relação ao presidente Médici: "A casa é sua porque Vossa Excelência a fez" (*Revista do Instituto Histórico e Geográfico Brasileiro*, outubro/dezembro de 1975, p. 184). Ou seja, enquanto vivo fosse, o general Emílio Garrastazu Médici poderia participar, em posição destacada, das atividades do IHGB.

O IHGB promoveu, ao longo do século XX e apesar de sua trajetória declinante, inúmeros eventos acadêmicos, destacando-se o Congresso de História Nacional — e seus sucedâneos, ocorridos em 1931, 1938, 1949, 1963 e 1968 —, o Congresso Internacional de História da América, em 1922, e, principalmente, o Congresso de História da Independência realizado à época do sesquicentenário. Além desses, o IHGB promoveu cursos, como aqueles ministrados sobre a vida e a obra de Capistrano de Abreu, em 1953, José Bonifácio, em 1963, e sobre o sesquicentenário da Independência, em 1972, entre outros.[97]

---

97. "Instituto Histórico e Geográfico Brasileiro: século e meio de existência". In: *Revista do Instituto Histórico e Geográfico Brasileiro, Suplemento*. Rio de Janeiro: IHGB, 1988 (1-289), p. 67.

O Congresso de História da Independência, em 1972, teve significativo destaque, visto que ocorreu concomitantemente à culminância dos festejos oficiais, entre 28 de agosto e 6 de setembro, tendo início no Rio de Janeiro e término em São Paulo — na véspera do sepultamento dos restos mortais de d. Pedro I no Monumento do Ipiranga. A organização do evento ficou sob a responsabilidade do IHGB e do Instituto Histórico e Geográfico de São Paulo (IHGSP). O congresso contou com a participação de representantes de diversas instituições culturais — nacionais e estrangeiras.

O patrocínio estatal teve papel relevante na realização do Congresso de História da Independência. Assim, o poder público cedeu as instalações do Palácio Itamaraty (Guanabara), em cujas dependências foram apresentados 77 trabalhos, que estavam organizados pelas diversas comissões temáticas associadas à efeméride. Já na fase paulista do evento, a hospedagem dos congressistas "foi proporcionada pelas autoridades estaduais", que, em contrapartida, participaram "do programa rigoroso para as cerimônias marcadas para os dias 6, 7 e 8 de setembro" em São Paulo, quando puderam retornar ao Rio de Janeiro (*Revista do Instituto Histórico e Geográfico Brasileiro*, v. 297, outubro/dezembro de 1972).

O encerramento do congresso teve a afluência de inúmeras autoridades governamentais das três esferas: federal, estadual e municipal. O discurso de abertura da cerimônia foi proferido pelo presidente do Instituto Paulista, Aureliano Leite, ao passo que a fala do presidente do IHGB, Pedro Calmon, terminou oficialmente o evento. Após os discursos, houve um coquetel, no qual o governo paulista agraciou os congressistas e alguns convidados com uma réplica de um colar utilizado por d. Pedro I (Id., ibid).

Capítulo 2

A comissão organizadora do Congresso de História da Independência foi composta, além do presidente, Pedro Calmon, pela Comissão Executiva. Dela, faziam parte: Américo Jacobina Lacombe, presidente; Jonas Correia, vice-presidente; M. Xavier Gomes Pedrosa e Nelson Omegra, secretários; Lauriston Guerra e Afonso Celso Vilela de Carvalho, vogais; Israelino Busaglo, divulgação; e Ana Lucia E. Bulcão, Amália Lucy Geisel, Sônia Maria Seganfredo e Artur Machado Tavares, assistentes.

As comissões temáticas foram divididas nos seguintes assuntos: história política, história militar, história diplomática, história religiosa, história cultural, história econômica e social, e biografia. Em geral, essas comissões foram integradas por sócios do IHGB e do IHGSP, além de convidados de outros estados — e mesmo estrangeiros —, sendo que os presidentes provinham do IHGB.[98]

Entre os participantes do Congresso de História da Independência, estavam os representantes oficiais de diversos estados — Acre, Ceará, Distrito Federal, Maranhão, Mato Grosso, Pará, Pernambuco e Santa Catarina — e Ministérios — Exército, Marinha, Aeronáutica, Relações Exteriores, Interior, Educação e Cultura, Planejamento, Trabalho e Previdência Social, Comunicações, Fazenda, Saúde e Justiça —, destacando-se a presença significativa de oficiais das Forças Armadas.Como já era de se esperar em um evento dessa natureza, várias organizações vinculadas a assuntos culturais se fizeram presentes no congresso em tela, tanto oficiais quanto privadas: Biblioteca Nacional, Instituto do Patrimônio Histórico e Artístico Nacional (Iphan), Arquivo Nacional, Associação Brasileira de Educação entre outros, além de representantes de instituições federais de ensino superior, como a Universidade Federal de

---
98. No anexo "IHGB" encontra-se a listagem das comissões, com seus respectivos integrantes.

São Carlos e a Universidade Federal do Rio de Janeiro. Igualmente, houve grande afluência de associados dos diversos institutos históricos ao congresso de 1972, além daqueles que integravam o IHGSP e o IHGB. Ao mesmo tempo, diversos estudiosos nacionais e estrangeiros participaram do Congresso de História da Independência — sobretudo dos Estados Unidos e da América Latina, mas com a presença de alguns europeus.

A aproximação com o regime militar resultou em benefícios ao IHGB — por exemplo, com a construção da nova sede. Além disso, o instituto participou de diversos eventos acadêmicos, realizados por órgãos públicos ou por instituições de ensino superior. Assim, por exemplo, o recebeu o Certificado de Reconhecimento produzido pela Faculdade de Comunicação da Universidade de Brasília (UnB) e pelo jornal *Correio Braziliense*, em 1969, em função da Exposição de Imprensa ocorrida em 1968 no Distrito Federal.[99] Ou, ainda, quando o Instituto Brasileiro de Educação, Ciência e Cultura solicitou a participação do IHGB nas comemorações do centésimo aniversário de Mahatma Gandhi, em março de 1969.[100] Outro exemplo pode ser vislumbrado por meio da solicitação, por parte do Arquivo Nacional, do empréstimo de peças que compunham o acervo do IHGB, em agosto de 1970, e que foi recusado pela direção do instituto, sob o argumento de restrições estatutárias.[101]

Não faltaram sócios que perceberam a necessidade de o IHGB voltar a se destacar na produção historiográfica brasileira. Assim, o general Humberto Peregrino propôs, em 17 de abril de 1974, a criação de um prêmio anual, de âmbito

---

99. Instituto Histórico e Geográfico Brasileiro. Lata 719, pasta 11.
100. Id. Lata 696, pasta 32.
101. Id., ibid., pasta 39. Ofício do Arquivo Nacional ao IHGB solicitando documentos para Exposição Comemorativa da Semana da Pátria (com resposta). Rio de Janeiro, 20 e 24 de agosto de 1970.

nacional, sobre a história nacional. O prêmio consistiria no pagamento de um valor equivalente a cem salários mínimos, além da publicação da obra, e receberia dotação orçamentária originária do Ministério da Educação e Cultura.[102] Não existem indícios de que essa proposta tenha sido aprovada e/ou efetivamente realizada.

Proposta análoga foi apresentada por Marcos Carneiro de Mendonça, na Assembleia Geral Extraordinária de 4 de fevereiro de 1970, sugerindo a criação de um quadro especial formado por jovens pesquisadores de história, não integrantes do IHGB. Essa proposta foi apresentada novamente em 11 de maio de 1971, por Mário Ferreira França, que lhe acrescentou a sugestão de a diretoria do IHGB estabelecer convênios com instituições de ensino superior, no sentido de estabelecer equipes de estudantes autorizados a pesquisar nos arquivos do instituto, sempre sob a supervisão de um sócio do IHGB e obedecendo a critérios e calendários estabelecidos pela instituição.[103] Haveria ainda a possibilidade de publicação das pesquisas julgadas mais relevantes pelo IHGB.

Outra proposta, relatada por Mário Ferreira França e apresentada à Assembleia Geral Extraordinária em 11 de maio de 1971, estabelecia a criação de uma premiação, a ser distribuída a cada dois ou três anos, sob a responsabilidade do IHGB. Essa proposta instituía três medalhas — dourada, prata e bronze —, distribuídas a autores de textos com até cem páginas em espaço duplo e seguindo os princípios hierárquicos que fundamentaram a organização do instituto. Dessa maneira, a medalha dourada seria distribuída a cada dois anos, "ao melhor livro, monografia ou coleção sistematizada de documentos inéditos, com índice analítico e onomástico",[104] assim

---

102. Instituto Histórico e Geográfico Brasileiro. Lata 360, pasta 73.
103. Id., pasta 72.
104. Id., ibid.

como àqueles que concederam vantagens de grande valor ao IHGB. A medalha de prata seria outorgada a cada três anos, igualmente à obra bibliográfica, mas de âmbito regional, e aos indivíduos que concederam ao instituto "bens materiais de apreciável valor",[105] e, por fim, a medalha de bronze, instituída para obras dignas de receber essa comenda.[106] Os membros do IHGB não poderiam concorrer às medalhas, salvo "por motivos excepcionais".[107] Ou seja, a proposta permitiria ao IHGB premiar seus benfeitores e protetores diversos, sem a necessidade de lhes conceder o título de associado, e, eventualmente, premiaria inclusive os próprios sócios.

Podemos inferir que essas propostas, surgidas à época em que se iniciavam os preparativos para as comemorações do sesquicentenário da Independência, assinalariam um novo "estado de ânimo" dos membros do IHGB, entusiasmados com os novos tempos que chegavam e que se materializavam com a construção da nova sede e com a participação na própria Comissão Executiva Central das festividades. Podemos vislumbrar nessas propostas a preocupação em evitar que o IHGB ficasse no ostracismo após os eventos do sesquicentenário da Independência brasileira.

Ainda no contexto das comemorações a respeito do sesquicentenário, foram criadas comissões estaduais com o mesmo objetivo, que procuraram muitas vezes integrar festividades regionais à comemoração nacional e que possibilitavam ao IHGB assumir papel relevante.[108]

---

105. Id., ibid.
106. Id., ibid.
107. Id., ibid.
108. Cf. Instituto Histórico e Geográfico Brasileiro. FL704.31, Comemorações, documento 1. O documento indica, primordialmente, as atividades referentes ao quarto centenário da publicação de *Os Lusíadas* e que ocorreria concomitantemente ao sesquicentenário da Independência brasileira, integrando ainda os esforços em prol da realização da comunidade luso-brasileira.

O IHGB podia ser considerado bastante moderno em seu momento de apogeu — isto é, durante o Segundo Reinado —, pois sua prática se assemelhava ao que os demais centros produtores do conhecimento histórico ocidentais faziam nos Oitocentos (Falcon, in: Cardoso, Vainfas, 1997. Op. cit., p. 65). A partir do início do século XX, contudo, a história política "tradicional" se tornou estigmatizada, em especial pelos *Annales*. Essa crítica obteve sucesso após a Segunda Guerra Mundial, particularmente nos países sob influência da historiografia francesa. Isso não significa, porém, que a história tenha perecido. Ao contrário, a história política "tradicional" manteve, ao menos em parte, seu espaço — quer no ambiente acadêmico, quer no mercado editorial (Id., ibid., p. 70). Mesmo nos *Annales*, existiram historiadores — Duby, em particular — que se dedicaram a temas políticos, o que não significa que praticassem a história política "tradicional".

Retornando à cena brasileira, o declínio do IHGB como centro produtor do conhecimento histórico, a partir de 1931, de acordo com a tipologia esboçada por Francisco Falcon, não foi acompanhado pela substituição da história política "tradicional", que ainda na década de 1970, ao que parece, mostrava-se predominante — no ambiente acadêmico e no mercado editorial —, apesar de não haver, até a presente data, de dados conclusivos a respeito (Id., ibid., p. 85-6).

Entretanto, parece-nos plausível inferir que a história política "tradicional" — que tinha no IHGB um de seus principais centros produtores no Brasil — legitimava espetáculos como o sesquicentenário, isto é, uma festa pautada pela comemoração acrítica de um evento tido como fundador da vida pátria. O apoio concedido pelo governo Médici ao instituto — expresso no financiamento da nova sede e na sua escolha para editar a *Biblioteca do sesquicentenário* — indicaria uma íntima aproximação, derivada talvez da proximidade ideológica e que acarretou a chancela, por parte dos integrantes do IHGB, do discurso presente na festa dos 150 anos da Independência brasileira: um discurso patriótico, que indicaria uma continuidade entre d. Pedro I e o regime militar então existente.

2.2. Independência ou morte

Desde o início das festividades oficiais já apareciam notícias sobre filmes comemorativos do sesquicentenário, cujos enredos, em geral, abordavam acontecimentos da história brasileira. Assim, por exemplo, o filme *Setenta anos de Brasil*, de Jurandir Noronha, abordou do início do século XX até a década de 1970 (*O Imparcial*, 25 de julho de 1972). Outro exemplo de documentário é *O dia em que Getúlio morreu*, de Jorge Ileli, que buscou traçar um panorama da era Vargas, culminando com o suicídio do presidente (Id., ibid). Outro documentário, denominado *A Land of Many World*, patrocinado pela Souza Cruz e destinado ao mercado externo, procurava exibir "uma imagem autêntica, da melhor qualidade artística, sobre o progresso do Brasil na década de 1970" (*Gazeta Mercantil*, 26 de fevereiro de 1972). Também foram realizados documentários de abrangência regional, como o realizado pela *Speed Produções Cinematográficas*, sediada em Salvador, e sob o patrocínio da comissão estadual do sesquicentenário do Rio Grande do Norte, a respeito da chegada dos restos mortais de d. Pedro I a Natal (*Diário de Natal*, 2 de agosto de 1972).

Além dos documentários, houve também filmes de propaganda com cerca de quinze minutos de duração cada, que comemoravam o sesquicentenário, sendo protagonizados por Pelé, Roberto Carlos, Paulo Gracindo e Marília Pêra, entre outras personalidades de destaque da época (*O Globo*, 11 de março de 1972).

O filme principal da campanha, para a televisão e os cinemas, tem como base a última composição que Miguel Gustavo, autor de *Pra Frente, Brasil*, fez antes de morrer. Já foi editado um disco com a marcha do sesquicentenário, gravado por Miltinho, Shirley, Ângela Maria e coral do Joab (Id., ibid).

Ao mesmo tempo, outros filmes que evocavam personagens relacionados ao processo de Independência brasileiro também foram produzidos, entre os quais *O pintor do Ipiranga* e *José Bonifácio que ninguém conhece*. O primeiro traçou a biografia de Pedro Américo, autor do quadro *O Grito do Ipiranga*, e foi produzido pela comissão estadual do sesquicentenário da Paraíba, com o apoio da CEC e do Instituto Nacional do Cinema (Jornal do Commercio, 12 de agosto de 1972). Já o segundo foi um curta-metragem dirigido por Rubens Ewald, com patrocínio da Secretaria Municipal de Turismo de Santos, e mostrou, entre outros aspectos, a importância de José Bonifácio na montagem da Marinha brasileira (*A Tribuna de Santos*, 1º de agosto de 1972).

Entretanto, a principal produção cinematográfica do sesquicentenário foi *Independência ou morte*. A preocupação em recriar o passado da maneira mais fiel possível levou Abílio Pereira de Almeida, durante seis meses, a pesquisar "mais de quinhentos documentos em arquivo", além de ler "todos os livros importantes e monografias sobre o assunto", objetivando, dessa maneira, retratar cronologicamente os acontecimentos.

O filme *Independência ou morte* foi produzido durante o período de comemorações do sesquicentenário da Independência e seu lançamento ocorreu por ocasião da Semana da Pátria de 1972, ou seja, quando os festejos dos 150 anos do "Grito do Ipiranga" atingiam seu apogeu. Com isso, os produtores pretendiam se beneficiar da atmosfera patriótica que envolvia o país, o que potencializaria os lucros que esperavam obter com a película, em função da maior exposição de símbolos patrióticos ocorrida no período.

> Ele [*Independência ou morte*] relata fielmente os principais lances de patriotismo, coragem, aventura, drama e amor, sem se afastar da realidade política brasileira que levou o imperador d. Pedro I ao histórico grito de Independência, representando assim as legítimas aspirações do nosso povo. Ao fazer o que se pode chamar de primeira critica do filme, o ministro Jarbas Passarinho também anunciou ontem o lançamento da revista *Cultura*, do MEC, dedicada às comemorações do sesquicentenário (*O Estado de S.Paulo*, 29 de agosto de 1972).

A produção de *Independência ou morte* seguiu padrões hollywoodianos, tendo o luxo e a reconstituição histórica como os pontos principais do filme. De acordo com o produtor Oswaldo Massaini, o filme não seria apenas um "ensaio de filme histórico (...) [mas] uma demonstração espetacular dos brasileiros na produção cinematográfica" (*O Globo*, 27 de junho de 1972).

A realização de *Independência ou morte* contou com nítido apoio do Estado brasileiro, mediante o auxílio fornecido por diversos órgãos públicos ao longo de sua realização e distribuição. Ele foi lançado em 4 de setembro de 1972 em vinte capitais brasileiras e, na semana seguinte, em Portugal. Ao receber os dirigentes e artistas da produção, em audiência no Palácio do Planalto, o presidente Médici demonstrou o interesse do Estado na apresentação do tema "Independência", principalmente centrado na figura de d. Pedro, o que possivelmente facilitou o financiamento do projeto: "Está demonstrado que podemos nos orgulhar dos artistas nacionais

Capítulo 2

e que tudo depende de escolher um bom tema para filmar" (*A Tribuna de Santos* (Santos, SP), 1º de setembro de 1972).

A análise de Mônica Almeida Kornis pode nos auxiliar numa compreensão mais aprofundada de *Independência ou morte*, apesar de seu objeto de estudo ser a televisão como produtora de uma memória acerca da história recente do Brasil. Assim, a autora analisou duas minisséries produzidas pela Rede Globo entre as décadas de 1980 e 1990: *Anos dourados* e *Anos rebeldes*, nas quais analisou a ficção como um documento histórico, por meio da "forma pela qual esse conteúdo é traduzido, o momento histórico da produção, e as estratégias do próprio meio televisivo", de modo a compor um relato que "tanto revela quanto constrói a história" (Kornis, in Seminário 40 anos do golpe de 1964, 2004, p. 322). A narrativa ficcional apelaria ao passado "numa operação alegórica de construção de um discurso sobre o presente" (Kornis, In: Abreu; Lattman-Weltman; Kornis, 2003, p. 76).

Ao mesmo tempo, Mônica Kornis criticou o estabelecimento de analogias entre momentos históricos distintos, pois isso diluiria as peculiaridades de cada momento da história (Kornis, op. cit., 2004, p. 324). A tentativa de fazer uma automática correspondência entre o que ocorre em um filme de época e o momento em que ele foi produzido é bastante questionável.

A minissérie *Anos rebeldes* não se preocupou em elaborar um amplo panorama social, limitando-se, de acordo com Mônica Kornis, a reproduzir estereótipos (o empresário de sucesso e favorável à ditadura militar, a classe média que apoiou o golpe, alguns grupos populares, estudantes), pois esse produto televisivo se centrava na dicotomia "bons" *versus* "maus" (Id., ibid., p. 326-7). O filme *Independência ou morte* tampouco estabeleceu qualquer panorama social: existia d. Pedro I, e todos os demais personagens giravam ao seu redor

— seus familiares, suas duas esposas, a marquesa de Santos, Chalaça, José Bonifácio, os líderes maçônicos, entre outros. As exceções foram alguns poucos personagens com roupas eclesiásticas — obviamente identificados à Igreja Católica — ou fardados — logo, pertencentes ao Exército ou à Marinha. Quanto ao "povo", aparecia muitas vezes em cenas que remetiam à desordem ou às súbitas mudanças de opinião. Igualmente, durante a totalidade de *Independência ou morte* não se observam pessoas trabalhando, além de não existir quaisquer referências à escravidão.

Por outro lado, a situação política em *Anos rebeldes* aparece, na maior parte das vezes, como simples pano de fundo para os enlaces românticos dos personagens principais, não se evidenciando as motivações para a confrontação política. Em *Independência ou morte* ocorreu algo similar: os idílios amorosos de d. Pedro I — seus dois casamentos, mas principalmente o romance com a marquesa de Santos — dominaram a maior parte da narrativa, que apenas fez referência aos eventos históricos que, exceto pelo "Grito do Ipiranga", não tiveram o mesmo destaque da vida privada do primeiro imperador do Brasil. Essa situação apareceu nitidamente no momento da abdicação, que surgiu no filme sem qualquer explicação prévia. Ou seja, d. Pedro I renunciaria ao trono por não dispor mais de apoio do Exército e do "povo", mas em momento algum o filme explicitou os motivos para a perda desse apoio.

Ao analisar *Anos dourados*, Mônica Kornis associou a produção à conjuntura da nova República, destacando a identificação — estabelecida pela minissérie em questão — do governo JK como um período otimista que indicava um futuro de êxito para o Brasil (Kornis, 2003, op. cit., p. 77). Ao mesmo tempo, houve uma grande preocupação de seus produtores com a mais perfeita reconstituição histórica possível, embora a trama ficcional sofresse críticas pelo excesso de informações acerca do período abordado, pelo maniqueísmo de muitos personagens e pelo "tom didático de muitas de suas cenas" (Id., ibid., p. 83). Do mesmo modo, as roupas e os objetos decorativos assinalariam distinções comportamentais e ideológicas entre os personagens (Id., ibid., p. 96-7).

Outro aspecto importante da análise de Mônica Kornis é a associação entre passado e presente no cinema e na televisão. Assim, por um lado, havia "a ilusão de mostrar a história tal como foi" (Id., ibid., p. 84) e, de outro, procurou-se estabelecer uma identidade entre a narrativa exibida nas telas e a época presente (Id., ibid., p. 87-8).

Outra contribuição importante de Mônica Kornis para nossa análise do filme *Independência ou morte* foi o estudo da utilização da iluminação e da trilha sonora como forma de expressar sentimentos e situações. De fato, nos momentos de crise assinalados pela produção de 1972 predominaram cenários escuros, com planos (enquadramento da câmera) fechados, o que ajudou a estabelecer uma atmosfera sombria. Assim, por exemplo, no momento da abdicação, o personagem de Tarcísio Meira (d. Pedro I) vestia trajes de tons próximos ao marrom e ao preto, com o cenário dispondo de pouca iluminação. Outro exemplo dessa utilização de luzes, sons e cores foi na cena que recriou o "Grito do Ipiranga": um dia ensolarado, planos inicialmente abertos (oferecendo uma perspectiva panorâmica), que lentamente se fecharam sobre d. Pedro I no momento em que bradava "Independência ou morte". Essa cena foi repetida seguidas vezes, sempre sob os acordes do hino da Independência.

Qualquer discurso pressupõe a existência de um receptor ideal. Todavia, com o fito de não deixar margem a interpretações dúbias e possibilitar ao discurso ser compreendido por uma quantidade abrangente de pessoas, faz-se necessário a produção de uma "fala" mais simplificada, na tentativa de impedir a multiplicidade de análises que qualquer mensagem mais bem elaborada apresenta.

No contexto da sua produção e lançamento, o patriotismo se fazia presente em discursos oficiais e não oficiais, assim como de músicas, programas de televisão, propagandas e imagens veiculadas pelas diversas mídias. O filme, inspirado na "atuação positiva do governo", segundo um de seus realizadores, coadunava-se com o "estado de espírito" propalado pelo presidente Médici à época do pré-lançamento de *Independência ou morte* (*O Estado de S.Paulo*, 1º de setembro de 1972).

A ênfase no aspecto emocional nos possibilita entender algumas ocultações relevantes verificadas ao longo da película — por exemplo, a Confederação do Equador, a derrota na Guerra da Cisplatina e a grave crise econômica vivenciada no final do Primeiro Reinado. Uma hipótese nos parece plausível para essa ocultação: a tentativa de mitificação em torno da figura de d. Pedro I, pois, como herói e pai fundador da nacionalidade brasileira, não deveriam pairar dúvidas sobre suas qualidades de homem público e de guerreiro a encarnar o Brasil grande, a potência do terceiro milênio que os militares propalavam aos quatro ventos. Essas ocultações, todavia, podem ser relacionadas apenas à preocupação dos realizadores da película com sua duração. Ademais, não podemos desconsiderar a possibilidade de o filme ter buscado simplificar o processo de emancipação brasileiro, assim como o governo do Primeiro Reinado, estabelecendo um enredo pautado no aspecto romântico.

Assim, o roteiro procurou romancear a vida de d. Pedro I, enfatizando traços que explicitavam sua trajetória política no Brasil, em especial durante os eventos associados à Independência, além de abordar alguns aspectos de sua vida privada: o lado boêmio, a amizade com Chalaça e o romance extraconjugal com a marquesa de Santos, em particular. Então, por exemplo, o declínio da popularidade de d. Pedro I se devia, de acordo com o filme analisado, à influência da marquesa de Santos, capaz de indispor o imperador contra os irmãos Andrada e de fazê-lo demitir o ministério "dos marqueses".[109] O próprio filme reforça essa interpretação quando evidencia que a emancipação nacional se baseou única e exclusivamente em um ato de vontade dos membros das camadas dominantes. O filme comprova uma das análises de Barthes: a exclusão das contradições sociais no âmbito da história (Barthes, 2003, p. 163). Assim, não ocorreram conflitos, não existiram projetos em disputa, nada além do "temperamento imprevisível" de "Sua Majestade Imperial". Saem os homens comuns, ficam apenas os heróis, os líderes, cuja vontade inquebrantável moveria o destino coletivo, fazendo girar a roda da história.

Mais ainda, e neste aspecto concordamos novamente com as análises de Barthes: deparamos, ao longo de *Independência ou morte*, com a utilização política do mito, pois aparece somente o discurso da classe dominante, sem qualquer contradição, negando-se qualquer alteridade. De modo análogo, assistimos à ausência da história real, isto é, factual em última análise, visto que importantes conflitos foram suprimidos da película, entre os quais destacamos como mais significativos, além daqueles já mencionados, o assassinato do jornalista Líbero Badaró, as críticas sofridas pelo imperador por parte dos representantes eleitos para a Câmara dos Deputados e o fracasso da viagem feita em 1830-31 às províncias de São Paulo, Minas Gerais e Rio de Janeiro — onde a comitiva imperial foi hostilizada.

O enredo do filme estava centrado na imagem de d. Pedro I, e, com essa preocupação em mente, seus produtores

---

109. Inhambupe, Paranaguá, Caravelas e Baependi, entre outros, que redigiram o projeto que originou a Constituição outorgada de 1824.

estabeleceram uma divisão esquemática que perpassou todo o filme. Assim, por exemplo, em quase todas as ocasiões em que d. Pedro I e a marquesa de Santos estavam juntos, ele vestia roupas civis: nos idílios amorosos, na festa de inauguração do palacete que lhe dera de presente na corte, quando se encontravam no Palácio da Quinta da Boa Vista, ele aparecia como um cidadão qualquer a desfrutar sua vida privada. Em contraposição, nos momentos em que d. Pedro I despachava com ministros, participava de cerimônias oficiais ou dialogava com a primeira imperatriz, Leopoldina de Habsburgo, sempre aparecia trajando uniformes militares. Essa divisão esquemática valorizaria as atitudes públicas de d. Pedro I, pois eram o objeto das homenagens realizadas durante o sesquicentenário da Independência. Em outras palavras, ao se festejar, por exemplo, o "Grito do Ipiranga", homenageava-se a conduta pública de d. Pedro I, não sua vida privada — que muitas vezes atrapalhava os afazeres do estadista.

As últimas cenas de *Independência ou morte* refletem a intenção dos realizadores da película de reforçar o discurso acerca da importância da conduta privada para os homens públicos, visto que ela pode inviabilizar a transformação do governante em estadista. Isso aparece nas cenas que retratam a infância de d. Pedro I. Ao não incorporar os ensinamentos à sua vida pública, "Sua Majestade" se desvia da trajetória trilhada por um estadista. Em função disso, o filme retrata não só seu momento de glória, mas também sua decadência e a tentativa de retomar o caminho, quando ele, fardado, termina seu relacionamento com a marquesa de Santos. As derradeiras imagens do filme evidenciam o resgate da imagem pública de d. Pedro I, se não real, ao menos teórico — ou mítico. Quando se transmitem as palavras de José Bonifácio ("Ele nos deu a

Independência"), as imagens do "Grito do Ipiranga" são repetidas e se toca o hino da Independência. Deparamos, então, com a mensagem final do discurso: a liderança de d. Pedro I no processo de Independência suplanta as eventuais falhas de sua vida privada, que interferiram em sua vida pública.

No filme, d. Pedro I aparece como herói e grande homem, expressando uma perspectiva historiográfica bastante cara ao IHGB, e que parece ter norteado os festejos oficiais do sesquicentenário: a exaltação do passado brasileiro, ao mesmo tempo que se valorizaria o *ethos* militar como responsável pelos destinos da coletividade e baluartes confiáveis da sociedade.

Igualmente, transparece, em diversos trechos da fita, o momento político vivenciado pela sociedade brasileira no início da década de 1970, com a ênfase no Exército — citada como "a tropa", "as tropas" — e a crítica implícita aos civis — exibidos como pessoas que necessitam de um guia, incapazes de eleger representantes que não sejam velhacos ou mal-intencionados. Os militares apareciam sempre sob uma interpretação favorável — como defensores da pátria —, enquanto a população civil é associada à desordem e às paixões momentâneas.[110]

---

110. Assim, no início do filme, quando d. Pedro I se percebeu isolado politicamente, afirma: "Complica-se a situação, senhores. O povo, a favor de quem dispus a minha própria vida, volta-se contra mim. A paz não existe no Brasil." Em outra cena, quando há a adesão das tropas portuguesas situadas no Brasil à Revolução do Porto, d. Pedro negocia com representantes da Igreja e do Exército. O ambiente está tumultuado; ao final da negociação, o então príncipe herdeiro afirma: "À tropa eu peço que confie em mim; ao povo, peço calma e serenidade. Voltai aos vossos lares, ao vosso trabalho; a Constituição será outorgada não por imposição, mas por merecimento." O povo, então, aplaude d. Pedro. Em outra cena, quando as cortes exigem o imediato retorno do príncipe herdeiro a Portugal, d. Pedro manda publicar os decretos das cortes, afirmando: "Ao povo caberá a decisão". Na cena posterior, em uma taberna, populares leem o decreto no jornal e reagem indignados: "Exigem que sua alteza abandone o povo brasileiro. Isto é um absurdo, uma calamidade"; com a chegada de d. Pedro, curvam-se respeitosamente, a agitação para, e todos gritam no bar "Viva d. Pedro" e imploram por sua permanência no Brasil. Na cena em que aborda a dissolução da Assembleia Constituinte, que teria

O lançamento do filme desfrutou grande destaque na imprensa escrita da época, sendo noticiado nos principais jornais brasileiros de 1972. Afinal, a película era a mais cara produção nacional da história, com orçamento estimado entre CR$1,7 milhão e CR$2 milhões — valores desconectados da "realidade cinematográfica brasileira"[111] e que corresponderiam, ao câmbio da época, entre R$610 mil e R$720 mil.

O filme recebeu críticas favoráveis, em geral. Assim, Ely Azeredo, crítico de cinema do *Jornal do Brasil*, destacou o aspecto lúdico de *Independência ou morte*, equiparando-o às produções internacionais, embora evidenciasse as falhas do produto nacional:

> Desde que não se exija do filme histórico nacional o que não se exige do estrangeiro, isto é, a seriedade do ensaio erudito, a renúncia à pompa e ao romantismo, a fidelidade absoluta a todos os fatos e faces, a produção atinge seus objetivos e se mostra um dos momentos mais felizes do cinema brasileiro na seara do espetáculo popular (*Jornal do Brasil*, Caderno B, 10 de setembro de 1972, p. 8).

O crítico abordou ainda a duração do filme (108 minutos), julgando-a aquém do ideal, pois "sente-se que d. Pedro — Tarcísio Meira — abdicou cedo demais" (Id., ibid. p. 8). O roteiro procurou sintetizar a trajetória histórica do período 1807-1831. O crítico do *Jornal do Brasil* conclui sua análise recomendando o filme ao público, apesar das restrições.

---

ocorrido por "ofender ou desrespeitar as Forças Armadas", logo depois, adentra o plenário um oficial, que trava o seguinte diálogo com o presidente da sessão:"Não admitimos neste recinto oficiais armados [presidente]; esta espada é para defender a minha pátria"[oficial].
111. Entrevista com o produtor do filme, Oswaldo Massaini, In: *Folha de São Paulo* (São Paulo, SP), 4 de setembro de 1972, "A exibição de *Independência ou morte*", p. 4.

A *Folha de S.Paulo* destacou o aspecto hollywoodiano do filme, isto é, sua grandiosidade, exuberância e sofisticação, ao mesmo tempo que explicitava os limites desse modelo cinematográfico (*Folha de S.Paulo*, 4 de setembro de 1972, Caderno Folha Ilustrada, p. 21). No que se refere ao roteiro, o jornal afirma que o filme não procurou aprofundar qualquer tipo de análise:

> O filme não se prende a análises, considerações ou outras intenções. É simplesmente a visualização dos fatos que a história registrou, antes e depois da Proclamação da Independência por d. Pedro I, a 7 de setembro de 1822, às margens do riacho do Ipiranga, em São Paulo. [...] Segundo o ministro da Educação, [o filme] "relata fielmente os principais lances de patriotismo, coragem, aventura, drama e amor, sem se afastar da realidade política brasileira que levou o imperador d. Pedro I ao histórico grito de Independência, representando assim as legítimas aspirações de nosso povo" (Id., ibid., p. 21).

Tentava-se, portanto, apenas refletir os acontecimentos passados, ou seja, não se pretendia compreender o processo histórico que culminou no "Grito do Ipiranga". A preocupação com o aspecto factual levou os produtores a filmar a cena principal da película no maciço do Gericinó, pois suas características físicas se assemelhavam ao Ipiranga em setembro de 1822 (Id., ibid., p. 21). Preocupação igual impeliu os realizadores de *Independência ou morte* a colocar o mesmo quantitativo de soldados que escoltavam d. Pedro I no evento de 7 de setembro de 1822 (Id., ibid., p. 21). O filme inspirou-se no quadro *O Grito do Ipiranga*, obra realizada por Pedro Américo a pedido do imperador d. Pedro II — confeccionada na cidade italiana de Florença, entre 1886 e 1888.[112]

---

112. Para uma análise pormenorizada da tela "O GGrito do Ipiranga", ver: Olivei-

A *Folha de S.Paulo* enfatizou a tentativa de conciliar o "espetáculo com as informações didáticas" (*Folha de S.Paulo*, 9 de setembro de 1972, p. 27) presente no filme, considerado ótimo por 79,7% do público, enquanto 18,9% dos espectadores julgaram-no bom. Nessa pesquisa realizada pelo jornal paulista, menos de 1,5% considerou o filme regular, e não houve registro de espectadores que consideraram *Independência ou morte* um mau filme (Id., ibid., p. 31).

Helena Silveira, crítica de cinema da *Folha de S.Paulo*, destacou a distância física entre os personagens e seus intérpretes, mas os últimos seriam esteticamente mais agradáveis que os primeiros. "Os *portraits* assinados pelos bons artistas fazem rostos muito mais belos que os do modelo. Assim, o filme de Massaini fica-nos como uma idealização de fatos históricos" (Id., Caderno de Domingo 10 de setembro de 1972, p. 51). Os traços consagrados pela historiografia sucumbiam ante a preocupação em agradar às plateias, já acostumadas com outros "padrões de qualidade".

Ao mesmo tempo, o matutino carioca *O Globo* preferia destacar a importância das comemorações dos 150 anos de Independência para demonstrar o desenvolvimento nacional em diversos aspectos, inclusive na cultura:

> Os festejos do sesquicentenário da Independência têm dado ensejo a numerosas demonstrações de maturidade do potencial brasileiro no campo das realizações, materiais e culturais, que são fatores de consolidação de emancipação nacional. […] Ingressando no tema extremamente difícil da reconstituição histórica, que tanto cuidado exige no trabalho de pesquisa e na transposição cênica, os realizadores de *Independência ou*

---

ra, Cecília Helena de Salles; Mattos, Cláudia Valladão de (orgs.). *O brado do Ipiranga*. Op. cit.

> *morte* venceram brilhantemente o desafio, produzindo um filme que ao seu valor cívico e pedagógico acrescenta as virtudes técnicas, a exatidão e a seriedade de um primoroso tratamento [...] que orgulha o cinema nacional e aguça o nosso sentimento de brasileiro para mais esse testemunho do poder criativo de nossa gente (*O Globo*, 5 de setembro de 1972, p. 5.).

Assim, *Independência ou morte* valorizaria o patriotismo e, portanto, participaria do fortalecimento da cultura brasileira, que se encontrava presente no discurso do regime militar. Por outro lado, a crítica do jornal não teceu grandes elogios ao filme, julgando-o regular, pois o bonequinho aparecia sentado e sem aplaudir:

> O filme tem as virtudes e os deméritos, que se encontram o mais das vezes nas superproduções românticas em torno de personalidades históricas. Não decepcionará a quem espera do cinema brasileiro apenas a fatura artesanal e tecnicamente irrepreensível que identifica o bom padrão comercial das produções estrangeiras (*O Globo*, 9 de setembro de 1972, Rio Show, p. 12).

Mais uma vez, comparava-se *Independência ou morte* às produções internacionais, consideradas como referencial indubitável de qualidade da película brasileira.

De modo análogo aos demais órgãos da imprensa escrita pesquisados, o jornal *O Estado de S.Paulo* destacou a qualidade técnica de *Independência ou morte*, considerado, de modo irônico, "a melhor novela jamais filmada no Brasil" (*O Estado de S.Paulo*, 7 de setembro de 1972, p. 29) e que era "uma divertida e movimentada aula de história do Brasil" (Id., ibid., p. 29). Assim, tal filme inauguraria uma nova etapa da filmografia nacional: a dos filmes comerciais bem-feitos e de bom nível (Id., ibid., p. 29).

Por fim, as críticas mais ácidas foram dirigidas por Ely Azeredo em relação ao desempenho dos atores, algumas vezes por ele julgado insatisfatório: Glória Menezes, Dionísio Azevedo, Emiliano Queiroz e Manoel da Nóbrega (*Jornal do Brasil*, Caderno B, 10 de setembro de 1972, p. 8). Já a *Folha de S.Paulo* destacou favoravelmente a interpretação de Dionísio Azevedo, além de Tarcísio Meira e Heloísa Helena (*Folha de S.Paulo*, Caderno de Domingo, 10 de setembro de 1972, p. 51). *O Estado de S.Paulo* também elogiou o desempenho de Glória Menezes, Dionísio Azevedo, Heloísa Helena, Manoel da Nóbrega e Emiliano Queiroz (*O Estado de S.Paulo*, 7 de setembro de 1972, p. 29). E *O Globo* não teceu qualquer crítica ao desempenho dos atores. No entanto, todos consideraram a atriz Kate Hansen como a grande revelação.

O filme não escapou de sofrer críticas por parte de descendentes da família real brasileira. Assim, de acordo com d. Pedro Gastão de Orleans e Bragança, aconteceram erros técnicos — um aparelho de ar-condicionado em uma cena no Paço Imperial — e outros que podem ser considerados anacronismos — frutas de clima temperado e frescas, assim como as comendas usadas pela nobreza brasileira antes do "Grito do Ipiranga" (Id).

A película foi saudada entusiasticamente pelo coronel Octávio Costa, então chefe da Assessoria Especial de Relações Públicas da Presidência da República (Aerp), que enviou ao produtor Oswaldo Massaini um telegrama de felicitações:

> Quero dizer-lhe o meu entusiasmo pelo trabalho realizado. Trata-se, em verdade, de um grande filme, a abrir imensas perspectivas à nossa cinematografia histórica. […] Considerando *Independência ou morte* um dos pontos altos das comemorações do sesquicentenário, expresso a minha confiança de que esse filme

muito contribuirá para desenvolver, nos jovens, o amor pelo estudo de nossa história e para melhor fixar o perfil das personagens principais da cena de nossa emancipação política (*O Estado de S.Paulo*, Cinemas e Diversos, 10 de setembro de 1972, p. 74).

O telegrama do assessor-chefe da Aerp nos coloca algumas importantes questões. A primeira das quais se refere ao vínculo entre *Independência ou morte* e as comemorações oficiais do sesquicentenário. Seu lançamento coincidiu com os festejos da Semana da Pátria, estreando em âmbito nacional no dia 4 de setembro de 1972, "em comemoração ao sesquicentenário da Independência" (*Jornal do Brasil*, Caderno B, "Panorama", 31 de agosto de 1972). A preocupação em coincidir sua estreia com as festividades dos 150 anos do "Grito do Ipiranga" norteou a produção da película, cujo processo de produção — filmagens, montagem e edição — consumiu apenas 97 dias (*Folha de S.Paulo*, Folha Ilustrada, 4 de setembro de 1972, p. 21).

Independência ou morte recebeu destaque nos meios oficiais desde o lançamento. Assim, o Ministério da Educação realizou, em 30 de agosto de 1972, a exibição do filme em sessão especial para a qual foram convidados todo o ministério, o corpo diplomático e inúmeras autoridades civis e militares. O presidente Médici recebeu a equipe do filme, em audiência no Palácio do Planalto, onde se prontificou a conversar com o ministro da Justiça, Alfredo Buzaid, no sentido de reduzir a classificação determinada pela censura, isto é, de proibido para menores de dez anos para sem restrição de faixa etária,[113] pois, de acordo com Médici, "o filme não tem nada de mais. É uma narração histórica. É uma obra que deve ser mostrada às crianças, e não proibida" (*O Globo*, 1º de setembro de 1972,

---

113. *Jornal do Brasil*, 1º de setembro de 1972, p. 3; *Folha de S.Paulo*, 1º de setembro de 1972, p. 45; *O Globo*, 1º de setembro de 1972, p. 4; *O Estado de São Paulo*, 1º de setembro de 1972, p. 22.

p. 4). O motivo para a censura era o romance extraconjugal de d. Pedro I com a marquesa de Santos e os problemas familiares, de acordo com o responsável pela fixação da restrição. Mas isso poderia ser resolvido se os produtores entrassem com pedido de solicitação de revisão da medida (*Jornal do Brasil*, 1º de setembro de 1972, p. 3). Em 6 de setembro de 1972, seus realizadores solicitaram a revisão da censura imposta, transformando-a em livre, argumentando que se tratava "de filme histórico narrando os acontecimentos que culminaram na Independência do Brasil, de grande interesse para os estudantes de curso primário, em sua maioria menores de dez anos".[114]

O processo de censura de *Independência ou morte* estava liberado sem restrições para o mercado externo. O trailer do filme — considerado épico pelos censores — também estava liberado para todas as faixas etárias, mas condicionado à definição da censura que seria estabelecida pelo órgão do Ministério da Justiça.[115] Os censores da Polícia Federal — Antonio Gomes Ferreira e Maria Luiza S. Cavalcante — incumbidos da análise do filme o julgaram "de ótima qualidade e digno do povo e suas tradições, em face do equilíbrio, bom senso e fidelidade ao enfocar os personagens e ambiência históricas, no Brasil, entre 1816 e 1831". Mas, ainda assim, propuseram sua exibição apenas para maiores de dez anos. O relatório analisa o enredo da película:

> Trata-se de um filme excelente sobre a vida de d. Pedro I, seus amores, sua política, sua corte, seus triunfos e fracassos, como homem e imperador. Além de sua

---

114. Processo do filme. Folha manuscrita. Serviço de Censura de Diversões Públicas, Polícia Federal de Segurança, Departamento de Polícia Federal, Ministério da Justiça. Pedido encaminhado ao diretor da divisão de Censura de Diversões Públicas, sr. Rogério Nunes, 6 de setembro de 1972.
115. Cf. Processo do filme. Folha manuscrita. Serviço de Censura de Diversões Públicas, Polícia Federal de Segurança, Departamento de Polícia Federal, Ministério da Justiça.

pessoa arrebatada, passional, amiga, admiramos a figura de nossa Imperatriz d. Leopoldina, verdadeira mola mestra de nossa independência política, ao lado de José Bonifácio, verdadeiro e maior político de sua época, estadista perfeito, que fez muito pela Pátria, apesar das perseguições e incompreensões de seus contemporâneos. D. Domitila desempenha o verdadeiro papel de favorita do Monarca e causa de toda ruína do império nascente e fracasso de d. Pedro I (*O Globo*, 6 de setembro de 1972, p. 13).

Um dos motivos de preocupação dos realizadores de *Independência ou morte* com a fixação da censura para menores de dez anos era, indubitavelmente, a perda financeira decorrente dessa medida, que restringia o mercado consumidor potencial da película. Outra motivação consistia no interesse exalado pelo então ministro da Educação, Jarbas Passarinho, de exibir o filme "nas escolas de nível médio de todos os Estados" (id., ibid), desde que o Ministério do Planejamento liberasse as verbas necessárias. Igualmente, o titular do MEC enviou telegrama a todos os secretários estaduais de educação, recomendando a "película educativa, [que] evoca grandes figuras [da] história nacional e acontecimentos ligados [à] nossa Independência". No mesmo documento, o ministro Jarbas Passarinho pediu "todo apoio [e] colaboração" para a "mais ampla divulgação" do filme, "especialmente perante [a] classe estudantil".[116] O produtor do filme o julgava possuidor de "caráter didático e, com censura de dez anos, não poderá ser utilizado no futuro como ilustração audiovisual de aulas de história" (*Folha de S.Paulo*, 1º de setembro de 1972, p. 45).

---

116. Telegrama do ministro Jarbas Passarinho, 13 de setembro de 1972. In: Processo de liberação do filme *Independência ou morte*. Serviço de Censura de Diversões Públicas, Polícia Federal de Segurança, Departamento de Polícia Federal, Ministério da Justiça.

O filme de Oswaldo Massaini foi considerado um novo ponto de referência para a indústria cinematográfica brasileira. Médici felicitou o produtor por meio de telegrama que afirmava que *Independência ou morte* lhe causara "excelente impressão" e correspondia "à nossa confiança no cinema nacional" (id., 4 de setembro de 1972, p. 7). De acordo com o presidente da República, "este filme abre uma nova era para o cinema brasileiro" (*Jornal do Brasil*, 1º de setembro de 1972, p. 3). No mesmo telegrama, o presidente afiançava que o filme "mostra o quanto pode fazer o cinema brasileiro inspirado nos caminhos de nossa história [sendo um filme], sobretudo, muito brasileiro" (*O Globo*, 31 de agosto de 1972, p. 10). Médici destacou também que *Independência ou morte* evidenciou o potencial da indústria cinematográfica de realizar "grandes filmes baseados em temas sérios e históricos" (*O Estado de S.Paulo*, 1º de setembro de 1972, p. 22). Corroborando a opinião presidencial, o ministro Jarbas Passarinho afirmou ser o filme a evidência de "que já podemos fazer grandes obras sobre nossos fatos históricos [...] o cinema nacional deve abordar temas de nossa história" (*Jornal do Brasil*, 5 de setembro de 1972, p. 22). De certa maneira, os realizadores de *Independência ou morte* seguiram a recomendação do ministro Jarbas Passarinho, no sentido de terem dado

> atenção especial a filmes que versassem sobre os grandes temas da nacionalidade, buscando no riquíssimo filão da história do Brasil argumentos que falassem à sensibilidade do povo brasileiro e pudessem realizar a grande meta educação-diversão, que entendia caber especialmente ao cinema nacional, sem descuidar da sua importância artístico-cultural.[117]

---

117. *Correio do Povo*, 29 de agosto de 1972. In: Arquivo Nacional, Fundo Sesquicentenário, pasta 77. A reportagem afirmava que tal filme estaria "destinado a produ-

Portanto, filmes como *Independência ou morte* teriam também finalidades pedagógicas e, portanto, deveriam ser exibidos para públicos de todas as idades.

Ao mesmo tempo, Abílio de Almeida, roteirista do filme em questão, identificou pontos de contato entre d. Pedro I e o general Médici, pois "ambos tiveram a coragem de enfrentar as situações mais difíceis e uma invulgar disposição para dar independência ao país".[118] O presidente da República agradeceu o elogio recebido, mas afirmou que a única comparação possível entre ambos os governantes residia na viagem que ele realizara ao Nordeste para observar os efeitos da estiagem prolongada, a qual seria análoga àquela realizada pelo imperador à província de Minas Gerais.

Essa passagem nos permite conjecturar ainda a respeito de outra possibilidade relacionada ao filme: a associação entre d. Pedro I e o regime militar. A seleção de acontecimentos e, em especial, suas abordagens no filme nos fornecem indícios a respeito dos objetos produzidos, pelo Estado, pelo IHGB ou por outro órgão, para instituir como sua memória, isto é, como um passado que ainda existe e cuja reelaboração está fundamentada na seleção de efemérides, indivíduos e narrativas, enfatizando as permanências em detrimento das rupturas e forjando, dessa forma, uma identidade comum (Rousso, In: Ferreira, 1999). Assim, a população brasileira sempre teria tido a necessidade de figuras tutelares: durante a década de 1820, d. Pedro I e, em 1972, as Forças Armadas. Entretanto, ao contrário do príncipe português, as Forças Armadas desfrutariam perenidade e continuariam a obra do "Emancipador", defendendo a soberania nacional, o desenvolvimento econômico e a estabilidade política.

---

zir forte impacto junto às camadas populares de todo país". Id., ibid.
118. *Folha de S.Paulo*, 1º de setembro de 1972, p. 45; *O Estado de S.Paulo*, 1º de setembro de 1972, p. 22.

Capítulo 3
Popularizando os festejos:
a Taça Independência e o sesquicentenário

O presente capítulo abordará as festividades do sesquicentenário da Independência do Brasil associadas, de alguma forma, aos esportes em geral. Ao longo do texto, procuraremos analisar o uso dos esportes — em especial o futebol masculino — como instrumento retórico, capaz de realizar o discurso da "integração nacional". Posteriormente, abordaremos outras modalidades desportivas que fizeram parte das comemorações oficiais pelo 150º aniversário da Independência brasileira.

3.1 A minicopa do mundo de futebol (1972)

A Taça Independência — nome oficial do torneio internacional de futebol que reuniu algumas importantes seleções mundiais no Brasil, ao longo dos meses de junho e julho de 1972 — integrou o programa oficial de comemorações do sesquicentenário da Independência brasileira em função do apelo popular que forneceria aos festejos pelos 150 anos do "Grito do Ipiranga". Ademais, podemos inferir que a minicopa do mundo seria uma continuidade em relação ao tricampeonato conquistado no México. Sob essa hipótese, o futebol até pode ser compreendido como um objeto passível de apropriação ideológica, sem, contudo, resumir-se a isso.

A relação entre futebol e poder político foi objeto de inúmeras análises no decorrer das décadas de 1980 e 1990. Assim, um dos primeiros estudos acerca dessa relação foi elaborado por Joel Rufino dos Santos. O autor estabeleceu uma vinculação linear entre o futebol e o contexto histórico-social, identificando o futebol a um mero estratagema das classes dominantes com o objetivo — declarado ou implícito — de afastar as camadas subalternas do debate político. Ou seja, para Joel Rufino o futebol assumia a forma de "ópio do povo", isto é, de objeto alienante da realidade brasileira ao longo do século XX.

Maurício Murad produziu análise distinta da formulada por Joel Rufino, afirmando que "a conclusão segundo a qual o futebol é sinônimo de alienação política e manipulação ideológica, é parcial, insuficiente e preconceituosa" (Murad, 1996, p. 71). Ademais, ainda de acordo com Maurício Murad, evidentemente o futebol pode ser instrumentalizado com finalidades políticas e ideológicas, mas não devemos restringir a abordagem apenas a esse fator.

No que se refere especificamente ao futebol brasileiro durante a ditadura militar implantada em 1964, Joel Rufino dos Santos afirmou que ocorrera, a partir da década de 1970, a "militarização do futebol" em um processo assemelhado àquele ocorrido na economia nacional, que teria resultado no abandono da originalidade do atleta nacional e na exclusão dos grupos populares, em outro processo análogo ao que então ocorria no cenário mais abrangente da sociedade brasileira da época.[119]

Por outro lado, Maurício Murad nos possibilitou utilizar o futebol como um mecanismo para estudar a sociedade brasileira, ao considerar essa prática esportiva um agrupamento de

---

119. Santos, Joel Rufino dos. *História política do futebol brasileiro*. São Paulo: Brasiliense, 1981, p. 81-7. A título de ilustração dessa relação linear e unívoca que criticamos, o autor afirmou: "Há uma indisciplina, porém, a Paulo Cezar, que a CBD não digere: a do jogador que assume a sua identidade de proletário e, ao assumi-la, denuncia o sistema, reivindica direitos de trabalhador qualificado e lidera os demais. Contra estes, ela usou a mesma arma do governo que representa: a cassação. [...] Rebeldes deste tipo não tiveram vez no futebol do almirante Heleno Nunes." Ou seja, o futebol refletiria automaticamente as mudanças econômicas. Id., ibid., p. 90. Uma das utilizações políticas do futebol aconteceu durante o governo Médici, em especial em 1972, na edição da Taça Independência, evento que integrava o calendário oficial das festividades referentes aos 150 anos da Independência do Brasil.

significações capaz, por isso mesmo, de desvendar aspectos fundamentais de nosso país (Murad, op. cit., p. 16). Todavia, ao contrário de Joel Rufino, Murad não se limitou a associar mecanicamente o futebol ao contexto histórico-social, compreendendo-o, ao contrário, como uma prática e, por isso, capaz de ser apropriado por múltiplos atores sociais ao longo de sua centenária trajetória em terras brasileiras (Id., ibid., p. 71-2).

Assim, de acordo com Maurício Murad, ao mesmo tempo que o futebol assumiu o papel de passaporte para a ascensão de indivíduos oriundos das camadas populares, revelando algumas estruturas fundamentais do ordenamento social brasileiro, essa prática esportiva se tornou expressão da formação cultural e da própria identidade nacional brasileira, desfrutando de importância superior às demais expressões artísticas do Brasil — inclusive o Carnaval (Id., ibid., p. 63-9).

Ademais, no Brasil, o futebol foi (re)apropriado pela classe dominante, a partir do ocaso da Primeira República em atenção à conjuntura do período. O futebol chegou ao Brasil por intermédio de ingleses e de jovens brasileiros educados na Grã-Bretanha, que então organizaram, entre o final do século XIX e o início do XX, os primeiros clubes de futebol — alguns dos quais se tornariam, nas décadas seguintes, importantes objeto de paixão para amplos grupos sociais: Ponte Preta, São Paulo, Fluminense, Botafogo e Grêmio, entre outros, cujos associados pertenciam à "elite" social, cultural e econômica da época.[120] O amadorismo, por outro lado, foi um instrumento utilizado para preservar a seletividade social dos jogadores de futebol,

---

120. Luiz Carlos Ribeiro analisa sucintamente o surgimento dos primeiros clubes de futebol no Brasil, quando a prática desportiva constituía-se quase um monopólio da juventude "cultivada". Cf. Ribeiro, Luiz Carlos. "Brasil: futebol e identidade nacional". Comunicação apresentada no "*4º Encuentro Deporte y Ciencias Sociales*", Buenos Aires, novembro de 2002. In: www.efdeportes.com. *Revista digital*. Buenos Aires, ano 8, n. 56, janeiro de 2003, s.p.

excluindo as camadas subalternas da prática desse esporte.[121] Se, a partir da década de 1930, o futebol se tornou lentamente uma "paixão nacional", sua direção jamais esteve sob o controle dos grupos populares, visto que os clubes permaneceram elitizados em seu quadro social — por exemplo, os jogadores eram considerados funcionários dos clubes, e não sócios — e os órgãos dirigentes não possuíam membros identificados com as camadas subalternas.

Outro autor importante em nossa análise sobre a Taça Independência foi Roberto Ramos, que analisou o futebol como instrumento ideológico da classe dominante. Apesar de o autor usar o conceito "aparelho ideológico do Estado" e, portanto, considerar o futebol "ópio do povo", isto é, mero objeto para manter a alienação das camadas subalternas, fornecendo legitimidade às relações capitalistas, abordou em profundidade o torneio internacional realizado em 1972 (Ramos, 1984, p. 23-8); estudou detidamente a relação entre o futebol — e mais especificamente a seleção brasileira — e o regime militar, dedicando especial atenção ao governo Médici e à Copa de 1970.

Assim, a vitória da seleção brasileira na Copa do Mundo de 1970 foi utilizada pelo governo Médici, que, ainda de acordo com Ramos, acompanhou detidamente os preparativos do "escrete canarinho".

> O governo Médici investiu na Copa do Mundo. Era preciso ganhá-la, comentava-se nos corredores de Brasília. Era a única maneira de, mítica e carnavalescamente, mobilizar a nossa gente [...]. E assim se fez. Apoiada nos gênios do futebol, a repressão fez os seus gols de placa [...]. Políticos,

---

121. Id., ibid. Ver, ainda, Agostino, Gilberto. *Vencer ou morrer. Op. cit.* Para uma análise sobre o esporte entre 1870 e 1914 na Europa ocidental e suas possessões, ver: Hobsbawm, Eric J. *A era dos impérios.* Op. cit.

torturadores e craques de bola desfilaram juntos, em carros abertos, pelas avenidas de nossas capitais, e, fanáticos, cegos, aplaudimos a todos (Id., ibid., p. 36-7).

Ou seja, de acordo com Roberto Ramos, teríamos uma orquestração em torno da vitória brasileira no México, onde a população participara passivamente — ou melhor, "alienadamente", pois o futebol, de acordo com a hipótese principal do autor, funcionaria como mascaramento da realidade social da época — identificada apenas à repressão política. Mais ainda, o sucesso nos estádios mexicanos serviria para legitimar o governo Médici aos olhos das camadas populares:

> A Copa de 1970 serviu para legitimar o governo do general Emílio Garrastazu Médici. Ele chegou ao poder por vontade de uma minoria. Não teve voto direto nem qualquer tipo de apoio das bases. Foi um presidente biônico. Então, buscou uma identificação popular no futebol, o que atingiu o seu clímax com a conquista do tricampeonato mundial, acobertando o autoritarismo e a repressão (Id., ibid., p. 49).

Todavia, devemos levantar algumas questões: antes de mais nada, o presidente Médici (ou mesmo o regime militar) tinha necessidade de conquistar legitimidade popular por meio do futebol? Afinal, o Brasil vivia o "milagre econômico", e o presidente recebia aplausos nas ruas. Ou ainda: houve alguma campanha oficial que associasse o presidente Médici à vitória na Copa de 1970? A resposta, para esta última questão, é positiva. Legitimidade não, mas parece que havia alguma busca pela obtenção de apoio popular. Então, é possível que tenha ocorrido alguma capitalização política do sucesso nos gramados, mas não da maneira orquestrada como Roberto Ramos deixa transparecer.[122]

Ao mesmo tempo, Roberto Ramos procurou demonstrar a utilização, por parte da mídia, do futebol — em que pese, novamente, seu recurso à alienação.[123] Isso significa a utilização de um vocabulário de cunho ufanista na época da Copa do Mundo, não apenas na propaganda, mas também no próprio noticiário pretensamente objetivo da imprensa, cujos espaços eram ampliados na época dos certames internacionais.

Já Simoni Guedes apresenta outra preocupação ao tratar sobre o futebol (Guedes, 1998). Assim, ainda que aborde a questão da apropriação ideológica e do caráter polissêmico presente no futebol, sua ênfase reside nos discursos produzidos sobre o "povo" brasileiro com o futebol, especialmente no material elaborado pela imprensa escrita. Futebol e nacionalidade se associaram no Brasil, a partir da década de 1950, e as crônicas produzidas por jornais e revistas oscilaram entre o êxtase e a crítica contundente à sociedade brasileira, muitas vezes em função dos resultados obtidos nos gramados pelo mundo afora.

> Nos períodos de Copa do Mundo, mais ou menos dois ou três meses antes do inicio do campeonato, o noticiário em torno da seleção brasileira de futebol se intensifica, gerando, muitas vezes, a criação de um

---

122. A Aerp produziu peças publicitárias para legitimar o presidente Médici, recorrendo ao futebol com esse intuito. Cf. Ramos, Roberto. *Futebol: ideologia do poder. Op. cit.*, p. 109-10.
123. Cf. id., ibid., p. 60-8. Ou, a título de ilustração: "Neste quadro, o futebol se insere. Contém um caráter repressivo sublimado. Não utiliza torturas. Não produz 'Doi-Codis'. Age sutilmente. Expressa um alto teor ideológico. Possui como objetivo a desmobilização da consciência política. Aperfeiçoa o perfil da exploração e da dominação do capitalismo. Assim assume uma função contrarrevolucionaria. O que é muito importante para a sustentação da injustiça social, que significa o bem-estar e segurança dos donos do capital". Id., ibid., p. 95.

> suplemento especial de esportes nos principais jornais do país. É nesse momento que a nação brasileira começa a emergir, com maior força, das páginas esportivas dos jornais. [...] O tempo das Copas do Mundo é, assim, o tempo da nação, tal como ela se apresenta através do futebol. E a imprensa esportiva opera com este pressuposto, possibilitando a emergência de um nível mais englobante de identidade social em que todas as diferenças (de classe, de posição, de etnia, regional etc.) são tornadas secundárias. A convergência em direção a este nível de identidade e o obscurecimento das enormes diferenças internas é, certamente, um processo altamente complexo (Id., ibid., p. 47, 49).

Semelhante processo ocorreu também à época do Taça Independência, quando o país se viu envolvido em uma atmosfera ufanista, destacando-se a cobertura jornalística em torno da competição internacional. Houve, portanto, uma utilização política do futebol, em que o esporte serviria de "cimento social", objetivando coesionar internamente a nação em torno de um único objetivo — no caso específico, a vitória sobre as demais seleções.

> Tudo que pode separar os brasileiros, neste contexto, deve ser obscurecido. A ênfase na união dos torcedores em torno da seleção é a ênfase na constituição da unidade dos brasileiros. [...] A compulsória incorporação de toda população entre os *torcedores*, *unidos* pelo mesmo objetivo, faz necessariamente abstração de grandes parcelas da população que, por motivos diversos, não partilham tais experiências (Id., ibid., p. 53).

Ao mesmo tempo, e em consonância com a busca pela unidade interna, poderíamos estabelecer uma analogia com os festejos do sesquicentenário, quando se enfatizou os elementos unificadores, eclipsando-se, dessa maneira, os elementos divergentes. Seria possível silenciar as vozes dissonantes, que ameaçavam, com suas críticas, a realização das aspirações nacionais. A busca pela união nacional se transferia do discurso sobre o futebol para a festa do Sete de Setembro, e o Taça Independência funcionaria como um elemento de intermediação neste processo.

A relação entre futebol e política também foi estudada por Luiz Carlos Ribeiro, que abordou ainda a relação dessa prática esportiva com a ideologia. De acordo com Ribeiro, o futebol assumiu, durante a Primeira República, a função de atenuar o conflito político, mas com pouca participação do poder estatal (Ribeiro, op. cit.).

A partir do governo Vargas, no entanto, o Estado passa a interferir diretamente sobre o futebol, ao mesmo tempo que utiliza essa prática esportiva como instrumento agregador da nacionalidade. Mais ainda, ao longo das décadas de 1930 e 1940, o futebol assumiria função disciplinadora das camadas subalternas, assim permitindo maior controle por parte do Estado sobre os grupos populares (Id., ibid).

Sob o regime militar, ainda de acordo com Luiz Carlos Ribeiro, ocorreu uma junção de interesses comuns entre os clubes de futebol e os novos governantes: o combate às vozes dissonantes e o autoritarismo na gestão — quer dos clubes (ou federações), quer no país. Haveria, portanto, a confluência de valores e práticas autoritárias, mais do que mera cooptação ou instrumentalização ideológica.

> Não houve necessidade de uma ação interventora do regime, no sentido de utilizar-se do futebol na defesa de seus interesses. O uso, quando houve, foi resultado de uma prática há muito enraizada na cultura política do país: o Estado intervindo para garantir princípios

liberais da propriedade privada e, consequentemente, atendendo a interesses de setores hegemônicos (Id., ibid).

O autor afirma que o regime militar procurou estabelecer algum nível de controle sobre a seleção brasileira, utilizando a estrutura — clubes, federação, Confederação — existente no futebol, mas, apesar do esforço por parte do regime ditatorial, o futebol preservou algum nível de autonomia, não sendo determinado pelo regime político então vigente (Id., ibid.). Ao mesmo tempo, a vitória no México possibilitou uma tentativa de apropriação ideológica do futebol pelo regime militar, tentativa que, nos parece, se prolongou até o Taça Independência.

Gilberto Agostino foi outro autor cuja obra nos oferece possibilidades analíticas importantes para o desenvolvimento deste capítulo. Agostino abordou a relação entre futebol e política desde meados do século XIX até a contemporaneidade, analisando a utilização do futebol como instrumento de propaganda ideológica por inúmeros regimes políticos: nazifascismo, socialismo real, ditaduras militares latino-americanas, entre outras. Como norma geral, o autor enfatizou a apropriação dessa prática esportiva como forma de legitimar discursos oficiais, em que o futebol muitas vezes submeteu-se às ingerências políticas.[124]

---

124. Agostino, Gilberto. *Vencer ou morrer. Op. cit.* Em diversas passagens, a instrumentalização política do futebol fica evidente. A título de ilustração, destacamos algumas: "Para Goebbels, ministro da Propaganda do Terceiro Reich, o futebol tinha o poder de mobilizar as paixões populares. Assim, os clubes de futebol continuaram entrando em campo na Alemanha durante quase toda a guerra, procurando não só manter a força catalisadora do esporte, como também passar à nação a sensação de normalidade". [p. 86]. "Tão logo terminou o conflito [Segunda Grande Guerra], em meio à indefinição dos rumos que tomaria a nova ordem mundial, o Dínamo de Moscou aceitou o convite lançado pela Federação da Grã-Bretanha para realizar uma série de partidas amistosas em nome da conciliação internacional, selando a amizade daqueles que lutaram juntos contra o inimigo nazista." (p. 114) "Além da própria União Soviética e da Hungria, em

Na situação específica do Brasil, o futebol foi instrumento de políticas oficiais a partir do governo Vargas. Assim, na terceira Copa do Mundo, disputada na França, em 1938, a seleção brasileira representaria, de acordo com Agostino, a "síntese da capacidade e originalidade brasileira" (id., ibid., p. 144), servindo de elemento para a propaganda governamental, e que deveria representar um símbolo catalisador da sociedade brasileira. O Estado Novo procurava se associar ao sucesso da seleção brasileira de futebol nos gramados franceses. Com a substituição do regime autoritário pela democracia liberal (1946-64), a utilização política do futebol continuou uma constante em nosso país (Id., ibid., p. 148 e seguintes). Assim, as três conquistas brasileiras da taça Jules Rimet foram usadas com finalidades políticas pelos governantes de cada época, que procuraram identificar seu mandato com o êxito da seleção de futebol, transformada em assunto de Estado (Id., ibid., p. 154).

O período imediatamente anterior à realização da Copa de 1970 mostrou a relação entre política e futebol de modo nítido. Assim, o presidente Médici — que já aparecia como torcedor em várias imagens pelo país afora — condecorou Pelé pelo milésimo gol, ao mesmo tempo que os Correios produziam um selo comemorativo do feito, ainda em 1969. Entretanto, da mesma forma que enfatizava a efeméride de Pelé, o regime militar se antagonizava com a presença de João Saldanha à frente da seleção brasileira que disputaria a Copa no México.

---

vários outros países socialistas a relação futebol/poder atingiu uma dimensão bastante expressiva, embora nem sempre traduzida em importantes conquistas internacionais. Na Alemanha Oriental, o futebol não se projetou com o mesmo destaque alcançado na parte ocidental do país, sendo a medalha de ouro nos Jogos Olímpicos de Montreal, em 1976, o principal resultado obtido pela seleção. Dois anos antes, entretanto, na Copa de 1974, uma vitória viria a transformar-se num importante referencial de propaganda governamental. Afinal, as duas Alemanhas haviam sido sorteadas na mesma chave e deveriam se enfrentar no campo de jogo profissional depois de tantos anos de divisão." (p. 128).

Capítulo 3

Temia-se que o treinador chegasse ao México com uma lista de presos políticos no bolso, e, em entrevista coletiva, diante de microfones e câmeras do mundo todo, denunciasse o desrespeito aos direitos humanos que vinha ocorrendo no Brasil. Mais do que Dario ou os episódios envolvendo outros jogadores e técnicos, essa era uma preocupação muito séria para a imagem que a ditadura queria promover de si mesma no exterior (Id., ibid., p. 160).

O risco político da presença do treinador, portanto, não podia ser — e não foi — tolerado pelo regime militar. Após a substituição de Saldanha por Mário Jorge Lobo Zagallo, a delegação seria militarizada (id., ibid., p. 162), e, com a vitória, políticos de várias partes do país ligados à Aliança Renovadora Nacional (Arena) homenagearam os tricampeões, buscando vincular as imagens de seus governos regionais ao título mundial.[125]

Nesse contexto, a Confederação Brasileira de Desportos — antecessora da atual Confederação Brasileira de Futebol — idealizou, em conjunto com o governo Médici, a Taça Independência, com o intuito declarado de homenagear os 150 anos da Independência nacional. "Em disputa, a partir de amanhã [11 de junho de 1972], a Taça Independência, torneio com o qual a CBD festeja o ano do sesquicentenário da Independência do Brasil" (*Jornal do Brasil*, 10 de junho de 1972, p. 27). A organização da competição foi, então, o modo encontrado pelos dirigentes do futebol brasileiro para contribuir com as festividades do sesquicentenário, inclusive integrando

---

125. Um exemplo dessa tentativa de aproveitar-se politicamente da vitória foi a verdadeira apoteose promovida por Paulo Maluf na recepção dos jogadores, que foram presenteados pelo então dirigente paulista com automóveis "zero quilômetro". O presidente Médici transformou o dia em que a delegação retornou do México em feriado nacional.

"a programação oficial dos 150 anos da Independência" (*Jornal dos Sports*, 26 de fevereiro de 1972).

As notícias a respeito da competição do torneio internacional organizado pela CBD começaram a aparecer na imprensa escrita a partir de janeiro de 1972, na mesma época em que surgiam as primeiras informações sobre a comemoração do sesquicentenário.

Entretanto, não havia ineditismo na utilização do futebol como parte dos festejos associados à comemoração da Independência brasileira. Isso porque, à época do primeiro centenário, ocorrera um campeonato sul-americano de seleções — disputado por Argentina, Chile, Uruguai e Paraguai, além do Brasil, que foi o campeão (*Jornal do Brasil*, 12 de junho de 1972, "Na grande área" — coluna de Armando Nogueira, p. 55).

Todavia, podemos inferir que se pretendia, a despeito da homenagem ao sesquicentenário, continuar a atmosfera de euforia vivida após a vitória no Estádio Asteca. Países europeus acusaram o governo brasileiro de utilização política do certame e, baseados nessa justificativa, "boicotaram" a minicopa do mundo promovida pelo Brasil.[126]

As reportagens dos jornais selecionados podem ser consideradas favoráveis ao regime militar, buscando associá-lo — e em especial o governo Médici — ao momento vivido pela sociedade brasileira em vários setores desportivos da época:

> A importância do esporte, no Brasil, pode ser entendida ao analisarmos as providências do Governo Federal, em seu favor, em diversas ocasiões. E nem só o futebol profissional, cujos fatos atestam que somos

---

126. Baseadas nesta acusação, Alemanha, Itália e Inglaterra se recusaram a participar da competição internacional. Outros países europeus, contudo, aceitaram participar do torneio — embora o Brasil tivesse um governo nada simpático ao regime que então vigorava na Iugoslávia e na União Soviética, por exemplo.

Capítulo 3

os melhores do mundo, tem merecido as atenções das autoridades: também o setor amadorista vem sendo beneficiado por diversas medidas que, com certeza, no médio prazo, projetarão o nome do Brasil no cenário internacional, nas mais variadas especialidades (*Jornal dos Sports*, 5 de junho).

Assim, por exemplo, o êxito que se verificava no automobilismo, com o primeiro título mundial da categoria principal conquistado por Émerson Fittipaldi, em 1972, seria o resultado das ações desenvolvidas pelo regime militar. O basquete também vivia um momento bastante feliz, tendo obtido o segundo lugar no campeonato mundial de 1970. Ou, ainda, a performance de "Mequinho" nos torneios mundiais de xadrez — tudo isso ocorrendo no início da década de 1970, à época das comemorações do sesquicentenário.[127]

> Ao mesmo tempo, o futebol aparece no noticiário da imprensa escrita como um exemplo de união nacional, discurso este que recebia bastante destaque à época. É importante frisar que a cobertura jornalística procurava estabelecer uma atmosfera de excitação coletiva, forjando um "movimento que começa a empolgar todo o país" (*Jornal dos Sports*, 5 de junho).

Alguns órgãos da imprensa (como o *Jornal dos Sports*) associavam o futebol às comemorações pelos 150 anos do "Grito do Ipiranga", como forma de integrar a sociedade brasileira.

> [...] A inclusão da Taça Independência no programa oficial dos festejos comemorativos do sesquicentenário

---

127. Cf., por exemplo, *O Globo*, de 16 de junho de 1972, "Mequinho joga hoje como campeão", reportagem que abordava o título sul-americano de xadrez conquistado pelo competidor brasileiro, à época já detentor do título de "Grande mestre internacional" do xadrez.

evidencia o quanto o governo federal entende que, através das disputas esportivas, pode integrar ainda mais o país, unindo todos os brasileiros no desejo de novas vitórias da Seleção tricampeã (id., ibid.).

João Havelange, então presidente da CBD e candidato declarado à presidência da Fifa, explicitou a associação de interesses entre os dirigentes desportivos e o regime militar. Dessa forma, o futebol seria um instrumento que impulsionaria a integração nacional da sociedade brasileira, pois, mais do que mera prática desportiva, ele seria um objeto de paixão nacional. Segundo João Havelange, o torneio colaboraria com a União, compondo o programa oficial das comemorações do sesquicentenário (Id., 6 de junho de 1972, Suplemento especial, p. 2). Ademais, ainda de acordo com o dirigente esportivo:

> O futebol poderia servir como mais um elo para a integração do país, que passa por uma fase de desenvolvimento. O torneio seria um espetáculo de enorme proporção, com o aproveitamento de 12 estádios brasileiros de grande capacidade de público, alguns construídos ou ampliados recentemente. A CBD contava com o apoio de todos os brasileiros e tinha o maior interesse em retribuir esse apoio com esforço para realizar a Taça Independência (Id., ibid.).

Com isso, podemos pensar na realização de uma "comunhão" de interesses, envolvendo, além da sociedade brasileira, também os dirigentes desportivos e o governo — não apenas em âmbito federal, mas também na esfera estadual —, que auxiliou decisivamente na efetivação do certame internacional, por meio da liberação de verbas e da aceleração das obras de diversos estádios por todo o país. Além desses personagens, também alguns veículos da "grande imprensa" (*O Globo, Folha de S.Paulo, O Estado de S.Paulo* e *Jornal do Brasil*) participaram ativamente da elaboração de uma atmosfera festiva, que ajudasse a transformar o torneio em um sucesso de público. Assim, por exemplo, o matutino carioca *O Dia* — então propriedade de Antônio de Pádua Chagas Freitas, à época governador do estado da Guanabara — afirmava, ao iniciar uma série de reportagens sobre os competidores, cerca de oito semanas antes do início da competição internacional, que pretendia apenas

> esclarecer positivamente nossos leitores para uma competição que deve honrar todos os brasileiros, não só pelo sentimento patriótico que ela encerra, chamando a atenção do mundo para nossa Pátria. [...] A minicopa está aí, falta apenas que todos se unam em torno da CBD de Norte a Sul, no sentido de que seja um sucesso como foi a Copa do Mundo de 1950, uma vez que isso só soma pontos em favor do progresso do nosso País no conceito das nações mundiais (*O Dia*, 19 de março de 1972).

Também o *Jornal do Commercio* repercutiu o clima de otimismo que se estabelecia em torno da Taça Independência, afirmando que não seria só um "banho de futebol", mas principalmente "a festa maior nas comemorações dos 150 anos de Independência" (*Jornal do Commercio*, 7 de abril de 1972).

A competição recebeu financiamento privado, por meio da União de Bancos Brasileiros, e a CBD aparecia como a única responsável diante dos credores. O objetivo da CBD, de acordo com o *Jornal do Brasil*, seria aplicar o lucro em atividades economicamente rentáveis (fundos de investimentos, por exemplo), de modo a assegurar a autonomia financeira da entidade. O torneio foi orçado em cerca de CR$30 milhões (aproximadamente R$10 milhões), com a realização de 44 partidas. As seleções receberam por partida disputada, pagando-se prêmios mais elevados à medida que avançassem na competição.

O torneio utilizou 11 estádios que comportariam expressivo público, espalhados por todas as regiões do país, como uma estratégia que favoreceria a integração nacional: Maracanã, no Rio de Janeiro, com capacidade para 200 mil pessoas; Morumbi, em São Paulo, com capacidade para 150 mil pessoas; Mineirão, em Belo Horizonte, com capacidade para 110 mil pessoas; Beira-Rio, em Porto Alegre, com capacidade para 100 mil pessoas e Rei Pelé, em Maceió, com capacidade para 100 mil pessoas.[128]

As seleções foram organizadas em quatro grupos, sendo que o grupo 4 compunha o Turno Final, formado por oito seleções: as "campeãs" de cada um dos três grupos e as cinco pré-classificadas para a etapa final: Brasil, Uruguai, Escócia, Tchecoslováquia e União Soviética. As partidas do grupo 4 seriam realizadas na região Sudeste, e ele foi subdividido. No grupo 1, cujas sedes eram Aracaju, Maceió e Salvador, estavam a Argentina, as seleções africanas, as da Confederação de Futebol das Américas Central e do Norte (Concacaf), além de Colômbia e França. No grupo 2, cujas sedes eram Natal e Recife, estavam Irã, Chile, Equador, Irlanda e Portugal. E, no grupo 3, cujas sedes eram Curitiba, Campo Grande e Manaus, estavam Bolívia, Paraguai, Peru, Venezuela e Iugoslávia.

Observamos que a ideia de espalhar os jogos por todas as regiões do território nacional atendeu a critérios políticos, e não a normas técnicas. Decerto, entretanto, a alocação das seleções em cada região também objetivou favorecer a equipe brasileira, que, não por acaso, viu-se poupada de enfrentar longas e desgastantes viagens aéreas — ao contrário de seus principais adversários.

---

128. *Jornal dos Sports*, 6 de junho de 1972, Suplemento especial, "Taça Independência: integração pelo futebol", p. 2. In: Arquivo Nacional, Fundo Sesquicentenário, pasta 58. A capacidade de público de cada estádio refere-se a 1972. Atualmente, por exemplo, o Maracanã nem de longe conseguiria receber 200 mil espectadores.

Capítulo 3

Outro aspecto em que podemos observar a comunhão de interesses entre os dirigentes desportivos e o governo Médici foi a preocupação com a criação de uma atmosfera de euforia nacional. De acordo com João Havelange, "a CBD deseja que todo o Brasil viva um clima de alegria em função do futebol [...] Vamos levar a todos os pontos do país as alegrias próprias do povo brasileiro, sobejamente conhecidas, quando relacionadas ao futebol", e, em função dessa demanda, a CBD liberou as emissoras de televisão para exibir todos os jogos do torneio para todo o país, o que favoreceria o clima de harmonia esperada por "cartolas" e integrantes do regime militar (Id., ibid.).

De início, os organizadores convidaram as campeãs mundiais à época — Uruguai, Itália, Alemanha e Inglaterra —, as seleções sul-americanas, seis europeias — União Soviética, Iugoslávia, Tchecoslováquia, França, Espanha e Portugal — e o México, além de uma equipe asiática e outra africana. Posteriormente, o México foi substituído pela seleção da Concacaf, que reuniria atletas oriundos de Guatemala, Costa Rica, Honduras, Haiti e Nicarágua, além de dois mexicanos.

De acordo com os dirigentes da CBD, a Inglaterra alegou conflitos entre sua Federação e a Fifa. Já a Itália solicitou a alteração do calendário, mas, mesmo após a anuência dos organizadores, recusou-se a participar do torneio. A Alemanha exigiu mudanças na forma de pagamento de sua cota, mas, mesmo após "dobrar" a CBD, não aceitou participar. A Espanha condicionou a vinda de sua seleção ao pagamento da dívida de US$65 mil contraída pelo Clube de Regatas do Flamengo junto ao Barcelona (*O Jornal*, 26 de fevereiro de 1972), e, mesmo após a CBD quitar o débito, não enviou a seleção (*Jornal do Brasil*, 12 de junho de 1972, p. 55).

É interessante observar, contudo, que as justificativas oferecidas pela CBD omitem dois elementos: o primeiro refere-se à questão política mais ampla, pois havia a preocupação, em países europeus, de afastar-se do governo brasileiro, então acusado de promover violações dos direitos humanos. A segunda omissão ocorreu com a campanha promovida por João Havelange para ocupar a presidência da Fifa, substituindo Stanley Rouss, que poderia utilizar o certame para fazer propaganda de sua gestão à frente do futebol brasileiro e, assim, conquistar potenciais eleitores.

Ao mesmo tempo, a CBD procurou rechaçar as acusações de que o torneio sofrera um esvaziamento em função do boicote promovido pelas principais seleções europeias. Segundo João Havelange, não haveria prejuízo técnico — embora ele não negasse que a competição teria seu brilho ofuscado pela ausência de equipes tradicionais, como a Inglaterra e a Alemanha. Além dessas duas importantes forças do futebol mundial, também Itália, Espanha, Áustria, Holanda e Bélgica recusaram-se a participar. De acordo com o dirigente brasileiro, a competição seria exitosa, pois

> a Taça Independência terá o mesmo brilhantismo com os substitutos. O brasileiro gosta muito de futebol e assistirá a todas as partidas. À medida que o torneio se aproximar do final, a torcida, numa explosão só nossa, encherá os estádios. A Supercopa é o evento principal das festividades do sesquicentenário da Independência e será um sucesso autêntico (*Jornal dos Sports*, 4 de março de 1972).

Isso sem contar o fato de o torneio ser disputado durante o mesmo período em que se decidia o campeonato europeu de seleções, o que também poderia contribuir com o eclipse da disputa em gramados brasileiros. Assim, por exemplo, a União Soviética formou duas equipes distintas: uma para disputar a final do campeonato europeu e outra para jogar a Taça Independência — presumivelmente, com nível técnico inferior ao que disputaria a competição europeia.

Outra preocupação dos dirigentes do futebol brasileiro foi afastar as suspeitas de que a minicopa — chamada pelos dirigentes brasileiros de Supercopa, por contar com número maior de seleções do que a própria Copa do Mundo: o Taça Independência foi disputado por vinte equipes, enquanto a Copa de 1970 teve apenas dezesseis — objetivasse angariar votos para a candidatura de João Havelange à presidência da Fifa (Id., 1 de junho de 1972, p. 3).

Em certa medida, a Taça Independência explicitava o ideal de "Brasil grande" caro ao regime militar, por meio do qual essa competição mostraria ao mundo o potencial organizativo de nosso país para a realização de importantes eventos internacionais. João Havelange, ao abordar a realização da minicopa, durante a entrevista concedida ao *Jornal dos Sports*, fez um discurso ufanista, afirmando que somente a Alemanha poderia concorrer com o Brasil em competições internacionais de futebol, mas com ligeira vantagem brasileira: teríamos média de 90 mil espectadores por partida, ao passo que os organizadores da Copa do Mundo de 1974 contariam com público médio de 67 mil por partida (Id., 6 de junho de 1972, Suplemento especial, p. 2.).

Por outro lado, João Havelange destacou o aspecto assistencialista envolvido na realização do torneio, promovendo uma política de relações públicas que explicitava o esforço para a produção de uma imagem amistosa dos organizadores do evento. Assim, as federações estaduais, com a anuência da CBD, distribuíram ingressos gratuitamente aos estudantes, como forma de evitar que os estádios ficassem vazios e, em alguma medida, diminuir eventuais críticas aos elevados preços dos ingressos.

Nos trinta jogos iniciais do torneio serão distribuídos gratuitamente aos estudantes 15 mil ingressos, para que eles possam assistir aos jogos. Não importa se com isso deixaremos de ganhar algum dinheiro. Para mim, é mais importante essas crianças se sentirem amparadas, sabendo que alguém pensa nelas. Se ainda assim acham que eu, e a CBD, mais diretamente, agimos erradamente, perdoem. A intenção de realizar a Taça Independência tinha também um pouco disto: observa o lado humano das pessoas (Id., ibid.).

Essa política de relações públicas assumiu a forma de distribuição de ingressos a estudantes — dos níveis elementar e superior — de modo a aumentar o público das partidas disputadas pelas seleções estrangeiras. Entretanto, os ingressos acabaram, muitas vezes, nas mãos dos cambistas, que revendiam os bilhetes a preços inferiores aos cobrados nas bilheterias, e isso acabou gerando bastante desgaste para os organizadores.

A propaganda privada também buscou se apropriar da competição internacional. Durante a realização do torneio — entre 11 de junho e 9 de julho —, por exemplo, o grupo União de Bancos associou suas atividades profissionais à torcida pelo Brasil. Embora esse grupo fosse um dos patrocinadores da minicopa, a decisão não foi motivada por nenhuma "paixão pelo futebol", mas por critérios associados ao desempenho econômico do certame e dos possíveis ganhos financeiros que o banco esperava obter.[129]

---

129. "De 11 de junho a 9 de julho, você não vai precisar se preocupar com o que fazer da vida. O Grupo União de Bancos já se preocupou. E, junto com a CBD, está promovendo os jogos do mais importante torneio de futebol, depois da Copa do Mundo. Aliás, ele está fazendo mais do que isso: está financiando tudo. Esta não é a primeira vez que o Grupo União de Bancos ajuda o esporte brasileiro. E põe um pouco mais de emoção em sua vida. Faça como o Grupo União de Bancos. Vá torcer pelo Brasil!" Cf. *Jornal dos Sports*, 6 de junho de 1972, Informe publicitário "Taça Independência: mais um serviço do grupo União de Bancos", p. 12. In: Arquivo Nacional, Fundo Sesquicentenário, pasta 58.

Capítulo 3

Além da iniciativa privada, políticos importantes também procuraram se associar à realização do torneio. Assim, Chagas Freitas, governador da Guanabara à época da minicopa, reconheceu, em discurso publicado pelo *Jornal dos Sports*, a capacidade que a competição teria de agregar popularidade aos festejos oficiais do sesquicentenário da Independência, ao mesmo tempo que buscaria repetir o êxito que o "escrete canarinho" obtivera na conquista do tricampeonato mundial de futebol (*Jornal dos Sports*, 6 de junho de 1972, p. 12). O torneio tinha inequívoca vocação para a propaganda, isto é, sua capacidade de ser apropriado por diversos agentes econômicos e/ou políticos nos parece bastante expressiva.

> Os elementos indicadores do desenvolvimento de um país são fundamentais na estruturação de uma imagem externa satisfatória. Mas sabemos que geralmente seu raio de influência é circunscrito a áreas reduzidas, sem atingir, a um só tempo, a opinião pública mundial. As competições esportivas, ao contrário, alcançam ressonância incomparável, além de possuírem o condão de impressionar direta e profundamente as populações de todos os países do mundo. Esses fatos, hoje unanimemente aceitos, dão à minicopa (ou supercopa?), como dizem os jornais, uma significação especial, no magnífico programa das comemorações de nossa Independência (Id., ibid.).

A propaganda realizada em torno dessa competição internacional abrangia dois públicos distintos: de um lado, a sociedade brasileira, ou seja, o público interno que recebia mensagens ufanistas veiculadas pela mídia — escrita, televisiva e radiofônica — e produzida pela iniciativa privada e/ou por órgãos oficiais; de outro, uma propaganda destinada ao exterior, que procurava exibir um panorama feliz, ordeiro e pacífico do

Brasil, no momento em que o governo Médici sofria crescente pressão devido ao desrespeito dos direitos humanos no país.

Ao mesmo tempo, contudo, apesar da força do discurso nacionalista, ainda havia espaço para a valorização do elemento regionalista. A mensagem do governador Chagas Freitas afirma explicitamente o compromisso com o regionalismo:

> A Guanabara, que acaba de fornecer a maioria dos atletas da Seleção, além de toda a Comissão Técnica e da cúpula dirigente, há de manter-se na sua atual posição, e há de, principalmente, continuar a responder presente a esse chamado do país (Id., ibid.).

O torneio teve início e, apesar dos organizadores assegurarem que havia grande expectativa quanto às partidas, logo se constatou a existência de problemas que, em certa medida, relativizavam bastante as expectativas otimistas dos idealizadores. Melhor dizendo: a afluência de público aos jogos da primeira fase — quando a seleção brasileira ainda não jogaria — ficou abaixo do esperado, o que significou a redução da receita estimada pela CBD. Com isso, os estádios ficaram com grandes espaços vazios, notadamente em Natal e Recife, locais em que se esperava significativa afluência de público, visto que as cidades sediaram as partidas da seleção portuguesa (*Jornal do Brasil*, 20 de junho de 1972, p. 34). A baixa frequência de torcedores persistiu mesmo com a doação de ingressos para estudantes universitários e secundaristas.

Outra dificuldade enfrentada pela organização do foi o tamanho excessivo de algumas delegações estrangeiras, o que criou empecilhos para a hospedagem.

Além dessas, outro problema foi a revenda para o público em geral de ingressos originalmente destinados a estudantes. Essa parece ter sido uma das maiores dificuldades da fase inicial do torneio e gerou reações severas por parte da CBD. A revenda desses ingressos foi apontada pelos organizadores como uma das motivações para a redução da receita esperada. Entretanto, ocorreu uma situação contraditória: ao mesmo tempo que o desvio dos ingressos destinados aos estudantes contribuía para a baixa arrecadação, a entrada gratuita desses mesmos estudantes impedia um esvaziamento ainda maior dos estádios na fase inicial da competição — em especial nas regiões Norte e Nordeste.

O esvaziamento dos estádios pode ser associado a dois fatores distintos: o elevado valor cobrado pelo ingresso e a concorrência da televisão, que transmitia os jogos para todo o país. As emissoras se organizaram na forma de *pool*: "Cada dia uma delas recebe a imagem do local do jogo e a retransmite às outras" (*Jornal do Brasil*, 12 de junho de 1972, p. 56), e todas transmitiriam ao mesmo tempo as partidas — inclusive as reprises dos jogos. Além disso, podemos supor que partidas disputadas entre seleções estrangeiras não atraíram o interesse de grande parte da torcida brasileira.

A resposta dos organizadores não tardou: a polícia passou a reprimir os cambistas que atuavam próximos aos estádios vendendo ingressos distribuídos gratuitamente aos estudantes, a preços mais baixos que os cobrados nas bilheterias, e os estudantes foram obrigados a se identificar ao passar pela roleta.[130] Já a Federação Pernambucana de Futebol proibiu a distribuição de ingressos para os estudantes, restringindo a gratuidade aos menores de 12 anos acompanhados do responsável (Id., ibid., p. 5). Apesar desses percalços, a CBD, por intermédio de João Havelange, declarou ter ficado satisfeita com a primeira fase do torneio, visto que a minicopa "exaltará

---

130. *Jornal dos Sports*, 13 de junho de 1972, "Câmera" — coluna de Luiz Bayer, p. 4. In: Arquivo Nacional, Fundo Sesquicentenário, pasta 58.

também o Brasil no exterior, no âmbito administrativo", e a parte técnica foi satisfatória (Id., 14 de junho de 1972, p. 5). Ou seja, apesar do insucesso financeiro dessa etapa, o efeito publicitário compensaria sobejamente os objetivos dos organizadores do evento.

Outra estratégia utilizada pelos organizadores do certame para ampliar o número de pagantes foi o sorteio de brindes — por exemplo, automóveis zero quilômetro.[131] Não deixa de ser irônico o fato de uma competição planejada para fornecer um caráter popular às comemorações do sesquicentenário da Independência sofrer com a falta de público.

De qualquer maneira, a organização do torneio não deixou de receber críticas, sendo responsabilizada diretamente pelo esvaziamento dos estádios na etapa inicial da competição — quando a seleção brasileira ainda não havia se apresentado.[132] Assim, a falta de público seria o resultado "de uma série de erros que vêm sendo cometidos, sendo o maior deles a comercialização que provoca o afastamento e o desinteresse dos entusiastas" (*Diário do Comércio*, 20 de junho de 1972).

Com o torneio já iniciado — e receita abaixo do esperado —, o governo Médici autorizou a subvenção de parte das despesas liberando CR$2.600.000 (cerca de R$880 mil), o que contribuiu para o êxito da competição.[133] "Assim, a loteria esportiva, mais uma vez, dá a sua contribuição para o êxito

---

131. Id., ibid., p. 4. "Renda em Natal sobe com sorteio". In: Arquivo Nacional, Fundo Sesquicentenário, pasta 58.
132. A partir da segunda fase, havia a expectativa de jogos de melhor qualidade. Assim, João Saldanha afirmou, na estreia do Brasil contra a Tchecoslováquia, que seria válido o torcedor ir ao Maracanã assistir à partida e "de agora em diante todos os jogos devem ser bons e não somente os de que o Brasil participa". *O Globo*, 28 de junho de 1972, "Deve ser bom", p. 27.
133. Antes mesmo do início do torneio, João Havelange já havia solicitado audiência especial com o presidente da República, na qual apresentaria em detalhes a "competição que está incluída nos festejos da Independência do Brasil". *A Tribuna*, 5 de março de 1972, "Ausência dos melhores na Minicopa não desanima João Havelange". In: Arquivo Nacional, Fundo Sesquicentenário, pasta 58.

do torneio internacional, em homenagem ao sesquicentenário da Independência do Brasil" (*Jornal dos Sports*, 15 de junho de 1972, p. 6). Com recursos obtidos pela loteria esportiva e liberados pelo Conselho Nacional dos Desportos, a União passou a financiar os deslocamentos das delegações que participavam do certame.

Ao mesmo tempo, havia a preocupação, por parte da CBD e do governo Médici, com a imagem do Brasil no exterior, como podemos perceber no tratamento dispensado pelas autoridades desportivas à denúncia de que a seleção paraguaia havia utilizado substâncias ilícitas para aprimorar o condicionamento físico de seus atletas — ou seja, havia praticado o doping. A denúncia surgiu durante a partida em que Paraguai e Peru se enfrentaram, e, mesmo a delegação peruana não tendo recorrido a CBD para investigar a suspeita, a entidade brasileira analisou a situação "para evitar um abalo no prestígio da Taça Independência" (Id., 20 de junho de 1972, p. 5).

O troféu disputado foi confeccionado pela joalheria H. Stern, valendo aproximadamente CR$130 mil (cerca de R$50 mil). Ela foi copiada de uma pintura localizada na antiga residência da marquesa de Santos — à época, sede da reitoria da Universidade do Estado da Guanabara. O troféu foi construído em ouro 18 quilates, pedras preciosas — brilhantes, esmeraldas, pérolas e rubis —, tendo 45 centímetros de altura e pesando, ao todo, 14 quilos — incluindo a base, confeccionada em madeira petrificada.[134]

> A Copa é encimada pela Coroa do príncipe-regente em pedras preciosas e esmalte azul. [...] A borda da taça — cinco quilos de ouro de 18 quilates — é trabalhada com incrustações de dois leões. As correntes —

---

134. A imagem acima foi extraída do site oficial da Confederação Brasileira de Futebol (CBF, antiga CBD).

grilhões recordam a escravatura nas proximidades das quais estão as bolas que prendem os escravos.

As correntes vão às bocas dos leões, abertas, também simbolizando a liberdade (*Última Hora*, 21 de junho de 1972).

O troféu, como ocorrera com os restos mortais de d. Pedro I, também ficou exposto ao público, em São Paulo.

Além da Taça Independência, o futebol contribuiu para as comemorações oficiais do sesquicentenário com os campeonatos estaduais — muitos dos quais estabeleceram, além do próprio título estadual, um troféu extra, denominado Sesquicentenário da Independência do Brasil, repetindo o que ocorrera à época da comemoração do centenário, em 1922.

Entretanto, as comemorações oficiais do sesquicentenário, assim como a própria minicopa, trouxeram modificações aos campeonatos estaduais. Assim, por exemplo, ocorreu a antecipação de três partidas válidas pelo campeonato estadual de futebol da Guanabara — Botafogo x América, Fluminense x Madureira e Flamengo x Bangu —, em função de o Maracanã ter sido utilizado para a cerimônia oficial de abertura dos festejos na Guanabara, com a realização de partidas entre as equipes juvenis de Botafogo, Fluminense, América e Vasco, marcadas para 21 de abril de 1972 (*A Gazeta Esportiva*, 9 de abril de 1972).

Ao mesmo tempo, a minicopa foi criticada por interromper os campeonatos estaduais de futebol, de maior capacidade atrativa do que a disputa de seleções estrangeiras. Dessa maneira, apesar de julgar válidos tanto "a ideia e a iniciativa de uma competição mundial de futebol [quanto o] objetivo da competição: assinalar o sesquicentenário (ô palavra feia) da Independência", o articulista questionava a troca

Capítulo 3

de "clássicos regionais, recheados de cobras, por uma série de jogos entre seleções medíocres ou quase desconhecidas" (Tribuna da Imprensa, 15 de maio de 1972). Assim, já se antecipava um dos problemas que, posteriormente, afetariam a competição internacional: a baixa frequência dos torcedores aos estádios, que não pareciam estimulados a acompanhar partidas, por exemplo, entre Irã e Venezuela.

A partir da segunda quinzena de junho, a ênfase dos jornais mudou: saíram os problemas decorrentes da organização do campeonato — cambistas, estádios vazios, desvio de ingressos — e entrou em campo a preparação dos tricampeões mundiais de futebol.[135] Assim, a imprensa desportiva demonstrava preocupação com a qualidade dos jogadores escolhidos para a seleção, ressentindo-se da falta de Pelé — que havia encerrado sua participação na seleção brasileira pouco antes —, procurando ansiosamente um jogador capaz de substituir o "Rei" ao menos parcialmente, e mesmo duvidando da capacidade do Brasil em manter o nível demonstrado em 1970.

Entretanto, havia a expectativa de que o Brasil conseguisse manter o padrão jogado em terras mexicanas. Por exemplo, Nelson Rodrigues afirmava textualmente: "O que se esboça é uma repetição de 70."[136] Mesmo porque importantes jogadores tricampeões permaneciam na equipe — Jairzinho, Tostão, Rivelino e Gérson, entre outros —, agregaram-se novos atletas à

---

135. Isso não significa que antes dessa data não se fizessem reportagens sobre a preparação da Seleção. Entretanto, as reportagens disputavam espaço — e em geral perdiam — para as matérias referentes à expectativa criada pela minicopa, as dificuldades de organização, os problemas enfrentados, os ídolos das equipes estrangeiras, entre outras.
136. *O Globo*, 16 de junho de 1972, coluna "À sombra das chuteiras imortais", p. 21. A bem da verdade, Nelson Rodrigues se referia às vaias sofridas pela Seleção durante sua passagem por Belo Horizonte, justificadas pelo cronista com o argumento de que "Minas em peso queria o Dario no escrete". Id., ibid. O autor afirmava ainda que as vaias teriam poder estimulante, como ocorrera em 1970, quando a seleção embarcou para o México sob descrédito coletivo.

Seleção — Leivinha e Paulo César Caju —, e reservas da Copa do Mundo anterior agora jogavam no time titular na maior parte das vezes — Leão e Dario. Além disso, o técnico Zagallo — o mesmo que vencera no México, dois anos antes — afirmava que uma de suas maiores preocupações era preservar o título mundial na Alemanha, em 1974, e que a Taça Independência seria uma etapa importante dessa preparação.

Assim, o Brasil realizou alguns jogos amistosos contra equipes de qualidade desigual, em estados que sediavam partidas da Taça Independência. Os resultados dos amistosos e dos treinamentos táticos não inspiraram a confiança esperada, criticando-se o sistema defensivo como um todo — defesa e esquema de jogo retrancado — e, principalmente, a ineficácia do ataque.[137]

A Seleção sofreu vaias na partida preparatória disputada em Belo Horizonte. De acordo com o *Jornal do Brasil*, os apupos eram dirigidos ao treinador Zagallo — pois ele não escalara Dario, ídolo do Atlético-MG —, e não à comemoração do sesquicentenário.[138]

> Onde a Seleção poderia encontrar ambiente hostil seria em Porto Alegre, se a imprensa gaúcha não tivesse

---

137. A seleção brasileira enfrentou em Uberaba (MG) o time do Hamburgo e, em Porto Alegre, um misto de Grêmio e Internacional. Nelson Rodrigues criticou, em sua coluna, o constante deslocamento da Seleção na fase preparatória do Taça Independênciatorneio: "Com uma semana calma e de treinamento digno do nome, nossa seleção vai melhorar. Se aparecessem mais jogos promocionais eu não duvidaria nada que chegássemos ao dia da estreia sem time. Mas ainda dá tempo para recuperar a moçada que no vai e vem e no sobe e desce estava perdendo a forma que ainda não era muito boa." *O Globo*, 23 de junho de 1972, coluna "À sombra das chuteiras imortais", p. 23.
138. De qualquer forma, ao menos aparentemente, as vaias não abalaram a equipe. De acordo com o supervisor e futuro técnico em 1978, Cláudio Coutinho, "O dia que a seleção brasileira não for vaiada é que vamos estranhar [...] Isso é comum: não é a primeira vez e nem será a ultima". *Jornal do Brasil*, 15 de junho de 1972, p. 40. In: Arquivo Nacional, Fundo Sesquicentenário, pasta 58.

tido o bom senso de desarmar o espírito da torcida do Rio Grande do Sul. Aliás, outra atitude, menos responsável, não se poderia esperar da crônica esportiva gaúcha, cheia de profissionais de muita classe. Concordo com os colegas gaúchos: a ideia de fazer o jogo da Seleção Nacional contra o combinado Gre-Nal não é das mais felizes, tendo em conta uma briga recentíssima do futebol do Sul com a CBD, briga que deixou envenenada não apenas a alma esportiva do Rio Grande, mas também o orgulho patriótico de todo o Estado. Contudo, o golpe psicológico de batizar a partida como "O jogo da paz" e também a tomada de posição da imprensa gaúcha, numa linha de sensatez, hão de contribuir para dar ao encontro de sábado a justa dimensão esportiva, amistosa e fraternal (*Jornal do Brasil*, 15 de junho de 1972, p. 39).

Estas duas situações, em Belo Horizonte e Porto Alegre, evidenciam a força do regionalismo — ao menos no âmbito mais restrito do futebol —, que poderia atrapalhar os festejos do sesquicentenário relacionados ao torneio internacional. A hostilidade no Rio Grande do Sul devia-se à não convocação de atletas gaúchos para a minicopa, inclusive do tricampeão Everaldo.[139] A Seleção foi vaiada durante toda a partida, disputada no estádio Beira-Rio e que contou com a presença de quase 110 mil espectadores. De qualquer modo, explicita-se também a importância da mídia para a construção do ambiente propício à realização da competição esportiva.

139. O jornalista João Saldanha já antevia dificuldades da Seleção na partida contra o combinado Grêmio-Internacional, não em função da hostilidade dos torcedores, mas devido ao pouco tempo de preparação do selecionado brasileiro. Além disso, João Saldanha criticava o amistoso, não pela qualidade da partida — que imaginava que seria bastante satisfatória —, mas devido ao deslocamento do time, que assim abdicava de um tempo primordial para a preparação da equipe: "A alegação de que o Maracanã está em reparos é infantil, porque nada impede que a seleção se desloque para Belo Horizonte ou São Paulo e fique lá, sem sair para cima e para baixo, até arrumar o time." *O Globo*, 16 de junho de 1972, coluna "Dois toques", p. 21.

O deputado Jaison Barreto (MDB-SC), em Brasília, fez um apelo "a generosa gente gaúcha", ontem na Câmara, no sentido de que "não repita o espetáculo deseducador e profundamente antibrasileiro de sábado passado," referindo-se às vaias que a Seleção brasileira ouviu durante toda a partida contra o combinado Gre-Nal. O deputado repudiou a "desconsideração e desrespeito unânime de mais de 100 mil pessoas as coisas que são de todos nós, coisas que na sua aparente superficialidade representam valores maiores e unidade de amor, de integração da gente brasileira" (*Jornal do Brasil*, 20 de junho de 1972, p. 36).

Percebe-se, dessa maneira, a repercussão que uma simples partida de futebol amistosa podia adquirir no período em que se realizava a competição internacional. Ou seja, a Seleção não poderia ser vaiada, e críticas à sua atuação seriam identificáveis à falta de patriotismo. Os discursos favoráveis à "integração nacional" e ao patriotismo, quando referidos ao futebol brasileiro, poderiam unir indivíduos das mais díspares tendências, agregando Arena e MDB.

Ao mesmo tempo, os organizadores da minicopa procuraram direcionar os semifinalistas, colocando Portugal e Brasil em grupos com adversários mais fáceis. O encadeamento do torneio também favoreceria essas duas seleções, que continuariam enfrentando equipes mais frágeis até se encontrarem na grande final, que ocorreria no "maior estádio do mundo" — o Maracanã.[140]

Outra forma de favorecimento ao Brasil ocorreria no decurso da competição, quando as seleções estrangeiras eram obrigadas a viajar para diferentes regiões do país, enquanto

---

140. Semelhante realidade não escapou, por exemplo, ao treinador do selecionado uruguaio, que afirmou "ter sido a Taça Independência feita de forma a classificar o Brasil e Portugal [...] O Brasil está numa chave de adversários mais fáceis, para seu time, o mesmo ocorrendo com Portugal no outro grupo". *Jornal do Brasil*, 1 de julho de 1972, p. 27. In: Arquivo Nacional, Fundo Sesquicentenário, pasta 58 A.

a seleção brasileira — que só estreou na fase semifinal — circulou apenas entre os estados de São Paulo e Guanabara, poupando-se de desgastantes trajetos aéreos e terrestres.[141] As quatro partidas disputadas pelo Brasil na competição ocorreram no Morumbi e no Maracanã, enquanto os demais competidores se viram obrigados a viajar pelo território brasileiro — inclusive Portugal, que disputou a primeira fase no Nordeste, a semifinal em Minas Gerais e a partida final na Guanabara.

O Brasil estreou na competição contra a Tchecoslováquia, em 28 de junho de 1972, jogando no Maracanã. A partida contou com a presença, além do presidente Médici e de Chagas Freitas, governador da Guanabara, de João Havelange, presidente da CBD, e de Stanley Rous, presidente da Fifa que seria, cerca de dois anos depois, substituído pelo dirigente da CBD no comando da entidade máxima do futebol. A peleja terminou empatada,[142] sem gols, e os jornais destacaram a presença do presidente da República, novamente associado à figura de mero torcedor "comum":

> O presidente da República, general Médici, estava presente ontem à estreia da seleção brasileira na Taça

---

141. A seleção treinou nos estados da Guanabara e de São Paulo para a fase decisiva da minicopa.
142. O resultado não abalou a confiança de Nelson Rodrigues na conquista do título pela seleção brasileira: "A minha carreira de profeta não tem sido das piores [falando sobre a seleção de 1970, quando afirmava, quase que isoladamente, sua crença de que o Brasil seria campeão] [...] Falarei de toda a "Taça Independência": Ganhará o Brasil. Bem sei que tal profecia tem o defeito de ser o próprio óbvio ululante. O nosso escrete é o melhor que olhos mortais já contemplaram. Realmente, o Brasil não devia ser tão melhor, nem os outros tão piores do que o Brasil". *O Globo*, coluna "À sombra das chuteiras imortais", 29 de junho de 1972, p. 26. João Saldanha não demonstrava a mesma confiança ao analisar o empate com o selecionado tcheco; assim, após criticar o posicionamento tático da equipe brasileira, o ex-técnico afirmou: "Chamo a atenção de que com três empates manteremos a invencibilidade [em partidas internacionais oficiais], é certo, mas seremos desclassificados. Já não pergunto mais quem é o responsável pelas chuteiras derrapantes, mas gostaria de saber quem é o irresponsável". Id., ibid., 29 de junho de 1972, coluna "Pelada de habilidosos", p. 29,

Independência. Como é de seu costume, ele deixou a tribuna de honra dez minutos antes de o jogo acabar (*Jornal dos Sports*, 29 de junho de 1972, p. 16).

Dessa maneira, as reportagens também destacavam a presença do presidente Médici, abordando sua "paixão" pelo futebol, em particular, e pelos esportes, em geral. Mostravam suas atitudes como as de qualquer torcedor, o que eclipsaria o fato de ele ser o chefe de Estado e de Governo do país.

> Ex-meia-direita do Guarani de Bagé, Milito volta esta tarde ao Maracanã para se misturar aos milhares de brasileiros como um torcedor que se distingue dos demais por uma série de circunstâncias, mas que se iguala a todos na paixão pelo esporte e na confiança pela vitória da Seleção Nacional [...] o presidente Emílio Garrastazu Médici sempre foi, antes de tudo isso, um entusiasta do futebol, esporte que praticou no seu tempo de menino e estudante do Colégio Militar e que até hoje continua fazendo parte de sua vida. [...] Era inelutável que no correr dos anos mantivesse esse gosto, inalterado mesmo diante das responsabilidades de presidente da Republica. Eis porque, em todas as competições importantes, lá está ele, de radinho transmissor colado ao ouvido. Não se contenta em assistir aos jogos pela televisão. Acha fundamental comparecer ao campo, pois a televisão não satisfaz plenamente a quem gosta de acompanhar a evolução dos lances e de ver um jogo de forma panorâmica, e não picotado em cenas mais ou menos isoladas.[143]

Buscava-se difundir, com isso, uma imagem "simpática" do presidente, na tentativa de associá-lo ao futebol e ao homem "comum", tornando possível uma identificação maior entre

---

143. *Jornal do Brasil*, 9 de julho de 1972, p. 63. O título da reportagem expressa a tentativa de identificar o presidente ao futebol: "Milito, de meia-direita a presidente da República". In: Arquivo Nacional, Fundo Sesquicentenário, pasta 58 A.

Capítulo 3

muitos governados com Médici, visto como alguém capaz de largar suas obrigações cotidianas para, em um momento de prazer, frequentar um estádio de futebol e torcer pelo "seu" time — no caso, a Seleção.[144]

Por meio do futebol, Médici se aproximava de parcela substancial da sociedade brasileira, o que poderia explicar o fato de ter assistido da tribuna de honra — na qualidade de presidente escolhido, mas ainda não empossado — ao jogo entre Fluminense e Santos, em 26 de outubro de 1969, em pleno Maracanã, ocasião em que "foi vivamente aplaudido".[145] Assistir a jogos de futebol nos estádios acabou se transformando em uma característica do mandato presidencial do general Médici, momento em que ele escutava o desenrolar da partida em um singelo rádio de pilha — mais uma vez, como mero torcedor (*Jornal do Brasil*, 9 de julho de 1972).

Na partida seguinte, realizada no Morumbi em 2 de julho de 1972, a Seleção atuou de modo mais convincente e derrotou a Iugoslávia por 3x0, com dois gols de Leivinha e um de Jairzinho.[146] Entre as duas partidas, o clima na delegação brasileira não foi dos mais tranquilos, ocorrendo discussões

---

144. A reportagem em questão assinala que o presidente torcia para várias equipes: Guarani de Bagé, Grêmio, Flamengo e São Paulo. Cf. Id., ibid. In: Arquivo Nacional, Fundo Sesquicentenário, pasta 58 A..

145. Id., ibid. In: Arquivo Nacional, Fundo Sesquicentenário, pasta 58 A. O jogo terminou 0x0, e os assessores do presidente temiam eventuais demonstrações de hostilidade ao presidente por parte de alguns torcedores. Todavia, isso não ocorreu, segundo a notícia.

146. Nelson Rodrigues, apesar de criticar as opções iniciais do técnico Zagalo, teceu grandes elogios ao selecionado brasileiro: "O Brasil demonstrou ontem, mais uma vez, que nunca houve um futebol como o nosso. Assim na terra como no céu". *O Globo*, 3 de julho de 1972, p. 3, coluna "Meu personagem da semana". João Saldanha criticou a arbitragem, afirmando que "pela interpretação da lei deste árbitro, os jogadores terão de jogar com botinas de ferro ou outro material bem durinho", mas também elogiou a mudança da postura tática da seleção canarinho: "Penso que este ataque que terminou o jogo de ontem não deve mais ser modificado, e com este time deveremos ganhar a competição que chegou a andar complicada..." Id., ibid., 3 de julho de 1972, p. 7, coluna "A bruxa se enganou".

entre os jogadores e a comissão técnica em função do esquema tático e do posicionamento dos atletas em campo, o que estabeleceu uma atmosfera de crise.[147]

A terceira partida foi contra a Escócia, e a Seleção venceu por 1x0, com gol de Jairzinho. Assim como no primeiro jogo, o Brasil encontrou dificuldades. Mas, ao contrário do confronto contra os tchecos, a vitória surgiu no final: aos 35 do segundo tempo. A seleção escocesa priorizou a marcação, o que dificultou a partida para os brasileiros.

> Irritados com a arrumação adversária, os jogadores do Brasil não tiveram uma atuação à altura das partidas anteriores, mas se superaram em espírito de luta e determinação, acabando por merecer o resultado. Agora a Seleção está com 32 partidas invictas, igualando um recorde que só os húngaros possuíam (*Jornal do Brasil*, 6 de julho de 1972, capa).

Esse discurso explicita o nacionalismo, enfatizando noções como "espírito de luta" e "determinação" que caracterizariam não apenas a Seleção, mas a própria sociedade brasileira. Mais ainda, a equipe brasileira adquiria outra glória indelével: o recorde de partidas sem sofrer derrota.

Um aspecto interessante e que evidencia, aos nossos olhos, a atmosfera vivida na Seleção da época foi a convocação — e posterior escalação — de Dario, cuja não convocação por João Saldanha foi a justificativa utilizada pelos dirigentes brasileiros para substituí-lo por Zagallo às vésperas do início da Copa de 1970. A partir de então, o atleta baiano foi convocado durante todo o período em que Zagallo permaneceu à frente do selecionado brasileiro.

---

147. Cf. *Jornal dos Sports* de 1º e 2 de julho de 1972. In: Arquivo Nacional, Fundo Sesquicentenário, pasta 58 A.

Capítulo 3

A decisão da minicopa foi entre Brasil e Portugal, que disputaram uma partida equilibrada, em pleno estádio do Maracanã, diante de um público estimado em 100 mil espectadores e que se tornou o recorde nacional de renda até então. As equipes da ex-metrópole e da ex-colônia atuaram preocupadas com o aspecto defensivo, e o gol único da partida foi marcado aos 44 minutos do segundo tempo por Jairzinho.[148]

A maior parte das reportagens sobre a conquista do torneio utilizou um discurso ufanista. Mesmo uma reportagem que relativizava a "euforia popular" não deixava de reconhecer a comemoração dos torcedores que permaneceram até o final da partida e puderam presenciar o gol da vitória. Assim, enquanto os locutores esportivos afirmavam que a multidão vibrava nas arquibancadas, do lado de fora do estádio reinava "a indiferença total. Uns poucos motoristas de táxi aguardavam o fim do jogo. Um ouvindo radinho de pilhas, outros conversando em pequenos grupos. [...] Nos últimos cinco minutos de jogo já era enorme o número de torcedores que deixava o Maracanã. [...] Na saída, a grande maioria procurava rapidamente a condução de volta" (*O Globo*, 10 de julho de 1972, p. 42). Apesar desse cenário um pouco desolador, a mesma reportagem reconhecia que as pessoas comemoraram a vitória quando ela ocorreu.[149]

---

148. João Saldanha reconheceu a dificuldade enfrentada pela Seleção para derrotar o selecionado português, e disse que a torcida fo o 12º jogador, "que incentivou e deu ânimo maior ao nosso time no final do jogo". *O Globo*, 10 de julho de 1972, p. 42, coluna "Jogo duro e cavado". Por outro lado, Nelson Rodrigues enalteceu a forma como a vitória da equipe brasileira se deu: no último minuto. Assim, se toda vitória é agradável, "a melhor de todas, a rainha, a absoluta das vitórias é aquela que explode no último minuto". Id., ibid., p. 43, coluna "Meu personagem da semana".
149. A título de exemplo: "Ao apito do juiz, os torcedores começaram a deixar o estádio, uns correndo, agitando os braços mas calados, outros com as bandeiras enroladas. [...] sempre aparecia um mais eufórico, correndo, agitando uma bandeira do Brasil ou de um clube, gritando: 'Brasil, Brasil, Brasil' ou 'Jairzinho, Jairzinho'."

Assim, como exemplo do primeiro discurso, que enfatizava o clima de euforia coletiva:

> Os 100 mil torcedores presentes no Maracanã explodiram de alegria numa emoção que está virando rotina: O Brasil acabava de se sagrar campeão da Taça Independência [...] No segundo tempo o Brasil se agigantou em campo e partiu para decidir o jogo de qualquer maneira, aproveitando especialmente a maior categoria e habilidade individual de seus jogadores (*Jornal do Brasil*, 10 de julho de 1972, capa).

Ou seja, o Brasil tornava-se uma potência no mundo dos esportes — ainda que restrito ao futebol —, e as conquistas se tornavam cotidianas. Haveria, portanto, motivos relevantes para as pessoas se orgulharem de seu país e o torneio cumpria, então, sua função primordial: contribuir para a criação de uma atmosfera favorável ao patriotismo, o que poderia influenciar positivamente muitas pessoas a participar dos festejos do sesquicentenário. Em outras palavras, o torneio popularizava a comemoração pelos 150 anos da Independência brasileira, coroando a festa com um título de nível internacional.

O presidente Médici também mereceu destaque nas reportagens sobre o título. O *Jornal do Brasil* elaborou uma espécie de "cronologia" do jogo decisivo, com base nas reações do torcedor Médici.

> Como os outros, ele chegou cedo. Nervoso, mudou o radinho de pilha de um ouvido para outro 13 vezes, fumou cinco cigarros. Falou pouco, sorriu quatro vezes e deu dois socos no ar. Mas na hora do gol ele pulou como todo mundo, os dois braços levantados. E por um minuto foi só o Milito, dos idos tempos de Bagé, mas três minutos depois, o presidente Emílio Garrastazu Médici entregava a Gérson a taça

Capítulo 3

> Independência. [...] Médici chegou ainda no intervalo do jogo Argentina e Iugoslávia. Conversando com o governador Chagas Freitas e o ministro do Exército, ele assistiu ao segundo tempo da preliminar. Sério, ouviu o hino nacional; tranquilo, ligou o rádio, retirado do bolso direito do paletó, e o encostou ao ouvido direito. O Brasil ataca com um minuto de jogo: Jair pela direita. O presidente dá o primeiro soco no ar.
> Três minutos: o presidente fuma o seu primeiro cigarro deslocando o rádio do ouvido esquerdo.
> Sete minutos: balança a cabeça desaprovando um passe errado de Gérson.
> Oito minutos: troca o rádio de ouvido, passando do esquerdo para o direito.
> Treze minutos: repousa o rádio na perna direita [...]
> No intervalo, como quase todo mundo, o cafezinho. Para o segundo tempo voltou dois minutos antes e já com seu radinho na mão. [...] Quarenta e três minutos e meio, o presidente pula. Os dois braços levantados. Era um torcedor simples, igual aos 99 mil que foram ao Maracanã. Mas, três minutos depois, representando o cargo no ato e o torcedor no abraço, entregou a Gérson a Taça Independência. E, feliz, foi um dos últimos a deixar o Maracanã. Aí foi sua vez de ser aplaudido (*Jornal do Brasil*, p. 55).

Com a citação, percebe-se a junção entre a utilização ideológica, de um lado, e a efetividade do caráter "popular" do presidente Médici, de outro, aqui retratado como um singelo torcedor, alguém que fica ansioso quando seu time — ou melhor, a seleção de seu país — disputa uma partida (ainda mais uma decisão), que fuma compulsivamente para aliviar a tensão, que se envolve — enfim, indivíduo comum que torce apaixonadamente como qualquer aficionado pelo futebol, eclipsando o presidente em benefício do torcedor. Outra constatação depreendida pela citação foi a popularidade desfrutada pelo general Médici, aplaudido durante as comemorações pela conquista do título.

As partidas da Seleção tiveram boa afluência de público, sempre acima de 80 mil pagantes, mesmo com transmissão ao vivo da televisão para todo o país. De acordo com João Havelange, o torneio cumpriu seu objetivo primordial: conceder "grandes alegrias aos brasileiros... nosso propósito foi o de deixar todos muito satisfeitos" (*Jornal dos Sports*, 7 de julho de 1972). Ou seja, ao lado da qualidade desportiva do evento e do auxílio que a competição traria a sua iminente candidatura à direção da Fifa, haveria a preocupação em alegrar a população brasileira. Parece-nos plausível conjecturar, então, que a Taça Independência poderia auxiliar no estabelecimento de uma atmosfera de grande alegria no Brasil, similar à conquista do tricampeonato, transformando todos os jogos da Seleção em verdadeiras festas nacionais, que congregaria toda a sociedade brasileira.

Por outro lado, a receita obtida pela CBD com o torneio ficou abaixo do esperado. O torneio, orçado em cerca de CR$30 milhões, resultou em déficit, que foi sanado com o auxílio dos cofres públicos, evitando-se que os organizadores sofressem prejuízos:

Tabela 1 A renda de cada grupo

Grupo 1	CR$480.964,00
Grupo 2	CR$ 797.722,00
Grupo 3	CR$ 883.513,00
Grupo 4	CR$ 4.080.706,00

Grupo 5	CR$ 1.564.490,50
Total dos grupos	CR$ 7.807.395,50
Renda do jogo final	CR$ 2.528.885,00
Total geral da taça	CR$ 10.336.280,00

Fonte: *Jornal dos Sports*, 9 de julho de 1972, p. 3.

Entre outras despesas, os organizadores pagaram prêmios a todos os participantes do torneio. Assim, o Brasil, como campeão, recebeu US$50 mil; Portugal, como vice-campeão, recebeu US$30 mil; Argentina, como terceira colocada, e Iugoslávia, como quarta, receberam respectivamente US$20 mil e US$10 mil. Fora o Brasil, as outras nações receberam ainda US$25 mil. Ademais, os atletas brasileiros que atuaram na competição também receberam cerca de CR$20 mil como premiação: CR$3,5 mil pela vitória contra a Escócia; CR$4 mil pela vitória sobre Portugal e CR$12,5 pela conquista do torneio.

O apoio estatal se revelou fundamental para a realização da competição, exemplificado pela subvenção fornecida pelo Conselho Nacional de Desportos — de CR$2,2 milhões —, que pagou o translado das delegações "numa evidente demonstração do apoio que o governo do país vem dando aos esportes".[150] Assim, o Estado brasileiro participou ativamente da Taça Independência, integrando a competição internacional ao conjunto de festejos do sesquicentenário da

---

150. Id., 12 de julho de 1972, "Câmera — Luiz Bayer", p. 4. In: Arquivo Nacional, Fundo Sesquicentenário, pasta 58 A. O *Jornal do Brasil* afirmou que o Ministério da Educação daria CR$2,6 milhões para pagar o deslocamento dos atletas, motivando o envio de telegrama de agradecimento de João Havelange ao ministro Jarbas Passarinho — Cf. *Jornal do Brasil*, 1º de julho de 1972, p. 30. In: Arquivo Nacional, Fundo Sesquicentenário, pasta 58 A.

Independência. Esperava-se, com isso, fornecer "coloração popular" às festividades oficiais pelos 150 anos do "Grito do Ipiranga". Essa medida ocorreu também em âmbito regional, pois "o apoio que recebemos é geral. [...] Os governadores nos dão tudo o que pedimos, facilitam as coisas e tornam a missão mais fácil".[151] Novamente, a "comunhão" de interesses entre os dirigentes desportivos e os políticos estava presente — agora na minicopa. Em contrapartida, a CBD exibiria um vídeo de cinquenta minutos de duração antes do torneio, mostrando as cidades e estádios onde aconteceria o torneio, exibindo o Brasil ao mundo (*Última Hora*, 1º de junho de 1972).

Em sua análise a respeito da Taça Independência, João Havelange agradeceu o apoio recebido pelas várias esferas do poder público, além de considerar a organização do evento: hospedagem, transportes etc.:

> Queremos agradecer em especial aos governadores dos Estados em que foram realizados os jogos. Sem essa colaboração dificilmente poderíamos apresentar ao mundo a qualidade dos nossos estádios de concreto armado. Tivemos o acolhimento e o atendimento de todos os governadores e prefeitos das cidades que também puseram seu coração nessa obra, nesse trabalho de receber, de atender, na organização de que a CBD necessitava para demonstrar todo o valor de uma gente que trabalha. [...] O entendimento com as televisões brasileiras levaram para dentro e fora do Brasil a imagem do nosso país e todas essas competições que são a alma do nosso povo, a sua alegria, provando o seu amor pelo desporto [...] Todo o Brasil assistiu à Taça Independência (*Jornal dos Sports*, 18 de julho de 1972).

---

151. Entrevista de Abílio de Almeida, dirigente da CBD. *Última Hora*, 1º de junho de 1972, "Taça mostrará o Brasil". In: Arquivo Nacional, Fundo Sesquicentenário, pasta 58 A.

Capítulo 3

Simultaneamente, o dirigente brasileiro também destacou o aspecto integrador do futebol, que, por meio da televisão, forneceu ao mundo uma imagem favorável do Brasil, exibido como um país harmônico, cujo povo teria índole pacífica e trabalhadora. Segundo Havelange, cerca de 350 milhões de pessoas assistiram à competição e, portanto, receberam a mensagem proposta pelos organizadores do evento.

Posteriormente, os dirigentes da CBD e do Conselho Nacional dos Desportos homenagearam o presidente Médici, entregando-lhe uma comenda de ouro alusiva à conquista da minicopa, em função do "muito que tem feito em prol do desporto nacional".[152] A medalha possuía, de um lado, as imagens do presidente da República e de d. Pedro I, e, de outro, uma reprodução da Taça Independência.

Igualmente, a importância do futebol nas comemorações do sesquicentenário da Independência pode ser demonstrada pelo fato de as festividades oficiais — ao menos no estado de São Paulo — terem se iniciado, em 21 de abril de 1972, com a partida disputada entre as equipes de São Paulo e Barcelona de Guayaquil, jogo válido pela Taça Libertadores da América, competição disputada pelas principais equipes sul-americanas. A disputa começaria após a divulgação de mensagem presidencial do general Médici — para a qual se preparou um serviço de alto-falantes para que os torcedores ouvissem o discurso do presidente, transmitido diretamente de Brasília e que iniciaria oficialmente as comemorações — e o hasteamento da bandeira nacional pelo governador paulista, Laudo Natel (*Diário Popular*, 19 de abril de 1972).

Em outra cerimônia, ainda alusiva à comemoração do sesquicentenário, os dirigentes da Federação Paulista de Futebol

---

152. *Gazeta de Notícias*, 5 de agosto de 1972, "Presidente é homenageado pela CBD". In: Arquivo Nacional, Fundo Sesquicentenário, pasta 58 A. Tal declaração partiu de João Havelange, presidente da CBD.

(FPF), tendo à frente o empresário José Ermírio de Morais Filho, homenagearam o presidente Médici, por este haver "contribuído decisivamente para o progresso do nosso futebol" (*Diário de São Paulo*, 26 de setembro de 1972). Mais uma vez, Médici recebia homenagens por parte daqueles que comandavam o futebol brasileiro, assim reforçando os interesses comuns que uniam políticos e dirigentes de futebol.

3.2 O sesquicentenário e outras modalidades desportivas

O futebol foi a principal modalidade esportiva nas comemorações dos 150 anos da Independência do Brasil. Porém, outras práticas desportivas também participaram das festividades, inclusive por meio da realização de competições nacionais e/ou internacionais de grande vulto, destacando-se as Olimpíadas do Exército e os Jogos Estudantis em âmbito nacional, assim como os torneios internacionais de basquete e vôlei, além da etapa de Fórmula-1 realizada no autódromo de Interlagos, em São Paulo, entre outros.[153]

Com isso, os organizadores dos festejos procuravam, de um lado, aproximar a população das comemorações oficiais, dando-lhes uma feição mais "popular", e, de outro, associar as vitórias desportivas ao governo militar, além de valorizar a "Integração Nacional", visto que elas aconteceriam nas diversas regiões em que se dividia o território nacional.

Dessa maneira, ocorreriam eventos desportivos em todas as regiões do Brasil, no período compreendido entre os meses de abril e setembro de 1972: em abril, aconteceria o 1º "Sarau Internacional de Ginástica Moderna", com a participação de equipes estrangeiras e de atletas nacionais, que se

---

153. Com o intuito de festejar o sesquicentenário aconteceram ainda competições das mais variadas modalidades: bocha, remo, polo aquático e motociclismo, entre outras.

apresentariam em várias capitais do país: Porto Alegre, Belo Horizonte, Brasília, Salvador, Rio de Janeiro e Recife. Nesta última, haveria o "Festival de Desportos", com a realização de diversos torneios nacionais — natação, polo aquático, atletismo e futsal —, além do "Taça Independência de Hóquei sobre Patins" (*O Globo,* 19 de abril de 1972). Ainda em abril, Porto Alegre sediou as Olimpíadas do Exército. No mês de junho haveria as partidas eliminatórias da minicopa de futebol, na qual as seleções estrangeiras disputariam uma vaga na final. Em julho ocorreriam os Jogos Universitários, em Fortaleza, e os Jogos Colegiais, em Maceió. Por fim, ao longo dos meses de agosto e setembro, teríamos a Corrida da Integração Nacional.[154]

A terceira Olimpíada do Exército aconteceu em Porto Alegre, entre 26 de abril e 7 de maio, integrando o programa oficial de eventos comemorativos do sesquicentenário. Inaugurada em abril de 1972 — na mesma época em que se iniciaram os festejos oficiais pelos 150 anos da emancipação política —, foi um evento que buscou apelo popular, tendo a função de atrair um grande público que se dividiria entre as diversas atrações programadas, das quais constavam, entre outras: atividades infantojuvenis ("Festa da Criança", que reuniu cerca de 250 mil pessoas para assistir à apresentação dos palhaços Carequinha, Fred e Meio-quilo, entre outros) (*Correio da Manhã,* 4 de maio de 1972), espetáculos musicais, desfile naval, malabarismo de aviões, exposições diversas, amistoso da seleção brasileira de futebol, além de competição internacional de remo, demonstrações de ginastas do Brasil e do exterior (*Diário de Notícias,* 28 de janeiro de 1972), assim como o "Taça

---

154. As informações deste "calendário" constam do *Diário de Notícias,* "Festa da Independência tem esporte programado", reportagem de Heron Domingues, publicada em 4 de março de 1972. In: Arquivo Nacional, Fundo Sesquicentenário, pasta 58.

Independência de Atletismo" e o "I Campeonato Brasileiro de Resistência de Ciclismo" (*O Globo*, 19 de abril de 1972). As atividades vinculadas à referida Olimpíada seriam transmitidas pela televisão para todo o território nacional.

O presidente Médici inaugurou a terceira Olimpíada do Exército em 26 de abril de 1972, indo à capital gaúcha exclusivamente com esse objetivo. Ao todo, participaram dos jogos cerca de 1.400 atletas, sendo novecentos militares e quinhentos civis, que representavam os dois comandos militares (Planalto e Amazônia) e os quatro exércitos (*Diário da Noite*, 25 de abril de 1972), e disputavam uma das seguintes modalidades desportivas: atletismo, basquete, ciclismo, esgrima, futebol, ginástica, hipismo, judô, natação, pentatlo moderno, tênis, tiro e vôlei (*Jornal do Brasil*, 26 de abril de 1972).

Além das atividades atléticas, o evento patrocinou um desfile de quatro agremiações carnavalescas da cidade do Rio de Janeiro, ocorrido no estádio do Beira-Rio e com público estimado em 40 mil espectadores: Em Cima da Hora, Imperatriz Leopoldinense, Salgueiro e Unidos da Tijuca (id., ibid.). Além das escolas de samba, aconteceram vários espetáculos musicais no ginásio do Grêmio Porto-alegrense, destacando-se, entre outros artistas: Elis Regina, Peri Ribeiro, Clara Nunes e Martinho da Vila (*Correio da Manhã*, 4 de maio de 1972).

Além das unidades militares, participaram da terceira Olimpíada do Exército diversas agremiações desportivas, destacando-se clubes como Botafogo (o grande vitorioso dos Jogos, sendo campeão nas modalidades de natação), Corinthians (vencedor no basquete), Fluminense, Flamengo (vencedor no atletismo) e Pinheiros, entre outros clubes (id., ibid.).

A festa de encerramento ocorreu no ginásio esportivo do Grêmio, foi apresentada por Blota Júnior e teve como atração principal um espetáculo musical de Roberto Carlos, que contou com afluência de grande público.

Capítulo 3

Após a leitura da portaria do Ministério do Exército, Blota Júnior entregou a Comenda do Pacificador ao presidente da Comissão do Sesqui no Rio Grande do Sul, deputado Victor Faccioni, e ao diretor geral da Shell no Brasil, Peter Albert Landsber. Foram hasteados os pavilhões do Exército, do estado e do Brasil, e em seguida entregues os troféus das Olimpíadas, recebidos por um soldado, pelo jogador Everaldo e por Roberto Carlos. O general Breno Borges Fortes declarou encerrada as Olimpíadas, anunciando que os festejos do sesquicentenário, porém, continuariam em todo o Brasil. O hino nacional cantado pelo coral do Instituto de Educação General Flores da Cunha encerrou a cerimônia, enquanto pétalas de flores e papel picado laminado nas cores da bandeira nacional caíam em abundância (*Correio da Manhã*, 12 de maio de 1972).

Assim, a busca por apelo popular levou os organizadores a fazer espetáculos com ídolos da música brasileira da época, que, em troca, associariam sua imagem ao discurso de ordem promovido pelo regime militar. Igualmente, os espetáculos musicais exibiriam o patriotismo que o discurso militar da época defendia expressamente. Assim, vários entre esses artistas — Clara Nunes, Martinho da Vila, escolas de samba — cantavam em ritmo de samba. Por outro lado, dois ídolos da juventude da época — Elis Regina e Roberto Carlos — faziam uma espécie de adaptação de ritmos marcadamente estrangeiros — o rock, no caso do "Rei", e algo similar ao jazz, no caso de Elis —, dando-lhes uma feição mais brasileira.[155]

---

[155]. Ao iniciar-se a década de 1970, Roberto Carlos já era considerado um ídolo nacional, sendo chamado de Rei por diversos órgãos da imprensa — ele inclusive recebeu a coroa e o cetro (símbolos régios) em um programa televisivo em fins da década de 1960. Cf. Ana Maria Bahiana et alli. *Anos 70, v. 1, música popular*. Op. cit. Elis Regina destacou-se nos festivais musicais que ocorreram na passagem das décadas de 1960 e 1970, e que perderiam sua importância a partir de 1972. Id., ibid., p. 27. Nessa obra também se encontra uma breve síntese dos festivais de música ocorridos ao longo dos anos 1960 e 1970.

O Ministério do Exército se congratulou com a Comissão Executiva Central dos festejos do sesquicentenário, por meio do elogio público proferido pelo ministro em questão, general Orlando Geisel, ao general Antônio Jorge Corrêa, que, além do cargo na CEC, também era o secretário-geral do Exército e presidente da Comissão de Desportos, de acordo com a notícia veiculada pelo *Correio da Manhã*.

Mercê de seu notório espírito de aglutinação, promoveu criteriosa mobilização de recursos e aceitou a colaboração espontânea das figuras mais representativas dos círculos oficiais, artísticos, empresariais, das entidades de classes e da sociedade em geral, transformando o que seria o simples coroamento de uma atividade de instrução numa festa de alto sentido patriótico, que contou com a calorosa participação do povo, através das câmeras de televisão, numa intensa vibração, que se propagou a todo o país. A juventude, em especial, recebeu o influxo benfazejo da patriótica mensagem do Exército, observando-se um comparecimento de mais de 350 mil pessoas à Feira da Criança (*Correio da Manhã*, 19 de maio de 1972).

A nota oficial do Exército, após tecer elogios pessoais ao general Correia, dizia que ele havia exposto uma face amistosa do Exército, agregando vários setores por meio das Olimpíadas, que forneceram maior feição popular ao sesquicentenário, pois havia uma espécie de participação do público nas atividades desportivas ocorridas em Porto Alegre, ainda que sob uma forma passiva, ou seja, mesmo que essa participação se limitasse à atividade de torcer pelos atletas.

Outra importante participação do Exército nas atividades desportivas que comemoraram o sesquicentenário foi a realização do "Torneio ABC de Atletismo", que contou com a participação de atletas de Argentina, Brasil e Chile, e foi realizado no complexo desportivo da Escola de Educação Física do Exército, cuja pista de atletismo, inaugurada em solenidade da qual participaram o ministro Orlando Geisel e o governador Chagas Freitas, no contexto das comemorações oficiais, era "considerada a melhor da América do Sul" (*O Dia*, 8 de julho de 1972).

Além das Olimpíadas, o Exército participou das festividades oficiais com a da realização da "Corrida Rústica Duque de Caxias", ocorrida no estado da Guanabara em 19 de agosto de 1972 e assinalando o início das comemorações referentes à Semana do Exército (*Jornal do Commercio*, 19 de agosto de 1972).

Já o "festival desportivo" ocorrido em Recife, entre os dias 19 e 25 de maio de 1972, enfatizou o discurso da integração nacional, que poderia ser realizado por meio dos esportes: atletas de todo o país estariam reunidos na capital pernambucana, entrando em contato com experiências e realidades distintas daquelas existentes em seus lugares de origem. "Pense numa coisa. Talvez o que a seleção brasileira de basquete precise é de um jogador desconhecido de Santa Catarina. É possível que o próximo recordista mundial do salto em distância viva no Amapá, escondido dos centros esportivos de São Paulo e Rio de Janeiro" (*O Dia*, 14 de maio de 1972). Ao término da competição, os organizadores julgaram ter alcançado plenamente tal objetivo: "Se o objetivo do Exército, ao promover o Festival dos Desportos no Recife, era unir cada vez mais os brasileiros do Norte e Sul na festa da Independência [...] está de parabéns, e isso porque a meta foi alcançada e com louvor" (*A Notícia*, 29 de maio de 1972). A festa dos esportes reuniu competições nas seguintes modalidades: atletismo, basquete, esgrima, futsal, ginástica, hóquei sobre patins, judô, natação, polo aquático, tiro, tênis e vôlei, sendo organizada pela CEC dos Festejos; portanto, integrava o calendário oficial de eventos do sesquicentenário. Por outro lado, as competições que ocorreriam em Recife pretendiam descobrir os futuros campeões nas diversas modalidades esportivas.[156]

Ao mesmo tempo, os organizadores do "Festival Nacional dos Desportos" ocorrido em Recife procuraram assegurar o sucesso de público do evento. Para tanto, as autoridades responsáveis pela educação pernambucana solicitaram às direções das escolas estaduais que enviassem pelo menos cinquenta estudantes com o objetivo de

> assistir às competições. A cada estabelecimento de ensino foi enviado também o programa do Festival [...] os educandários devem optar pelos locais mais próximos de sua sede, onde forem realizados os jogos. As aulas não serão suspensas, sendo dispensados apenas os alunos designados para assistir às festividades programadas (*Diário da Manhã*, 20 de maio de 1972).

É de se supor que a portaria do poder público estadual, ao desassociar o convite da reposição das aulas perdidas, poderia significar, para os estudantes selecionados, uma espécie de prêmio, visto que estariam legalmente isentos de assistir às aulas cotidianas e poderiam participar das competições — nem que fosse como torcedores —, tendo acesso às experiências distintas daquelas típicas do ambiente escolar.

As competições realizadas em Recife tiveram, como principais vitoriosos, os estados mais desenvolvidos do país: Guanabara e São Paulo venceram a maior parte das competições, seguidos por Minas Gerais, Rio Grande do Sul e pelo anfitrião, Pernambuco (*A Notícia*, 29 de maio de 1972). Ainda de acordo com a imprensa, a organização do evento foi satisfatória, embora ocorressem reclamações quanto

---

156. A *Folha da Tarde* afirmava na edição de 18 de maio de 1972: "O festival de esportes do sesquicentenário tem por objetivo descobrir novos talentos para o atletismo nacional." Cf., "Recife inicia jogos do certame sesquicentenário". In: Arquivo Nacional, Fundo Sesquicentenário, pasta 58.

à alimentação ser limitada em quantidade. No encerramento da competição houve espetáculo musical, que contou com a participação, entre outros, de Roberto Carlos e Wanderléia, e que teve a presença estimada de 30 mil pessoas no "Geraldão" — ginásio de esportes do Recife (Id., ibid.).

A juventude também foi objeto dos Jogos Estudantis, nos quais poderia participar mais diretamente, em vez de apenas se limitar ao papel de torcida. Assim, Minas Gerais promoveu Jogos Estudantis em âmbito regional, do qual participariam, aproximadamente, 1,1 milhão de alunos das escolas públicas e privadas da sociedade mineira, representando "a participação da mocidade mineira nas comemorações dos 150 anos da Independência do Brasil" (*Minas Gerais*, 5 de fevereiro de 1972). Pretendia-se, desse modo, mobilizar a juventude para que participasse dos festejos do sesquicentenário.

A realização dos 4º Jogos Estudantis foi outra ação estatal que teve os jovens como objeto. Esse evento foi maior, sem dúvida, visto que tinha abrangência nacional, mas com objetivo similar à atividade realizada em Minas Gerais: agregar a juventude em torno das comemorações do sesquicentenário da Independência. Dessa forma, os Jogos Estudantis, realizados em Maceió entre 15 e 26 de julho, contaram com a participação aproximada de 2.500 atletas oriundos dos estados de Alagoas, Amazonas, Espírito Santo, Goiás, Guanabara, Maranhão, Minas Gerais, Pará, Paraíba, Paraná, Pernambuco, Piauí, Rio Grande do Norte, Rio Grande do Sul, Santa Catarina e Sergipe, em competições realizadas no estádio "Rei Pelé". Além dos atletas, o certame reuniria também autoridades — presidente Médici, ministro Jarbas Passarinho, dirigentes da CEC — e artistas de renome — Roberto Carlos, Elis Regina, Wilson Simonal, escolas campeãs do desfile de carnaval carioca de 1972, entre outros —, em mais uma atividade esportiva que fazia parte do calendário oficial de eventos comemorativos do sesquicentenário (*Luta Democrática*, 4 de junho de 1972).

Houve outras competições desportivas estudantis em nível regional, em diversas partes do país, destacando-se a 17ª Olimpíada Interescolar do Senac do estado de São Paulo — evento que reuniu instituições de ensino públicas e privadas —, realizada entre 21 e 25 de agosto de 1972 e "denominada Olimpíada da Independência como homenagem ao transcurso do sesquicentenário da Independência" (*Notícias Populares*, 16 de agosto de 1972).

Igualmente, 6 mil estudantes realizaram uma demonstração de ginástica no estádio do Pacaembu, em São Paulo, como parte das festividades referentes ao 150º aniversário da Independência, em 26 de agosto de 1972. Nessa ocasião, haveria a apresentação de um "coro orfeônico" (*Diário Oficial do Poder Executivo*, 22 de agosto de 1972). Ao todo, cerca de 20 mil estudantes paulistas participaram da ginástica e do coral, que interpretou "Canção do expedicionário" e, posteriormente, "Cisne branco" e "Canção dos aviadores", além do hino nacional, após o qual houve a salva de 21 tiros de canhão, a chegada da pira olímpica e uma revoada de pombos (*Cidade de Santos*, 27 de agosto de 1972).

Em Belém, ocorreu demonstração de atividades ligadas à educação física, realizada por estudantes do ensino médio das redes pública e privada, inaugurando oficialmente a Semana da Pátria no estado (*O Liberal*, 2 de setembro de 1972). Como norma geral, todas as atividades envolvendo estudantes, invariavelmente, culminaram com o hino nacional e o hasteamento da bandeira brasileira.

De modo similar, também aconteceram atividades desportivas estudantis em âmbito local, em homenagem ao sesquicentenário. Como exemplo, podemos citar a primeira Olimpíada Infantil da cidade de Campinas, que reuniu cerca de 6 mil estudantes nesta mesma época (*Diário do Povo*, 31 de agosto de 1972). Igualmente, os internos da Fundação Nacional do Bem-Estar do Menor (Funabem) do estado da Guanabara também promoveram atividades desportivas em comemoração à data: foi a primeira Olimpíada, que ocorreu entre 30 de agosto e 5 de setembro e incluiu provas de atletismo, futebol, natação, basquete e futsal, entre outras modalidades (*Jornal do Commercio*, 7 de setembro de 1972).

Esportes ditos "amadores" também fizeram parte das comemorações oficiais, destacando-se o basquete e o vôlei. Dessa maneira, a CBD organizou competições esportivas de nível internacional, quer em âmbito masculino, quer no feminino.

Assim, realizou-se em São Paulo, em fevereiro de 1972, o Torneio Internacional de Basquete Feminino, que recebeu a denominação de Taça Independência e teve a participação de Argentina, Chile, China Nacionalista (Taiwan) e Peru, além do Brasil — à época, seleção campeã pan-americana e terceira colocada no Campeonato Mundial (*Jornal da Tarde*, 23 de fevereiro de 1972).

Os dirigentes da Confederação Brasileira de Basketball e da Federação Paulista de Basketball também organizaram uma competição internacional de basquete masculino. De maneira similar ao futebol, os organizadores realizaram uma "minicopa", que contou com a participação de Argentina, Espanha, Estados Unidos e México, além do Brasil, que disputou a última partida com a seleção estadunidense. As seleções norte-americana e brasileira disputaram o torneio com suas equipes olímpicas, como forma de preparação para as Olimpíadas de Munique — que aconteceriam algumas semanas após, ainda em 1972.[157]

---

157. O título de uma das reportagens explicita o clima de euforia buscado pelos

Assim, o "Torneio Internacional Sesquicentenário da Independência do Brasil" ocorreu entre 17 de julho e 22 de julho, culminando com a decisão entre as seleções brasileira e estadunidense. A equipe brasileira vencera todos os jogos (disputados contra Argentina, Espanha e México), ao passo que os norte-americanos perderam para o México. Na final, a seleção brasileira derrotou a equipe norte-americana por 104 a 93, "placar jamais sofrido por uma seleção norte-americana [ao mesmo tempo que] a equipe brasileira... cumpriu uma das melhores partidas de sua história, sem cometer sequer uma falha em todo o desenrolar dos quarenta minutos" (*Correio da Manhã*, 23 de julho de 1972). Ainda de acordo com a imprensa, a partida teve grande repercussão mundial, porque os norte-americanos nunca haviam levado mais de cem pontos na mesma partida (*O Fluminense*, 23 de julho de 1972). Nesse mesmo ano, eles perderiam, pela primeira vez, a final olímpica do basquete masculino — para a União Soviética —, por apenas um ponto de diferença.

O vôlei também promoveu uma competição internacional em homenagem aos 150 anos da Independência do Brasil. Os dirigentes da Confederação Brasileira de Voleibol organizaram um torneio internacional masculino, ocorrido no estado da Guanabara entre 15 de setembro e 27 de setembro, do qual participaram, além da seleção brasileira, Argentina, Bolívia, Chile, Colômbia, Peru e Uruguai. O torneio feminino reuniu seleções do Brasil, da Argentina, do Chile e do Peru (*Jornal dos Sports*, 31 de julho de 1972).

Além desses esportes mais "tradicionais", as práticas desportivas associadas à velocidade — motociclismo e automo-

---

organizadores do certame e pela própria CEC. O *Diário de S.Paulo*, na edição de 15 de junho de 1972, noticiava a competição: "Outra corrente pra frente: basquetebol. Brasil promove Torneio Sesquicentenário". In: Arquivo Nacional, Fundo Sesquicentenário, pasta 58 A.

bilismo — também participaram das comemorações. Afinal, em 1972, o Brasil conquistava seu primeiro título mundial na Fórmula-1, com Emerson Fittipaldi.

A imprensa noticiava que as "500 milhas de Interlagos" ocorreriam em maio de 1972 com a participação de pilotos brasileiros e de outros países — Argentina, Japão, Uruguai e Venezuela —, "em homenagem ao sesquicentenário da Independência do Brasil" (*Folha da Tarde*, 24 de fevereiro de 1972). A competição foi organizada pela Federação Paulista de Motociclismo e pela Confederação Brasileira de Motociclismo. A Pirelli foi uma das patrocinadoras do evento, disponibilizando troféus e medalhas aos primeiros colocados. A competição misturou velocidade e resistência, e os vencedores receberiam cerca de CR$20 milhões — aproximadamente R$6,8 milhões.[158]

Por outro lado, o automobilismo teve, além da competição de Fórmula-1, também provas de velocidade no estilo "Stock car." As federações estaduais de São Paulo, Paraná, Santa Catarina e Rio Grande do Sul realizaram o "Taça Independência de Automobilismo Prova General Airton Tourinho", comandante da quinta Região Militar, no autódromo de Interlagos (*O Dia*, 18 de junho de 1972).

Outra competição automobilística — esta, de caráter internacional e organizada pela Fundação Casper Líbero, à época presidida por Octávio Frias de Oliveira — foi a "500 quilômetros de Interlagos", organizada "com a finalidade especial de homenagear as Forças Armadas brasileiras, face à sua realização na Semana da Pátria" (*Notícias Populares*, 16 de agosto de 1972). A prova reuniria vinte pilotos estrangeiros e treze brasileiros, havendo a expectativa de público próximo a 100 mil pessoas.

---

158. *Diário da Noite*, 19 de maio de 1972, "As 500 milhas de Interlagos". In: Arquivo Nacional, Fundo Sesquicentenário, pasta 58. Era a 3ª vez em que se realizava essa competição, desde 1970, em periodicidade anual.

Simultaneamente, ocorreu a tentativa, por parte de autoridades estatais da época, de associar o êxito do piloto Emerson Fittipaldi à ditadura militar e, mais especificamente, às comemorações pelo sesquicentenário da Independência. Dessa maneira, por exemplo, o deputado estadual Heitor Furtado (Arena) propôs a criação, no estado da Guanabara, do "Troféu Independência Sesquicentenário — miniatura em ouro da Lótus de Fittipaldi, com seu nome gravado e a figura da bandeira brasileira, ladeada pelos emblemas da República e da Guanabara — para ser oferecido ao novo campeão mundial de automobilismo, como homenagem do povo carioca" (*O Jornal*, 12 de setembro de 1972). Além disso, propôs que a chegada do campeão mundial fosse transformada "numa festa popular" (Id., ibid.). Igualmente, o Grande Prêmio Brasil de Fórmula-1, ocorrido no autódromo de Interlagos, foi integrado aos festejos oficiais do sesquicentenário, tornando-se a primeira corrida de Fórmula-1 realizada em território brasileiro (*Folha de S.Paulo*, 6 de setembro de 1972).

Por outro lado, o sesquicentenário da Independência também foi associado a outras competições desportivas que, no entanto, não possuíam grande público: iatismo, natação, polo aquático (*Diário da Noite*, 23 de março de 1972), hipismo, remo (*Correio do Povo*, 28 de abril de 1972), golfe (*A Notícia*, 21 de julho de 1972), alpinismo, ciclismo (*A Gazeta Esportiva*, 7 de agosto de 1972), tênis de mesa (*Jornal do Brasil*, 12 de setembro de 1972), artes marciais (*Correio Braziliense*, 23 de agosto de 1972), futebol de botão (*Jornal do Commercio*, 9 de agosto de 1972) e bocha (*Diário da Manhã*, 30 de agosto de 1972), entre outros. Podemos inferir que tais competições incorporariam, às comemorações oficiais, grupos sociais específicos que talvez não se sentissem integrados ao calendário oficial de festejos.

Capítulo 3

Assim, ainda em janeiro ocorreria a regata Salvador-Rio de Janeiro, que associava a comemoração do sesquicentenário com as festividades referentes à Abertura dos Portos (*Jornal do Commercio*, 15 de janeiro de 1972). Outros esportes aquáticos também integraram o calendário oficial de eventos comemorativos pelos 150 anos da Independência do Brasil, como a Regata internacional de remo, realizada em São Paulo, em junho de 1972 (*Folha de S.Paulo*, 10 de junho de 1972).

A natação participou ativamente das comemorações oficiais do sesquicentenário, integrando o Festival dos Esportes em Recife (*Folha do Norte*, 27 de abril de 1972). Além dessa competição de âmbito nacional, ocorreram outras que homenageavam o Sete de Setembro, mas em nível regional: por exemplo, "a Tuna Luso Brasileira promoveu um grandioso festival de natação, dedicado especialmente ao sesquicentenário da Independência do Brasil e em homenagem aos Poderes Constituídos, Forças Armadas e Imprensa Regional" (*O Liberal*, 6 de maio de 1972).

O hipismo foi outro esporte que recebeu destaque nas comemorações do sesquicentenário da Independência. Sob os auspícios da Federação de Hipismo de São Paulo e com a presença do presidente Médici na solenidade de abertura, ocorreu uma competição hípica dividida em dois concursos distintos (*Folha de S.Paulo*, 5 de agosto de 1972): um nacional — com a presença de equipes de Brasília, Guanabara, Minas Gerais, Paraná, Pernambuco, Rio de Janeiro, Rio Grande do Sul e São Paulo —, "em comemoração à Semana do Exército" (*O Estado de S. Paulo*, 25 de agosto de 1972), e outro internacional. Este último sofreu o boicote da maioria dos países convidados — Argentina, Bolívia, Canadá, Chile, Colômbia, Estados Unidos, México, Paraguai, Peru, Porto Rico, Portugal, Uruguai e Venezuela. Apenas cinco cavaleiros argentinos e dois uruguaios participaram, juntamente com 22 cavaleiros brasileiros (id., ibid.). O noticiário não abordou as justificativas para a ausência de 12 países, sugerindo somente que haveria alguma relação com as Olimpíadas de Munique — ocorrida à mesma época —, além de afirmar que o evento seria benéfico, em termos financeiros, para os organizadores (id., ibid.). Houve ainda a realização do "Grande Prêmio São Paulo de Sesquicentenário da Independência", que aconteceria em 3 de setembro de 1972 e que contaria com a participação do general Médici na tribuna de honra do hipódromo paulista (*Zero Hora*, 21 de agosto de 1972).

Outra atividade esportiva merecedora de algum destaque foi o alpinismo, quando um grupo de alpinistas austríacos escalou pela primeira vez a face norte do Pão de Açúcar. Em homenagem ao pioneirismo, essa travessia foi denominada "Rota Imperatriz Leopoldina" — primeira esposa de d. Pedro I e mãe de d. Pedro II —, e o evento foi associado ao sesquicentenário da Independência (*Última Hora*, 28 de julho de 1972). Ao fim de alguns dias, os europeus já haviam chegado ao cume do Pão de Açúcar, onde seriam recebidos "com banda de música, fogos de artifício e a presença de autoridades, que lhes darão parabéns pela grande conquista no ano do sesquicentenário da Independência. Serão cravadas no topo do Pão de Açúcar as bandeiras do Brasil e da Áustria" (*Gazeta de Notícias*, 6 de agosto de 1972). Dessa maneira, associava-se, novamente, uma prática desportiva à efeméride comemorada em 1972, sendo ainda utilizada para estreitar as relações diplomáticas entre os governos brasileiro e austríaco.

Ao mesmo tempo, também ocorreram competições com operários, organizadas com o objetivo de comemorar os 150 anos do "Grito do Ipiranga" e também empolgar esses grupos sociais. Assim, por exemplo, a Refinaria Duque de Caxias (Reduc) realizou sua primeira Olimpíada, abrangendo diversas modalidades desportivas — futebol, futsal e gincana, entre outras —, com a participação de cerca de oitocentos funcionários-atletas da refinaria em questão, entre os dias 29 de julho e 8 de setembro de 1972, quando comemorou, além do sesquicentenário, também seus onze anos de funcionamento (*Jornal do Commercio*, 29 de julho de 1972).

Capítulo 4
A apoteose da ditadura: os funerais de Pedro I e o sesquicentenário

Os funerais podem ser eventos de forte representação simbólica, explicitando importantes aspectos políticos, visto que "a política é ação simbólica" (Geertz, 1991, p. 11). Assim, esse ritual pode ser interpretado como um documento, uma fonte capaz de fornecer informações relevantes para nossa pesquisa.

Dessa maneira, utilizamos Clifford Geertz para explicitar alguns aspectos do périplo dos despojos de d. Pedro I pelo Brasil afora. Geertz enfatizou, com seus estudos sobre o Estado balinês, o caráter espetacular presente nas representações políticas. O Estado, nessa sociedade, assumia a função de produtor — e protetor — de artefatos simbólicos, que seriam capazes de preservar sua identidade coletiva (idem).

As cerimônias fúnebres elaboradas pelo governo brasileiro em homenagem ao repatriamento dos despojos de d. Pedro I foram denominadas como "chacoalhar dos ossos imperiais", na feliz expressão de Alceu de Amoroso Lima. Tristão de Athayde criticou o que julgou "exageros" nas comemorações promovidas pela CEC, acusando-as de excessivamente oficialistas e sem participação da sociedade civil, visto que "tudo nelas vem de cima, do alto, do governo, dos planejadores. Nenhuma espontaneidade, nenhuma participação popular, nenhum indicio dessa unanimidade cívica" (Lima, apud Rodrigues in *O Globo*, 23 de julho de 1972).

Alceu de Amoroso Lima defendia, como maneira ideal de comemorar o 150º aniversário do "Grito do Ipiranga", o restabelecimento do estado de direito, com a decretação da anistia política e o retorno da democracia no país, por meio da revogação do AI-5 e das demais medidas autoritárias. Ele se tornou uma das poucas vozes dissonantes da época, caracterizada pelos "discursos governistas autolaudatórios" (Costa, 2006, p. 311). Assim, antes do início oficial das comemorações referentes ao sesquicentenário, Alceu de Amoroso Lima afirmava:

> A melhor das comemorações desses históricos 150 anos, pelo governo de 1972, seria o restabelecimento, entre nós, de nossa verdadeira independência, que só se operará de modo autêntico pela volta a um estado de direito, em pleno jogo de suas liberdades cívicas e da participação real do povo no governo de sua nação livre (Lima, apud: Costa, op. cit., p. 311).

A mesmo tempo, Tristão de Athayde criticou a própria excursão dos despojos de d. Pedro I pelo país, considerando que o evento "tem qualquer coisa de funéreo e até mesmo de grotesco, que toca às raias do inverossímil" (Lima, apud: id., ibid.). Em substituição ao périplo das cinzas do primeiro imperador, Alceu de Amoroso Lima citou a atitude de são Francisco de Assis, que impediu seus discípulos de festejarem o martírio de alguns companheiros e propôs que estes imitassem o gesto dos martirizados.

> Para o sesquicentenário de um acontecimento único e máximo em nossa história, como a Independência, a comemoração mais condigna seria uma *nova independência*. Ora, essa reindependência só pode derivar de uma autêntica reconciliação nacional [...] a revogação pura e simples de todos os atos políticos em vigor, como o famigerado AI-5, que contradizem formalmente a nossa independência autêntica e coletiva como povo, e constituem obstáculo intransponível para que se comemore o nosso sesquicentenário com

algum *feito*, como seria o de uma larga anistia política (Lima, Apud: id., ibid., p. 312, grifos no original).

Essa postura foi duramente criticada por Nelson Rodrigues, que procurou ironizar as ponderações do pensador católico — em especial a crítica à centralidade da figura de d. Pedro I, em detrimento da de Tiradentes —, chegando a afirmar que o "dr. Alceu" sugeria que todos se esquartejassem — como ocorrera com os mártires e com o próprio Tiradentes. O que Tristão de Athayde propunha era o fim da ditadura militar, aproveitando as festividades do para reivindicar o retorno ao regime democrático, ao mesmo tempo que indagava sobre a "ausência de liberdade no país, situação que refletiria o pouco zelo das autoridades para com o espírito independentista" (Costa, op. cit., p. 313).

Outro crítico contumaz dos festejos foi o semanário carioca *O Pasquim*. Seus redatores questionaram alguns aspectos expressivos das comemorações — embora tenham ignorado solenemente os eventos de setembro de 1972. Assim, Sérgio Augusto ironizou a ênfase dada ao início das filmagens de *Independência ou morte*, afirmando:

> Devem ter acontecido coisas importantes mundo afora na sexta-feira, dia 7 [de abril], mas os jornais cariocas de sábado gastaram três colunas da primeira página com o filme *Independência ou morte* [...] A produção, de Oswaldo Massaini, é a mais cara de todo o cinema brasileiro [...], o que não é desculpa, porque nenhum jornal americano, nem mesmo o Los Angeles Times, gastou espaço para anunciar o começo das filmagens de *Ben-Hur*, *Cleópatra* ou *My fair lady*. O diretor do filme não é Bergman, nem Fellini, nem Kubrick, nem mesmo Glauber Rocha, mas Carlos Coimbra (autor de três ou quatro bobagens sobre Lampião), a cujo

remotíssimo talento muitas chances já foram dadas, sem sucesso. No Jornal Nacional, da TV Globo, Tarcísio Meira disse que o filme "ia mostrar que os homens que fizeram a Independência eram gente". Com uma frase dessas, Tarcísio provou não ter sequer *physique du rôle* pra dar o Grito do Ipiranga (*O Pasquim*, n° 146, de 17 de abril de 1972 a 24 de abril de 1972, p. 22, grifos no original).

Ao mesmo tempo, o cartunista Henfil ironizava os participantes — Pelé, Roberto Carlos, Paulo Gracindo, Tarcísio Meira, Glória Menezes e Marília Pêra — da campanha publicitária do Encontro Cívico Nacional, colocando-os no "cemitério dos mortos-vivos do Cabôco Mamadô", cantando em um coral cuja regente era Elis Regina (*O Pasquim*, n. 147, p. 7).

A crítica à postura de Elis Regina continuou no número seguinte de *O Pasquim*. Assim, Henfil criou uma história intitulada "Henfil apresenta com tristeza n'alma Cabôco Mamadô e seu fantástico cemitério dos mortos-vivos", em que a cantora faz as seguintes afirmações: "Não querem que nós cantores façamos concessões. Podem me chamar de Elis Regente de Comerciais Silva. Vocês acham que eu não preciso deste dinheiro para viver?" A seguir, ela pondera e diz: "Não, não preciso", e aceita reencarnar no passado — a grande punição ou possibilidade de redenção estabelecida pelo Cabôco Mamadô —, voltando no corpo de Maurice Chevalier em "15 de janeiro de 1945. Nesse ano, Maurice Chevalier, convidado por Hitler, fazia um show na Alemanha" (*O Pasquim*, n. 148, p. 3). Desse modo, participar das comemorações do sesquicentenário equivalia a trair o país, colaborando com a ditadura militar. Nas páginas de *O Pasquim* não havia espaço para qualquer forma de concessão ao governo Médici, condenando-se todos aqueles que ousassem "compor" com o regime militar.

A ironia em relação às comemorações oficiais do sesquicentenário ficou bastante explícita em uma carta publicada na "coluna dos leitores", quando um leitor identificado como Leovegildo Barbosa, do Rio Grande do Sul, sugeria aos editores do semanário a edição de um número especial em homenagem aos 150 números já publicados — efeméride que ocorreria em maio de 1972:

> A semana gloriosa em que todos nós, ufanos, de tudo, e principalmente da nossa imbecilidade média e suicida, comemoraremos, corações unidos aí na Clarisse Índio do Brasil o sesquicentenário, também bandalho. Sim. O número 150 do Pasca. Vocês têm que organizar o programa de comemorações com antecedência. É preciso envolver a opinião pública, fazer uma propaganda in (e ex) tentíssima, para que todo mundo pense como deve.[159]

Ainda nas páginas de *O Pasquim*, Ziraldo comentava que seu filho "de cinco anos está inteiramente apaixonado por d. Pedro I. Passa o dia inteiro de espada em punho gritando 'Independência ou morte'. Seu élan cívico atingiu o ápice quando, outro dia, ele chupou, maravilhado, um picolé verde e amarelo da Kibon" (*O Pasquim*, n. 168, p. 21). O cartunista terminava seu comentário comparando a festa de 1972 com as comemorações do "dia da raça", durante a vigência do Estado Novo, quando ele mesmo, ainda criança, se sentia feliz e realizado após ter participado do desfile cívico, apesar de terem "desmaiado 18 menininhos na parada" (Id., ibid.).

O périplo dos restos mortais de d. Pedro I se transformou em muitas capitais, em um espetáculo popular, assumindo forma diametralmente oposta ao que se poderia esperar de

---

159. Id., ibid. p. 2. A resposta dos editores também se pautou pelo deboche ao sesquicentenário: "Sim, Leovegildo, comemoraremos, integralizaremos, sesquicentenaremos. Sesquicentão e sempre safardão." Id., ibid.

um funeral em um país como o Brasil: choro, demonstrações de dor e saudades pela perda de um ente querido. Mas, ao contrário, e mesmo considerando o lapso de quase 140 anos entre a morte do primeiro imperador e o início do velório em terras brasileiras, aconteceram recepções festivas, salvas de canhão, desfile em carro aberto, decretação de feriado ("ponto facultativo"), ao invés da decretação de luto oficial. Enfim, o enterro dos despojos de d. Pedro I ocorreu durante a festa da Independência, sendo um momento de comemoração, e não de dor.[160] O Estado atuou como produtor de símbolos, estabelecendo rituais e hierarquias, nomeando os responsáveis pela produção de discursos que dariam sentido à efeméride do sesquicentenário, além de divulgar esse mesmo discurso, capaz de legitimá-lo — mais até do que seus ocupantes de então — ante diversos segmentos da sociedade brasileira, que, então, tomaram parte nos diversos festejos.[161]

Até que ponto a comemoração do sesquicentenário conseguiu transformar d. Pedro I em um mito político? Ora, de acordo com Raoul Girardet, o mito político se fundamenta em uma recusa da realidade que, no entanto, possui a capacidade de explicar esta mesma realidade, além de potencial para mobilizar a sociedade, assumindo um caráter polissêmico e não arbitrário (Girardet, 1987).

Os mitos políticos devem se "encaixar" nas formas previamente existentes, destacando-se os elementos de permanência em detrimento da ruptura, presentes no discurso sobre o mito (id., ibid., p. 18). Portanto, d. Pedro I precisaria se adaptar aos

---

160. Para uma análise mais detalhada do significado das festividades na sociedade brasileira, ver: Guimarães, Dulce Maria Pamplona. "Festa, de produção: identidade, memória e reprodução social". In: *História*. São Paulo: Unesp, v. 11, 1992.
161. O Estado aparece como produtor de sentido, isto é, auxiliava a sociedade a se autocompreender. Por meio dos rituais, o Estado construía a própria imagem da coletividade, e a sociedade parecia enxergar-se nessa imagem, com ela se identificando. Cf. Clifford Geertz. *Negara*. Op. cit., p. 163-70.

discursos preexistentes. Ou melhor, sua biografia seria associada a uma das "constelações mitológicas", isto é, "conjuntos de construções míticas sob o domínio de um mesmo tema, reunidas em torno de um núcleo central" (id., ibid., p. 19-20). No caso específico, ele pode ser identificado ao Salvador e ao discurso da Unidade.

Afinal, a CEC identificava d. Pedro I como *o* herói da Independência, aquele que liderou a sociedade brasileira, ao longo do processo de emancipação política. Nessa situação, os acontecimentos se eclipsariam diante da imagem projetada não apenas pela Comissão Executiva Central, mas também pelo IHGB e pelo filme *Independência ou morte*. Havia um discurso que enfatizava eventuais aspectos de d. Pedro I — em especial, a virilidade —, ao mesmo tempo que silenciava a respeito de outras características — autoritarismo. Enfim, a biografia de d. Pedro I permitiria transformá-lo na figura do "homem providencial, do chefe, do guia, do salvador" (id., ibid., p. 70).

Nesse processo, haveria a diluição de acontecimentos históricos, adaptando-os à narrativa desejada. Ou seja, o processo de heroificação passaria pelas etapas da espera, da presença e da lembrança. No caso específico de d. Pedro I, ele esteve presente como herói apenas depois de sua morte. Porém, até que ponto a sociedade se lembrava de seus feitos à margem do Ipiranga antes do sesquicentenário?

Bem, desde o centenário, fora instalado o Monumento do Ipiranga, isto é, um conjunto de estátuas esculpidas no local do "Grito" de 7 de setembro de 1822. No entanto, nessa estatuária, d. Pedro I se diluía em torno de personagens que simbolizavam outras tentativas de Independência, distintos projetos de Brasil. Raoul Girardet caracterizou quatro modelos de herói: aquele que vem do passado, o instaurador de um novo começo, o legislador e o profeta. O estabelecimento do herói se relaciona com a conjuntura histórica, em alguma medida corporificando a vontade nacional (Girardet, op. cit., p. 70-85).

Vê-se, por conseguinte, que a biografia de d. Pedro I, destacada no sesquicentenário da Independência, possui alguns pontos de contato com a tipologia de herói estabelecida por Girardet — no caso, o "Salvador": podemos identificá-lo ao Legislador (em função da Carta outorgada de 1824 — o mais longevo estatuto político de nossa história como país independente), ao Profeta (a dissolução da Assembleia Constituinte em novembro de 1823, uma espécie de preâmbulo dos inúmeros atos arbitrários da história política brasileira), ao Jovem que, impetuosamente, proclamou a Independência. Poderíamos ainda associá-lo às imagens de Líder e Pai Fundador, que realizou a vontade coletiva expressa com o Sete de Setembro.

Entretanto, também poderíamos associar d. Pedro I ao discurso da Unidade. A ditadura militar enfatizou grandemente essa noção, por meio das imagens da integração nacional, do patriotismo e do desenvolvimento econômico, os quais seriam o resultado da extinção das divisões internas que abalaram o Brasil até 1964. Com os militares no poder, a história nacional seguiria o curso adequado, ao mesmo tempo que se consolidaria uma interpretação canônica da história brasileira, com a negação de qualquer ruptura em nosso passado.

As comemorações do sesquicentenário valorizaram a integração nacional, enfatizando a integridade territorial brasileira. Talvez de modo um pouco forçado, poderíamos conjecturar uma aproximação com os festejos oficiais promovidos à época da Revolução Francesa. Assim, as comemorações do 150º aniversário da Independência do Brasil enfatizaram, por um lado, d. Pedro I como um mito político e, por outro, festejaram o próprio país, ou melhor, a integração nacional.

Capítulo 4

O discurso revolucionário francês nos ajuda a elucidar nosso objeto ao recorrer, assim como o sesquicentenário, ao tema da "Imortalidade". Assim, a Revolução Francesa estabeleceu uma imortalidade cívica, desconectada da ambiência religiosa: algumas pessoas se tornavam imortais porque não sofreriam o esquecimento coletivo, e não por terem características sagradas (Ozouf; Furet, 1989, p. 604-5) — da mesma forma que d. Pedro I, que seria recordado e homenageado por suas ações na Independência, e não por algum atributo metafísico. O termo "relíquias" (usado para designar os restos mortais de d. Pedro I) adquire nova conotação: são objetos que permitem à sociedade brasileira rememorar suas ações, e não o cultuar como santo padroeiro.

Retornando à cena brasileira, a primeira menção oficial às comemorações do sesquicentenário ocorreu na mensagem presidencial de Ano-Novo pronunciada pelo general Médici, em dezembro de 1971. Nesse texto, o presidente informava que os festejos se pautariam pelo

> humanismo brasileiro, assentado na concórdia e na paz universais. Refinando fraternalmente a difícil arte da convivência, eliminamos atritos e conflitos para chegar ao modo brasileiro de viver de que hoje, com razão, podemos orgulhar-nos. [...] É esse patrimônio de generosidade e de tolerância, de desprendimento e de hospitalidade, que nos compete guardar e aprimorar. E é sobre ele que devemos meditar na oportunidade da passagem do 150º aniversário da nossa soberania, edificada sobre valores morais e espirituais que são contemporâneos da nossa consciência de nação (*Jornal do Brasil*, 4 de janeiro de 1972).

Nesse mesmo discurso, Médici expressou uma espécie de "destino manifesto" brasileiro: o otimismo e a grandiosidade fariam parte da identidade nacional do país, que estaria predestinado a se transformar em uma potência de abrangência mundial. Mas, ao mesmo tempo, ele criticou os governantes anteriores a 1964, acusando-os de não se empenhar na realização da "verdadeira dimensão do Brasil" (id., ibid.). A sociedade brasileira poderia ficar tranquila, pois o sesquicentenário seria comemorado por um país que abandonou a infância e a adolescência, entrando agora na idade adulta, idade esta marcada pela responsabilidade em relação aos seus atos.

> A nação tem hoje a tranquila consciência de sua grandeza [...]. O ano do sesquicentenário descortina, por isso mesmo, um futuro que é de confiança, na medida em que alia o progresso material ao patrimônio cultural e moral que fazem deste país uma pátria de todos os brasileiros" (Id., ibid.).

As festividades, então, assinalariam o início de uma época de confiança no futuro e realização das expectativas sociais a respeito da grandeza do Brasil, visto que o país vivia sob o "milagre econômico" e ainda comemorava a conquista do tricampeonato mundial de futebol em 1970.

É interessante observar que, apesar de dispor de grande autonomia, a CEC prestava contas ao Ministério da Justiça. A primeira reunião de trabalho da Comissão Executiva Central, ainda em dezembro de 1971, ocorreu no Palácio do Planalto sob a coordenação do ministro Leitão de Abreu, chefe da Casa Civil durante o governo Médici, segundo quem "era desejo do exmo. sr. presidente da República instalar os trabalhos; mas, não o podendo fazer, lhe delegou essa atribuição",[162] e,

---

162. Ata da reunião de 15 de dezembro de 1971, p. 1. Arquivo Nacional, Fundo Sesquicentenário, pasta 3 D. Nessa reunião, os presentes elegeram para presidir a CEC o general Antonio Jorge Correia. Participaram da reunião, entre outros, os ministros da Justiça, Alfredo Buzaid; da Casa Civil, Leitão de Abreu; do Exército, Orlando Geisel; das Relações Exteriores, Mário Gibson Barbosa; do Planejamen-

a seguir, deu-se a escolha do general Antonio J. Correia para presidir a Comissão.

A reunião estabeleceu as linhas gerais da comemoração, determinando a data de abertura das festividades, com a realização do Encontro Cívico Nacional no dia de Tiradentes, "patrono cívico da nação brasileira"[163] com a realização de missas em prol da efeméride ("Te-Deum"). A seguir, a reunião definiu os eventos que ocorreriam até setembro, a partir da chegada dos despojos de d. Pedro I. Esses eventos abrangeriam os setores desportivos (Olimpíada do Exército, minicopa, Grande Prêmio de Fórmula-1, Hipismo, jogos universitários), populares (queima de fogos, bailes, shows de artistas), culturais (exposições), desenvolvimentistas (curso de economia açucareira, inaugurações na rodovia Transamazônica, exposição do Exército, Expo-72, show aéreo), diplomáticos (curso sobre os "150 anos da diplomacia")[164] e cívicos (congresso de história, exposição histórica do sesquicentenário, Semana do Exército, Fogo Simbólico), que aconteceriam nos diferentes estados à época da excursão das cinzas de d. Pedro I. Nacionalmente, aconteceria a Semana da Pátria, isto é, todo o país realizaria a mesma comemoração praticamente ao mesmo tempo.

Assim, o país viveria um momento de simbolismo "mágico" e unificador da simultaneidade: todos juntos, no mesmo momento, agindo como um só corpo, com um único sentimento, envolvidos pelo patriotismo e unidos em torno da

---

to, João Paulo dos Reis Veloso; do Gabinete Militar, João Figueiredo, além de representantes do Ministério da Educação, da Aeronáutica e da Marinha. Também estiveram presentes à reunião: Pedro Calmon, presidente do IHGB; senador Danton Jobim, presidente da ABI; João Jorge Saad, presidente da Associação Brasileira de Empresas de Rádio e Televisão; Arthur Reis, presidente do Conselho Federal de Cultura, além de representantes da Liga de Defesa Nacional e Associação Brasileira de Rádio e Televisão e o chefe do cerimonial da presidência da República.
163. Ata da reunião de 15 de dezembro de 1971, p. 2. Arquivo Nacional, Fundo Sesquicentenário, pasta 3 D.
164. Cf. Id., ibid.

comemoração do sesquicentenário da Independência, assinalando o que Fernando Catroga denomina de *"momentos síntonos"* (Catroga, 2004, p. 61), iniciados com marcações acústicas possibilitadoras de

> imobilizações coletivas e de guarda de minutos de silêncio, à hora marcada, nos quais se suspende o tempo profano, mediante a criação de cadeias de solidariedade imaginárias. São instantes de comunhão quase mística, em que a comunidade se sente coparticipante de uma totalidade unificada (Id., ibid., p. 61).

Nessas situações, a coletividade se transforma em um corpo único, rompendo-se, dessa maneira, com a atomização peculiar às sociedades contemporâneas.

Após algumas semanas, os organizadores dos festejos divulgaram o Encontro Cívico Nacional, que seria o marco inicial das festividades oficiais. O evento ocorreria, simultaneamente, em todo o país, objetivando mobilizar a sociedade brasileira "para numa mesma hora, em praças públicas, escolas, hospitais e até penitenciárias, ouvir a saudação e chamamento do presidente Médici, feita diretamente de Brasília, e cultuar a bandeira entoando o hino nacional" (*Jornal de Piracicaba*, 4 de março de 1972). Novamente, aconteceria um momento unificador de todo o país: para além de quaisquer diferenças, esperava-se que a sociedade brasileira se unisse ao redor da lembrança dos "feitos heroicos" de d. Pedro I.

Posteriormente, a Comissão Executiva Central escolheu o símbolo oficial do sesquicentenário, que foi divulgado em cerimônia pública, realizada no Museu de Arte Moderna, no Rio de Janeiro, com a presença do general Antônio Jorge Correa, presidente da CEC, e dos coronéis Octávio Costa, chefe da Assessoria Especial de Relações Públicas (Aerp), e Haroldo Matos, presidente da Empresa Brasileira de Correios e Telégrafos. Também estava presente o publicitário Luiz Macedo, presidente da Comissão de Assuntos de Propaganda (*Notícia Popular*, 19 de janeiro de 1972; *Diário do Paraná*, 22 de janeiro de 1972). O símbolo foi idealizado pelo publicitário Aluízio Magalhães[165] e, inicialmente, seria utilizado apenas nos selos dos Correios (*Diário do Paraná*, 22 de janeiro de 1972; *Jornal do Brasil*, 19 de janeiro de 1972).

> Pequeno, linear, podendo ser as cores sombreadas em verde e amarelo, ou preto e branco, o símbolo entrará em todos os tipos de selos, apenas como uma marca. Dependendo do que se deseja escrever, do tamanho da frase, para cada caso, o professor apresentou uma solução, provando a flexibilidade de uso para todas as modalidades de comemorações, inclusive a TV e o cinema.[166]

Ao longo do período em que as festividades ocorreram, houve uma grande proximidade entre o governo e setores da mídia. Assim, representantes das principais empresas jornalísticas do país — em qualquer mídia, isto é, rádio, televisão, jornal ou revista — foram convidados a se reunir com a CEC, de modo a auxiliar na difusão do sesquicentenário e, assim, contribuir para a criação da atmosfera mais favorável possível às comemorações. Entre outros, foram convidados o presidente da Associação Brasileira de Emissoras de Rádio e Televisão (Abert); o presidente da Associação Brasileira de

---

165. Ele já havia participado de outras campanhas comemorativas durante a década de 1960, tendo criado as cédulas do Cruzeiro Novo e o símbolo do quarto centenário da cidade do Rio de Janeiro.
166. *Diário do Paraná*, 22 de janeiro de 1972, "Símbolo dos nossos 150 anos". In: Arquivo Nacional, Fundo Sesquicentenário, pasta 76. De acordo com Aluízio Magalhães, havia a preocupação com uma "tomada de consciência do artista no sentido de participar do contexto social que o cerca", afirmando que "a ele cabe a formulação de identidade nacional transcendendo qualquer posição política". Idem, ibidem.

Rádio e Televisão (ABRT); Walter Clark, da TV Globo; Danton Jobim, presidente da Associação Brasileira de Imprensa; coronel Everaldo de Simas Kelly, diretor geral da Rádio Nacional; um representante da Agência Nacional; João Calmon, da TV Tupi; Paulo Machado de Carvalho, da TV Record; e Roberto Marinho, do jornal *O Globo*.[167] Houve receptividade das entidades envolvidas, que passaram a destacar em seus noticiários os eventos alusivos ao sesquicentenário.

Como norma geral, as empresas de comunicação foram bastante receptivas às comemorações, visto que podiam angariar importantes pontos na luta pela audiência. A direção da rádio Jovem Pan comunicava ao presidente da CEC: "Conte sempre conosco, general",[168] ao mesmo tempo que a Comissão Executiva Central agradecia à rádio e à TV Bandeirantes pela divulgação do Encontro Cívico Nacional, na chegada dos despojos de d. Pedro I,[169] e fornecia à emissora o "Programa Oficial das Comemorações".[170] Por seu turno, Bloch Editores — por meio de seu departamento voltado para a educação e cultura ("Bloch Educação") — "recebeu a incumbência de produzir [isto é, publicar] o programa oficial dos festejos do sesquicentenário da Independência".[171]

A Associação Brasileira de Imprensa (ABI) se associou às festividades e, por ocasião da Semana da Pátria, enviou mensagem de felicitações referente ao sesquicentenário.[172] Na mensagem, afirmava que "o fato reflete, além do interesse do poder público para que a efeméride histórica seja assinalada

---

167. Telegramas. In: Arquivo Nacional, Fundo Sesquicentenário, pasta 2.
168. Arquivo Nacional, Fundo Sesquicentenário, pasta 3 A.
169. Cf. Id., ibid.
170. Pasta 3 A.
171. Id., ibid.
172. Em mensagem anterior, Danton Jobim informava que a ABI difundiu a programação da comemoração alusiva à "abertura dos portos" a todos os órgãos de imprensa do país. Cf. In: Arquivo Nacional, Fundo Sesquicentenário, pasta 3.

Capítulo 4

com o devido relevo, prova de sua identificação com os ideais de liberdade que o 7 de setembro significa" (*Luta Democrática*, 7 de setembro de 1972). Nesse momento, a ABI (ou ao menos o seu presidente, Danton Jobim) não se opunha ao regime militar; ao contrário, parecia apoiar algumas medidas oficiais, como se percebe na adesão às comemorações. Nessa época, a direção da ABI emitia sinais ambíguos em relação ao governo militar, transitando no "enorme espaço entre os dois polos — resistência, colaboração e apoio".[173]

Outra forma de divulgação do sesquicentenário ocorreu com a publicação do *Mapa do Brasil de hoje*. Revista comemorativa que trazia, encartada, a bandeira nacional e uma fotografia do presidente Médici, além de destacar as grandes rodovias construídas durante o regime militar (Belém-Brasília, Transamazônica e Transcontinental), divulgou "as novas divisões regionais, o mar territorial de duzentas milhas e as áreas de atuação da Superintendência do Desenvolvimento do Nordeste (Sudene), da Amazônia (Sudam), do Centro-Oeste (Sudeco) e do Sul (Sudesul)" (*Jornal do Commercio*, 28 de setembro de 1972).

Algumas empresas privadas viram no sesquicentenário a oportunidade de obter substanciais lucros e divulgar sua imagem, conquistando maior espaço no mercado consumidor brasileiro. Assim, por exemplo, a Editora Brasil-América (Ebal) conseguiu autorização para imprimir 1 milhão de exemplares da *Pequena história da Independência do Brasil em quadrinhos*, com revisão de Pedro Calmon. A mesma editora também recebeu autorização para imprimir 1 milhão de pôsteres do "Grito do Ipiranga" de Pedro Américo.[174] Para essas

---
173. *O Globo*, 11 de dezembro de 2008, "ABI flertou com regime que depois combateria", p. 8. Nesta mesma reportagem, a historiadora Denise Rollemberg afirma que "a ABI não era coesa e abarcava debates que desapareceram da memória". Id., ibid.
174. Cf. Arquivo Nacional, Fundo Sesquicentenário, pasta 3.

empresas, certamente era importante participar das campanhas governamentais e manter uma postura de colaboração com o regime militar.

Ao mesmo tempo, a Comissão Executiva Central selecionou cinco agências de publicidade (Alcântara Machado, MPM Propaganda, Norton, Mauro Salles e Denison)[175] para cuidar da parte referente à propaganda e aos festejos populares envolvendo as comemorações oficiais (cf. *Notícia Popular*, 19 de janeiro de 1972), pois "todos os eventos ligados ao sesquicentenário terão apoio de propaganda, à margem da cobertura que receberão pelo interesse, como notícia, de que são revestidos" (*Diário do Paraná*, 22 de janeiro de 1972). No entanto, as comemorações não deveriam durar muito, pois não deveriam cansar o povo, tendo em vista que o excesso publicitário poderia ser negativo (*Última Hora*, 23 de fevereiro de 1972). Isso levou os organizadores a limitar as festividades entre 21 de abril e 7 de setembro de 1972 (id., ibid.).

A propaganda promovida pelas agências contratadas pela CEC ou pelas comissões estaduais, que denominamos propaganda institucional, começou em 2 de abril (Cf. *O Estado de S.Paulo*, 11 de março de 1972), prosseguindo até 7 de setembro, e objetivava preparar uma atmosfera mais propícia ao êxito das festividades. As peças publicitárias utilizariam todos os meios possíveis de divulgação (Cf. *Folha da Tarde*, 23 de fevereiro de 1972), "por meio de várias mensagens promocionais

---

175. Cf. Arquivo Nacional, Fundo Sesquicentenário, Telegramas. Pasta 2. Foram enviados telegramas solicitando a participação na própria CEC para diversas pessoas envolvidas com a área de publicidade, como: Caio Alcântara Machado, coronel Octávio Costa (Aerp), Luiz Macedo (MPM), Luiz Gustavo (MPM) e Carlos Niemeyer. Todos os telegramas foram expedidos no final de dezembro de 1971. Algumas pessoas também foram convidadas para participar do trabalho da CEC, como o embaixador Alberto da Costa e Silva, o presidente da Embratur e o presidente do Conselho Federal de Cultura. Outros indivíduos, no entanto, foram convidados apenas para as reuniões, como o representante da Liga de Defesa Nacional e Danton Jobim.

e especificamente de propaganda, destacando-se cartazes, anúncios em jornais e revistas, e *spots*, filmes e jingles" (*Jornal do Brasil*, 24 de fevereiro de 1972) em rádio e televisão. Os anúncios institucionais teriam divulgação em escala nacional.

> "Tudo azul — Brasil — 150º aniversário da Independência." Esses são os dizeres que ilustrarão cartazes de rua (outdoors) em todo o país, a partir do próximo dia 15. Os cartazes serão verde e amarelo, e neles aparecerá o símbolo de sesquicentenário, idealizado por Aluísio Magalhães.
> Por que a campanha será lançada somente a partir do dia 15 de março? Luís Macedo, presidente da comissão de propaganda e divulgação da CEC, encarregada das comemorações, responde: para que o excesso de propaganda não desgaste o público e não funcione de uma maneira negativa (Os outros cartazes, dedicados aos jornais, em branco e preto, têm a inscrição "Tudo azul", e no fundo aparece a bandeira brasileira).
> A segunda fase da campanha pública abordará uma frase do hino nacional — "Verás que um filho teu não foge à luta." Para ilustrar a imagem do hino, aparecerão figuras humanas representando a saúde, a educação, o esporte e o trabalho.[176]

A propaganda institucional pretendia motivar a população a participar dos eventos, cuja programação foi decidida após uma reunião entre o presidente da CEC e os representantes das comissões regionais (estados e territórios) responsáveis pelos festejos (Cf. *Folha da Tarde*, 23 de fevereiro de 1972).

A propaganda institucional teria função pedagógica, procurando explicitar "a afirmação nacional" (*Jornal do Brasil*, 24 de fevereiro de 1972), sendo pautada pela unicidade de

---

176. *Jornal da Tarde*, 23 de fevereiro de 1972, "Os cartazes verde e amarelo de 'Tudo Azul'". In: Arquivo Nacional, Fundo Sesquicentenário, pasta 76. No entanto, a CEC não aprovou os cartazes e a campanha atrasou cerca de duas semanas, começando apenas no início de abril de 1972.

discurso: as agências deviam pautar-se pela valorização de elementos nacionais. Igualmente, as peças publicitárias do sesquicentenário deveriam evidenciar para a população a importância da efeméride, assim como fortalecer o patriotismo (id., ibid.). Ainda de acordo com o presidente da Subcomissão de Propaganda e Divulgação da CEC, Luís Macedo, as agências trabalhariam gratuitamente para o governo federal, e esta seria a maneira de a publicidade brasileira contribuir para as festividades oficiais (Cf. *Folha da Tarde*, 23 de fevereiro de 1972). Ao mesmo tempo, as agências publicitárias dispunham de grande autonomia no que se refere à

> liberdade na criação das peças e dos instrumentos promocionais do sesquicentenário, cada uma se concentrando no seu setor, mas todas com a mesma tônica que levarão as mensagens: [...] apelos emocionais — estimulando o espírito de brasilidade e orgulho nacional; e apelos racionais — levando todos os brasileiros a uma tomada de posição reflexiva fundamental, que nos engaje no próprio processo de afirmação da Independência; que nos desperte a consciência ativa, responsável e participante. [...] Nacionalismo — eis o nosso produto — disse [Luis Macedo]. As campanhas vão excitar a altivez, despertar o orgulho das comunidades para o fato de elas comporem uma nação chamada Brasil (*Jornal do Brasil*, 24 de fevereiro de 1972).

A Subcomissão de Propaganda e Divulgação da CEC organizou a campanha geral e campanhas para assuntos específicos do sesquicentenário, destacando-se o Encontro Cívico Nacional, a excursão dos despojos de d. Pedro I e a Taça Independência. A campanha geral, obviamente, receberia o maior destaque e as demais seriam intercaladas, em função da proximidade do evento específico.

Capítulo 4

> Entre os cartazes, os três temas básicos estarão figurando em quatro peças: a que leva a frase "Tudo Azul" sobre um campo verde e amarelo; outra, os dizeres "Verás que um filho teu não foge à luta", sob quatro gravuras simbolizando a educação, o esporte e a saúde; o 3º, mostrando as "Armas da Independência" com o campo visual dividido e, em cada espaço correspondente, uma mão segurando uma arma (estas são a seringa, o lápis, a enxada, a bola de futebol e o martelo); e, finalmente, a quarta peça, um pôster com a figura de Tiradentes, sublinhada a frase "Tudo começou com ele" [...] ao pé de cada cartaz haverá sempre o verso do hino do sesquicentenário: "Festa de amor e paz" (Id., ibid.).

Os cartazes desenvolvidos para o sesquicentenário buscavam transmitir sua mensagem por meio de "uma linguagem simples e de grande impacto emocional" (id., ibid.) como forma de engajar a sociedade brasileira nas comemorações pelos 150 anos do "Grito do Ipiranga".

Nessa mesma entrevista, Luís Macedo exibiu um dos filmes — com um minuto de duração —, que seria transmitido pelas emissoras de televisão: um retrato otimista do cotidiano brasileiro, ao som da marcha do sesquicentenário:

> Entre as cenas constam duas rápidas: um garotinho tentando colocar uma imensa bandeira do Brasil numa fachada; e um homem alto ajustando uma bandeira do Brasil de proporções mínimas num caminhão. Outra cena: casais jovens, flashes rapidíssimos; crianças beijando-se ternamente; cena de futebol, gol de Pelé, Jairzinho ajoelhado e foto clássica do tricampeonato do México (a taça Jules Rimet sendo erguida); cenas diversas de construções importantes: barragens, indústrias, Transamazônica; entremeiam-se às cenas closes de crianças olhando em frente, num misto de

admiração e assombro; duas cenas de encontro fraternal entre várias pessoas; cenas de carnaval onde negros, brancos e mulatos confraternizam, vivendo a mesma euforia; crianças na hora do recreio de uma grande escola; umas no escorrega e no balanço, outras brincando de roda; vista panorâmica e, por fim, cena final: a marca do sesquicentenário da Independência (Id., ibid.).

As propagandas institucionais tinham ainda o objetivo de acarretar o maior público possível aos eventos relacionados ao sesquicentenário. Assim, por exemplo, em abril de 1972 diversos jornais publicaram o seguinte anúncio: uma imagem formada por nove fotografias com pessoas de várias idades — inclusive um grupo de estudantes primários —, com a seguinte mensagem:

> Quando o seu país tem uma razão muito forte para fazer uma festa, quem deve ser considerado convidado?
> Vai ser no dia 21 de abril, às 18h30.
> Um dia cheio de significado para esta massa, porque marca o começo de toda uma luta pela nossa Independência.
> Portanto, uma boa data para ser festejada, alegremente.
> E este anúncio é um convite para você comparecer.
> Assim como você pode convidar todos os brasileiros que você conhece.
> Nessa festa todos nós vamos cantar juntos a música de maior sucesso neste país.
> O nosso hino.
> Pense na vibração que vai ser você e 90 milhões de brasileiros cantando juntos, à mesma hora, em todos os pontos do país.
> Um país com 150 anos de Independência merece isso.
> Encontro Cívico Nacional.[177]

---
177. *Jornal do Brasil*, 13 de abril de 1972. In: Arquivo Nacional, Fundo Sesquicen-

Capítulo 4

A chegada dos despojos de d. Pedro I e sua posterior peregrinação pelo país também foram objeto de preocupação da CEC, que, com o intuito de incentivar o público a fazer parte das comemorações oficiais do sesquicentenário, publicou o seguinte anúncio:

> Dom Pedro voltou para casa. Vá visitá-lo: Depois de quase 150 anos de ausência, d. Pedro I, imperador e defensor perpétuo do Brasil, está entre nós. Seus restos mortais recebidos na Praia de Botafogo pelos seus descendentes, autoridades e povo, farão uma peregrinação às capitais de todos os Estados que ele tornou independentes com seu grito forte e temerário.
> Na primeira semana de setembro, finalmente, d. Pedro será sepultado no Monumento do Ipiranga, em São Paulo, bem no local onde, naquele longínquo dia 7 de setembro, ergueu sua voz acima de todas.
> É lá que você poderá visitá-lo.
> Mais do que um homem de Estado, d. Pedro foi brasileiro. Ele amou o Brasil, defendeu-o. Em homenagem ao sesquicentenário da nossa Independência, Portugal, a mãe-Pátria, entregou-nos os despojos do Libertador do Brasil. Vá visitá-lo. D. Pedro, além de brasileiro e herói, era gente como nós e gostaria de saber que nós não o esquecemos (Revista *Manchete*, 29 de abril de 1972).

Na propaganda acima existe, ao fundo da mensagem, uma imagem desenhada do Museu do Ipiranga e o símbolo do sesquicentenário.

As peças publicitárias institucionais seguiram as diretrizes explicitadas por Luís Macedo. Assim, um dos anúncios publicados mostrava cinco pequenas figuras justapostas nas

---

tenário, pasta 76. O mesmo anúncio foi publicado, entre outros, nos seguintes jornais: *Correio da Manhã*, 14 de abril de 1972; *O Povo*, 14 de abril de 1972; *Jornal dos Sports*, 20 de abril de 1972; *Gazeta de Alagoas*, 21 de abril de 1972; *O Fluminense*, 21 de abril de 1972; *O Globo*, 21 de abril de 1972; *Jornal do Brasil*, 21 de abril de 1972. In: Arquivo Nacional, Fundo Sesquicentenário, pasta 76. Revista *Manchete*, 29 de abril de 1972, p. 54-55. In: Arquivo Nacional, Fundo Sesquicentenário, pasta 82.

quais se vê um trabalhador da construção civil, médicos realizando uma cirurgia, uma professora lecionando, com a seguinte mensagem: "Noventa milhões continuam em ação", acompanhada do seguinte texto:

> No campo e na cidade. Nas escolas e nos hospitais. Nas usinas e nos laboratórios. No mar de duzentas milhas e nas estradas multiplicadas. Na arte e no esporte.
> A Independência é a soma de muitas vitórias.
> Na hora em que se comemoram os 150 anos da Independência do Brasil, vale a pena lembrar que este é um dos países que mais crescem no Mundo.
> Você constrói o Brasil.
> Com suor e fé, trabalho e união, orgulho e esperança.
> Sesquicentenário da Independência. Você constrói o Brasil.[178]

Outro anúncio institucional publicado em diversas partes do país exibe, novamente, uma justaposição de seis fotografias mostrando apenas as mãos dos "trabalhadores em ação" em diversas áreas: escrevendo (estudante), o mecânico com a chave de boca apertando um parafuso, o jogador de basquete arremessando, o trabalho rural com a enxada roçando a terra, o carpinteiro martelando, o enfermeiro aplicando a injeção. Tudo isso seguido da mensagem: "A Independência do Brasil nas mãos de todos nós." E, mais abaixo:

> Na hora em que se comemoram os 150 anos da Independência do Brasil, vale a pena lembrar que este é um dos países que mais crescem no Mundo.
> Tão importante quando declarar a Independência é

---

178. *Diário de Minas*, 17 de agosto de 1972; *O Jornal*, 23 de agosto de 1972; *Diário Popular*, 24 de agosto de 1972; *Correio do Povo*, 30 de agosto de 1972; *Diário Popular*, 16 de agosto de 1972; *Jornal do Commercio*, 22 de agosto de 1972. In: Arquivo Nacional, Fundo Sesquicentenário, pasta 76C.

consolidar a Independência.
Esta é uma tarefa de todos.
De agora e de sempre.
Você constrói o Brasil. Com o suor e fé. Trabalho e união. Orgulho e esperança.[179]

Outra propaganda institucional afirmava, de modo mais simples e direto: "Junte-se a nós no dia 21 de abril. Vai ser uma festa."[180] Outra, assinada pela CEC, procurava sensibilizar não apenas os brasileiros, mas também os portugueses aqui residentes:

> Prezado patrício: A CEC das comemorações do sesquicentenário da Independência do Brasil dirige-se, especialmente a V. Sª., para pedir que nos dias 21 e 22 deste mês de abril, colaborando com a ornamentação da cidade, coloque em uma das janelas de sua residência uma bandeira do Brasil ou de Portugal ou faixas com as cores desses pavilhões (*Gazeta de Notícias*, 21 de abril de 1972).

Em agosto de 1972, quando as comemorações se aproximavam de seu ápice, a propaganda institucional foi modificada, tornando-se ainda mais direta. Em uma peça publicitária, vemos uma revoada de pombos, acompanhada da mensagem:

---

179. *Jornal do Brasil*, 25 de junho de 1972; *A Tarde*, 25 de agosto de 1972; *A Notícia*, 26 de agosto de 1972; *O Dia*, 27 de agosto de 1972; *O Diário*, 19 de agosto de 1972; *O Fluminense*, 16 de agosto de 1972; *Jornal da Tarde*, 23 de agosto de 1972; *A Crítica*, 16 de agosto de 1972; *O Povo*, 30 de agosto de 1972; *Jornal do Brasil*, 14 de agosto de 1972. In: Arquivo Nacional, Fundo Sesquicentenário, pasta 76C.
180. *Jornal do Brasil*, 11 de abril de 1972; *O Globo*, 12 de abril de 1972 (duas vezes na mesma edição) e 15 de abril de 1972; *O Fluminense*, 13 de abril de 1972; *O Diário*, 14 de abril de 1972 e 21 de abril de 1972; *Jornal da Bahia*, 15 de abril de 1972; *Diário do Paraná*, 15 de abril de 1972; *Jornal do Dia*, 18 de abril de 1972; *Gazeta de Alagoas*, 19 de abril de 1972; *A Tribuna*, 19 de abril de 1972; *A Notícia*, 21 de abril de 1972. In: Arquivo Nacional, Fundo Sesquicentenário, pasta 76.

"7 de setembro. dia do Brasil livre."[181] De modo análogo, outro anúncio institucional do mesmo período mostra pessoas caminhando em uma rua da região central de uma metrópole, em um dia comum de trabalho, com a seguinte mensagem:

> Independência ou morte. Grito de 100 milhões de brasileiros.
> A soberania de uma nação não se outorga, não se recebe de presente, antes se conquista, se preserva e se amplia, com o trabalho, a inteligência, o idealismo, a renúncia e, se preciso, o sangue de homens como todos nós.[182]

A Semana da Pátria assinalou o apogeu das comemorações e, portanto, também contou com propaganda institucional. Assim, um anúncio foi publicado com uma imagem na qual aparecem quatro mãos segurando, cada uma, uma tocha e a seguinte mensagem:

> De 1º a 7 de setembro, você tem compromisso com você mesmo.
> Um compromisso de amor.
> Com a sua Pátria. Com a nação que você ajudou a construir. Com o país onde você contribuiu com a sua vontade e o seu suor, para consolidar uma Independência de 150 anos.
> Comemore a Semana da Pátria.
> Você é o dono da festa (*O Estado de S.Paulo*, 3 de setembro de 1972).

---

181. *O Estado do Paraná*, 24 de agosto de 1972; *Jornal do Brasil*, 24 de agosto de 1972 e 29 de agosto de 1972; *Diário Popular*, 29 de agosto de 1972 e 31 de agosto de 1972; *Diário do Paraná*, 29 de agosto de 1972; *O Popular*, 30 de agosto de 1972; *Tribuna do Ceará*, 30 de agosto de 1972. In: Arquivo Nacional, Fundo Sesquicentenário, pasta 76 C.
182. *A Notícia*, 24 de agosto de 1972; *O Estado do Paraná*, 27 de agosto de 1972; *Jornal do Brasil*, 29 de agosto de 1972; *O Diário*, 29 de agosto de 1972. In: Arquivo Nacional, Fundo Sesquicentenário, pasta 76 C.

Capítulo 4

Outra propaganda institucional, voltada especificamente para a atividade do Encontro Cívico Nacional que ocorreria no Maracanã, também apareceu com destaque na imprensa da Guanabara e de sua região metropolitana. Ela consistiu nas seguintes imagens: um filho no banho se preparando para o evento — detalhe para a pequena bandeira que se encontra com ele no banheiro, a qual provavelmente levará consigo ao encontro. O pai se barbeava, preparando-se para levar seu filho. O ônibus que os levará ao local do evento — no caso, o estádio do Maracanã. A professora conduzindo seus alunos para o encontro — todos uniformizados e com suas respectivas bandeirinhas do Brasil. A seguir, a mensagem afirmava:

> Vai haver festa do Brasil dia 21 no Maracanã. Apareça com seu filho na mão.
> A festa começa às 15h30. Noventa milhões de brasileiros estarão participando também dela, à mesma hora, em todas as cidades do país. É o dia que marca o início das comemorações do sesquicentenário da nossa Independência.
> E no Rio, a Guanabara em peso estará no Maracanã. Cantando com o resto do Brasil nossa música de maior sucesso: o hino nacional.
> Como a festa é no Maracanã, não podiam faltar as emoções de um joguinho.
> E vai haver um sensacional torneio de futebol dente de leite, com dois clássicos: Flamengo x Vasco, Fluminense x Botafogo.
> Mais uma razão para seu filho não deixar de ir. Nem você.
> A entrada é franca.[183]

---

183. *A Notícia*, 20 de abril de 1972; *Jornal dos Sports*, 20 de abril de 1972; *Jornal do Brasil*, 20 de abril de 1972; *O Globo*, 20 de abril de 1972. In: Arquivo Nacional, Fundo Sesquicentenário, pasta 76.

Algumas peças publicitárias se destinavam a divulgar eventos realizados no próprio estado em que ele aconteceria. Assim, a atividade do Encontro Cívico Nacional ocorrida em Porto Alegre também recebeu propaganda específica. Um anúncio mostrava o detalhe dos rostos dos atores Dina Sfat, Paulo Gracindo, Glória Meneses e Tarcisio Meira, e, ainda, de Pelé, com a seguinte mensagem:

> Junte-se a nós no dia 21de abril. Vai ser uma festa.
> Vai ser uma festa muito bonita. Será no dia 21 de abril, às 18h30.
> Todo o povo brasileiro está convidado para esta festa. Nesse dia, todos nós vamos cantar, juntos, o nosso hino.
> Um país que comemora 150 anos de Independência tem muitos motivos para fazer uma festa com toda essa beleza: uma reunião espiritual e física de todos os brasileiros, num mesmo momento e no âmbito das suas comunidades.
> E é exatamente isso que o Brasil vai assistir às 18h30 do dia 21 de abril. O dia do Encontro Cívico Nacional. Participe desse encontro.
> Nunca, jamais se viu festa assim (*Correio do Povo*, 12 de abril de 1972).

O discurso do presidente Médici ocorreria às 18h30. Antes dele, cada local onde fosse realizado um evento do Encontro Cívico Nacional contaria com sua própria agenda. Assim, por exemplo, na Guanabara aconteceriam partidas de futebol: a primeira começaria às 15h30, e a segunda, às 17h; em São Paulo haveria um jogo válido pela taça Libertadores da América. Essas partidas funcionavam como atrativos para o Encontro Cívico Nacional e terminariam antes das 18h, quando o presidente Médici iniciaria as comemorações oficiais. Em cada local, as autoridades regionais programaram eventos específicos, capazes de atrair público até o horário do discurso presidencial.

A excursão dos restos mortais de d. Pedro I também foi objeto de propaganda institucional. Assim, em função do término de sua presença na Guanabara, foi publicado um anúncio no qual aparecia a imagem do primeiro imperador, acompanhado da seguinte mensagem:

> 150 anos depois, d. Pedro voltou para ver a sua obra. Vá visitá-lo.
> Em homenagem ao sesquicentenário da nossa Independência, Portugal entregou ao Brasil os restos mortais de d. Pedro I, nosso imperador e defensor perpétuo.
> Vá vê-los.
> Todos nós temos um dever de gratificação e precisamos mostrar isso. Foi ele quem permitiu que o Brasil fosse hoje uma nação forte e livre.[184]

A comissão do estado do Paraná responsável pelos festejos do sesquicentenário também veiculou anúncios institucionais: um desenho sobre o Desfile Cívico vinha seguido da mensagem "Sesquicentenário da nossa Independência. Nossa festa. Compareça" e da programação oficial dos dias 6 e 7 de setembro de 1972 (*O Estado do Paraná*, 6 de setembro de 1972).

Empresas estatais também fizeram propaganda se associando ao sesquicentenário da Independência brasileira. Assim, por exemplo, a Companhia de Pesquisa de Recursos Minerais (CPRM, empresa vinculada ao Ministério das Minas e Energia) publicou o seguinte anúncio: a imagem de mãos erguendo pedras (não é possível definir de que tipo de minério

---

184. *O Globo*, 17 de agosto de 1972, 23 de agosto de 1972, 24 de agosto de 1972 e 26 de agosto de 1972; *Jornal do Brasil*, 21 de agosto de 1972; *O Dia*, 15 de agosto de 1972. In: Arquivo Nacional, Fundo Sesquicentenário, pasta 76 C.

se trata) e, mais abaixo, a seguinte mensagem: "Independência também se faz com pedras na mão" (*Jornal do Brasil*, 27 de janeiro de 1972). Não deixa de ser irônico uma propaganda estatal recorrer a tal imagem ("pedras na mão"), se considerarmos o contexto de 1972, quando o protesto social havia sido criminalizado e reprimido.

A Petrobras também associou sua imagem às comemorações pelos 150 anos da emancipação política do Brasil. Um anúncio publicado na época mostrava o símbolo do sesquicentenário e o logotipo da empresa, com a seguinte mensagem: "Brasil ano 150. Independência. Petrobras ano 19. Nossa independência em petróleo" (*Estado de Minas*, 29 de março de 1972). Mesmo ainda distante, ela já acalentava o desejo da autossuficiência energética. Criou outra peça publicitária de igual teor: com o título "Sem independência econômica não há independência política", frase de Artur Bernardes, o anúncio trazia, ao fundo, a imagem de uma de suas refinarias e, ladeando a frase acima, o logotipo do sesquicentenário e o da Petrobras com os dizeres "Independência em Petróleo" (Revista *Manchete*, 29 de abril de 1972, p. 86-7).

Outra empresa estatal que buscou se associar ao sesquicentenário foi a Serpro. Assim, um dos anúncios trazia uma imagem da bandeira nacional tremulando ao fundo, tendo no plano frontal uma pequena bandeira nacional segurada por uma mão, com a mensagem:

> Reserve um pouco da alegria dos 150 anos para quem está fazendo apenas 7.
> A Independência de um país é feita de uma porção de respostas a uma porção de perguntas. Essas perguntas resultam da vertiginosa mudança que está acontecendo no Brasil, em todos os setores. E exigem respostas urgentes, seguras e corretas.
> A Serpro coleta, analisa e fornece dados indispensáveis às decisões do Ministério da Fazenda. Oferece

alternativas a administrações públicas. Cria modelos estatísticos para os novos projetos do país. Desenvolvimento também é informação. Há sete anos, a Serpro ajuda o Brasil a ser uma nação bem-informada.
Serpro — Vinculado ao Ministério da Fazenda (*Correio do Povo*, 7 de setembro de 1972).

O Banco do Brasil também procurou vincular sua imagem aos festejos dos 150 anos da Independência brasileira. Em um anúncio publicado na Revista *Manchete*, o banco reproduziu um trecho do discurso de um parlamentar que dizia:

> Atestado de Independência: "Com os suprimentos do Banco do Brasil, principalmente, conseguimos a nossa Independência" (Revista *Manchete*, edição especial do Sesquicentenário da Independência, setembro de 1972, p. 289).
> 150 anos depois, o Banco do Brasil continua a ser um dos principais fatores de desenvolvimento nacional. Ajudando o Comércio, a Indústria, a Agricultura e a Pecuária. Proporcionando crédito nas melhores condições e os serviços mais modernos. Dinamizando o comércio internacional, estimulando nossas exportações, mediante financiamentos diretos e indiretos por intermédio de suas agências no País e no Exterior. Realizando transações financeiras na área cambial.
> Como ontem, na luta pela independência política. O Banco do Brasil de hoje, no ano do sesquicentenário, contribuiu para consolidar definitivamente a nossa independência econômica (*Folha de S.Paulo*, 3 de setembro de 1972).

Empresas privadas também utilizaram o 150º aniversário da Independência brasileira para fazer propaganda. Entre outras, a Massey Ferguson — uma empresa estrangeira — exibiu o trator agrícola e a colhedeira como emblemas dos novos tempos: a imagem dos novos equipamentos com a mensagem "novos marcos da Independência" e, a seguir, o texto:

> O sesquicentenário da nossa Independência pode ser comemorado de várias maneiras.
> Com palavras, atos e feitos.
> Nós, da Massey Ferguson, o celebramos com novos marcos.
> O Trator agrícola MF 85 e a colhedeira MF 310.
> Eles sintetizam a evolução da Massey Ferguson nestes dez anos de Brasil.
> E incorporam também a tecnologia e a experiência adquirida nos 125 anos de mundo.
> Contribuindo para o desenvolvimento da agricultura brasileira, o MF 85 e a Colhedeira MF 310 significaram novos marcos de progresso para o homem do campo, ajudando-o a tirar do próprio solo as bases da Independência econômica do país.
> Que garante a Independência política, conquistada há 150 anos (MF — Massey Ferguson do Brasil S.A)
> (*Jornal do Brasil*, 21 de abril de 1972).

Outra empresa estrangeira que procurou estabelecer algum tipo de vínculo com a comemoração do sesquicentenário foi a Air France, que publicou um anúncio sem imagens, mas com a seguinte mensagem: "150 anos de Independência. 11,3% de crescimento do Produto Nacional Bruto. Isso é que nós franceses entendemos por *jeunesse dorée*" (*O Globo*, 7 de setembro de 1972). Igualmente, a Transportes Aéreos Portugueses (TAP) também criou um anúncio homenageando a data: "Pra frente, Brasil", tendo no plano principal o logotipo de sesquicentenário (Revista *Manchete*, 16 de setembro de 1972, página 120-121).

Além dessas, também fábricas de cigarros e de azulejos,[185] entre outras, procuraram associar seus produtos ao 150º aniversário da Independência. Assim, por exemplo, a Fábrica de

---

185. Cf. In: Arquivo Nacional, Fundo Sesquicentenário, pasta 3 C.

Capítulo 4

Cigarros Flórida, cliente da agência Alcântara Machado Publicidade, criou uma coleção de noventa imagens associadas à história do Brasil para distribuir juntamente com o maço de cigarros, a partir de agosto de 1972. O Museu Histórico de São Paulo assessorou a empresa na seleção das imagens, que abrangem telas de Debret, Vítor Meireles e Pedro Américo, além de bandeiras do Brasil e de Portugal.

Do mesmo modo, a indústria de bebidas alcoólicas também procurou se vincular às comemorações do sesquicentenário:

> Independência. Um brinde tão importante merece uma lata especial: São 150 anos de liberdade que você tem para festejar. Vibrar. Brindar.
> A Skol entendeu que um brinde assim tão importante merecia uma lata especial.
> E está lhe entregando a lata comemorativa de nossa Independência, com o selo do sesquicentenário.
> Ela contém toda a alegria que você está sentindo por viver num país tão grande (Revista *Manchete*, 16 de setembro de 1972, página 27).

A Companhia energética Cataguazes-Leopoldina também procurou se associar às comemorações pela Independência, publicando um anúncio no qual se viam operários em ação, tendo ao fundo (e acima) a bandeira nacional tremulando no mastro. O anúncio trazia ainda a seguinte mensagem: "Há 67 anos a Cataguazes-Leopoldina canta com força e energia a música de maior sucesso neste país. Companhia de Força e Luz Cataguazes Leopoldina no ano do sesquicentenário da Independência do Brasil" (*O Globo*, 21 de abril de 1972).

A iniciativa privada, associando-se ao sesquicentenário, algumas vezes enfatizou outros personagens (e eventos) que não d. Pedro I e o "Grito do Ipiranga". A título de ilustração, podemos observar a propaganda de uma indústria do setor petroquímico, centrada na figura de José Bonifácio:

> Estamos em meados de 1822. Na corte, no Rio de Janeiro, um grupo de estrangeiros ouvia uma voz ousada falar sobre "Independência ou morte". Era a voz brasileira de José Bonifácio de Andrada e Silva. Pouco depois, em 6 de agosto de 1822, a libertação do Brasil era confirmada em documento redigido pelo patriarca, assinado para d. Pedro I e dirigido às maiores potências mundiais.
> Mas o trabalho de José Bonifácio não parou aí. Aos seus profundos conhecimentos sobre mineralogia e geologia, aos seus incansáveis estímulos, devemos a implantação pioneira da indústria siderúrgica no Brasil. E, com ela, o início da nossa independência econômica, hoje já consolidada. Por isso, a Elekeiroz — também pioneira em seu setor de atividades industriais — acha que neste 7 de setembro, quando o progresso e o desenvolvimento invadem o país, um nome não pode ser esquecido: Jose Bonifácio de Andrada e Silva (Produtos Químicos Elekeiroz S.A) (*Diário Popular*, 1º de setembro de 1972).

Empresas privadas procuraram também utilizar a marca do sesquicentenário nas embalagens de seus produtos. Assim, os supermercados Sendas (atual Extra) imprimiram a marca do evento em bolsas e sacolas de compras, usufruindo a propaganda da efeméride e, ao mesmo tempo, divulgando-a.[186]

As entidades representativas do comércio também publicaram anúncios homenageando o "patriarca da Independência". Assim, a peça publicitária era formada por uma imagem de pena e tinteiro, seguida da mensagem:

---

186. Cf. Arquivo Nacional, Fundo Sesquicentenário, pasta 3. .

150 ANOS DE INDEPENDÊNCIA — José Bonifácio, o patriarca da Independência, na pregação de suas ideias, já em 1819 via o Brasil grandioso de hoje.

O Empresariado do Comércio, por meio de suas entidades, associa-se aos festejos que assinalam o sesquicentenário da Independência do Brasil, reafirmando seu empenho em dedicar o melhor de seus esforços, ao lado de toda a nação, para o desenvolvimento cada vez mais acelerado de Nossa Pátria (Federação do Comércio do Estado de São Paulo, Centro do Comércio do Estado de São Paulo, Sesc — Serviço Social do Comércio, Senac — Serviço Nacional de Aprendizagem Comercial) (*Diário do Grande ABC*, 7 de setembro de 1972).

Em outro anúncio, uma indústria buscou se associar aos festejos do 7 de setembro, utilizando a imagem da bandeira nacional tremulando. O anúncio continha o seguinte texto:

150 anos depois, o Brasil não tem mais futuro
O futuro do Brasil é hoje.
É agora.
Basta olhar em volta que a gente vê isso.
Um país desperta para o desenvolvimento com uma febre de trabalho para todo lado.
Hoje, o brasileiro trabalha sorrindo.
Constrói um país sorrindo.
Confia.
Nós participamos de corpo e alma desse entusiasmo.
Estamos dando a nossa parcela de trabalho no reaparelhamento dos portos, na siderúrgica, na petroquímica.
Participando da construção de navios, habitações e usinas hidroelétricas.
Onde houver um trabalho duro pra fazer, estamos lá.
Fazendo força.
Vivendo o futuro deste país, hoje (Mecânica Pesada S.A.) (*Jornal da Tarde*, 6 de setembro de 1972).

Nessa propaganda específica, a empresa tentava mostrar que o Brasil deixara de ser o "país do futuro", pois finalmente haveria se tornado realidade.

Por fim, selecionamos uma propaganda que procura mostrar d. Pedro I como alguém "comum", isto é, desassociando-o da figura do estadista.[187] A propaganda exibe o rosto do primeiro imperador, acompanhado da seguinte mensagem:

> Na hora de decidir ele ficou com a gente.
> Ele tinha só 23 anos. Um jovem. Como milhões que existem hoje no país que ele libertou. Ele era gente. Gostava de música e fazia música. Gostava de alegria. E não perdia um baile. Gostava de amor. E amava. Mas antes de tudo, d. Pedro foi livre. Por isso, um dia ele teve que escolher. E ficou com a gente (Palheta Cafés Finos, Palheta S.A. Produtos Alimentícios) (*Jornal do Brasil*, 7 de setembro de 1972).

A marcha do sesquicentenário da Independência do Brasil foi composta pelo publicitário Miguel Gustavo — autor, entre outras músicas, de "Pra frente, Brasil" —, que faleceu um pouco antes do início das festividades, em 22 de janeiro de 1972. Seu velório contou com a presença de artistas, compositores e autoridades. O presidente Médici enviou telegrama de pêsames à viúva e, assim como diversas outras autoridades, também mandou coroa de flores para o enterro do "rei do jingle" (*A Notícia*, 24 de janeiro de 1972).

---

187. No entanto, apenas alguns artigos associaram diretamente d. Pedro I ao elemento militar. Destacamos apenas um, de autoria de Carlos Felipe: *Jornal do Commercio*, "Independência: Pedro I, o príncipe guerreiro", 6 de setembro de 1972 In: Arquivo Nacional, Fundo Sesquicentenário, pasta 75 A. Nesse artigo, o autor abordou "um dos aspectos menos conhecidos do nosso 1º Imperador": o de guerreiro. "Seu estilo apaixonado, seu gênio musical, o político, o irrequieto, tudo já foi objeto de estudos e reportagens, mas o seu gênio militar, esse, quase ninguém conhece." Id., ibid.

A marcha foi escolhida como hino oficial das comemorações e foi gravada por Elizete Cardoso e Miltinho, em duas versões distintas (*Jornal do Brasil*, 26 de janeiro de 1972). A letra da música possui, como elementos principais, a figura de d. Pedro I e o "Grito do Ipiranga", além de enfatizar elementos identificados com a unidade ("mito das três raças", integridade territorial), com a imagem do Brasil como uma nação importante em potencial e como uma terra de concórdia e, portanto, avessa às divergências. Enfim, um país pacífico e ordeiro, onde as pessoas podem viver fraternalmente. A música serviu como instrumento político, além de expressar o que a CEC entendia por civismo.[188]

O discurso em prol da unidade apareceu em outros textos referentes ao aniversário da Independência brasileira (Cf. *O Liberal*, 4 de setembro de 1972). O país era associado a um destino grandioso, em função de sua expansão territorial e ao tamanho de sua população.

> País de extensão continental, com quase 100 milhões de habitantes e com riquezas incalculáveis, o Brasil se fortaleça na vocação da unidade. Falamos uma só língua, temos uma só religião — a cristã — e nos anima um só sentimento, mesmo no pluralismo das raças. Temos horror à violência, repudiamos o ódio. Nossa história é o exemplo mais eloquente de como, até mesmo nas decisões mais graves, contornamos o caminho da discórdia e alcançamos as soluções de fraternidade. Foi assim na Independência, na libertação dos escravos, na proclamação da República e nas mudanças sequentes da ordem política ditadas pelos imperativos de salvação nacional (*Correio do Estado*, 18 de maio de 1972).

---

[188]. Para uma análise mais detalhada da utilização política e cívica da música, ainda que no contexto do Estado Novo varguista, cf. Maurício Parada. *Educando corpos e criando a Nação*. Op. cit., p. 63 e segs.

Mais uma vez, aparecem as imagens da concórdia, da rejeição ao conflito, enfim, um panorama idílico, em que os acontecimentos políticos seriam pautados pela "índole pacífica" do povo brasileiro.

A ênfase na unidade também transpareceu no discurso de representantes nomeados pelo regime militar. Assim, o prefeito de Duque de Caxias — área considerada de segurança nacional e, portanto, impossibilitada de eleger o próprio prefeito — enviou mensagem em que considerava "o significado do Grito do Ipiranga como arte do príncipe que, atraindo para si as atenções nacionais, uniu a pátria em torno de uma chefia que se tornou responsável por esta unidade e assumiu o risco, decorrente de sua atitude, ao proclamar a Independência do Brasil" (*Luta Democrática*, 7 de setembro de 1972). Mais uma vez, d. Pedro I devia ser cultuado como aquele personagem que unificou o Brasil, assegurando-lhe sua grandeza futura.

O Encontro Cívico Nacional ocorreu em todo o país no dia 21 de abril de 1972: "O Brasil vai parar no dia 21 de abril para que a sua população cante o hino nacional e, assim, dê início aos meses de comemorações que, até setembro, marcarão o sesquicentenário da Independência" (*Jornal do Dia*, 4 de março de 1972). Da programação oficial constavam duas partes distintas: a primeira etapa seria variável, sendo passível de alteração por parte dos governos estaduais, enquanto na segunda haveria o discurso proferido por Médici, a execução do hino nacional e o hasteamento da bandeira nacional. Originalmente, o presidente Médici discursaria do Distrito Federal, mas, posteriormente, o discurso foi gravado no Palácio Laranjeiras, no Rio de Janeiro, sendo retransmitido em cadeia nacional de rádio e televisão. Nos estádios de futebol nos quais aconteceriam eventos associados ao Encontro Cívico Nacional — como na Guanabara e em São Paulo —, o discurso foi reproduzido pelo sistema de alto-falantes.

Nele, Médici afirmou que "a soberania de um país não se outorga, não se recebe de presente, antes se conquista, se preserva e se amplia com o trabalho, a inteligência, o idealismo, a renúncia e, se preciso, com o sangue de homens como todos nós" (*Diário de Aracaju*, 24 de abril de 1972). Ele conclamou a sociedade brasileira a participar dos programas governamentais, em especial daqueles destinados à integração nacional.

A data escolhida — 21 de abril — permite-nos vislumbrar a possibilidade de, a princípio, a CEC ter procurado unir, no mesmo evento, Tiradentes e d. Pedro I, de modo a colocar os dois personagens na mesma efeméride, em vez de optar pela solução dualista: a escolha de um e a consequente exclusão do outro (*Diário Popular*, 21 de abril de 1972). Esse paralelo não deixou de ser observado na época.

No entanto, não houve unanimidade, no interior do próprio governo Médici, a respeito de centrar as comemorações na figura de d. Pedro I. O coronel Octávio Costa, chefe da Aerp, questionou essa ênfase argumentando que, "em termos de propaganda política, o máximo que se pode extrair de um morto ilustre é sua 'santificação', isto é, a transformação da figura da pessoa morta em herói. [...] Dificilmente a mórbida cerimônia da trasladação e da peregrinação do corpo alteraria esse status ou renderia bons frutos em termos de propaganda" (Fico, 1997, p. 64).

Assim, enquanto era "transmitida a mensagem do presidente Médici, seguindo-se o hasteamento da bandeira e queima de fogos de artifício [...], em Minas, Ouro Preto volta a ser a Capital do estado, centralizando as homenagens a Tiradentes" (*Diário Popular*, 21 de abril de 1972). Em outra reportagem, a imprensa de Minas Gerais procurou associar Tiradentes aos festejos do sesquicentenário, colocando o alferes em um nível superior ao d. Pedro I. Além de Tiradentes, o jornal *O Estado de*

Minas recordava os insurgentes nordestinos de 1817, de modo a relativizar a figura do herdeiro português.

> Muito certo girarem as comemorações do sesquicentenário da Independência em torno de d. Pedro I, pois foi ele quem nos deu a Independência. Merecerá sempre homenagens por isso [...] tem-se também de recordar especialmente Tiradentes, porque foi ele o mártir dela. E mais também o punhado de mártires pernambucanos que, por a quererem, foram enforcados, retalhados, tiveram até suas cabeças penduradas à frente das casas em que moravam, para escarmento das famílias e de todos. Para que não pensasse ninguém em Independência... Tiradentes e todos os que por ela foram enforcados e esquartejados têm de estar entre os aclamados 150 anos depois [...] A alegria justificável das homenagens a d. Pedro [...] foi decorrência da tristeza e agonia pelo sangue de Tiradentes e de inúmeros heróis que morreram exatamente porque desejavam aquela libertação. Ipiranga presenciou a etapa final gloriosa do sacrifício da Lampadosa e dos mártires pernambucanos. D. Pedro I e Tiradentes são princípio e fim de um martirológico. [...] Hoje, 150 anos depois, a rememoração do gesto do príncipe e também a do luto e da dor dos que padeceram pela causa. D. Pedro transformou em realidade a ideia que para Tiradentes e outros motivou a forca. São as duas figuras maiores deste sesquicentenário: Tiradentes e os martirizados como ele e, em seguida, Pedro I. [...] 7 de setembro não separa as duas lembranças, na reverência do espírito brasileiro. Não pode separar porque a história os une (*O Estado de Minas*, 21 de julho de 1972).

Em grande medida, a estatuária do Monumento do Ipiranga cumpriu essa função, aglutinando as diversas rebeliões que fracassaram na tentativa de emancipar o Brasil Colônia, desde a Inconfidência Mineira até o início do século XIX, sem se esquecer de homenagear a figura de d. Pedro I. Contudo, essa miscelânea desagradou aos descendentes da "família imperial" brasileira, pois o Monumento da Independência enalteceria excessivamente a República, em detrimento da memória de d. Pedro I.

> Efetivamente, no alto do monumento, há uma representação da República, e na parte de baixo, junto às escadarias laterais, outras estátuas simbolizam a luta pela Independência. Somente ao pé do monumento é que há um painel em baixo relevo, representando o Grito do Ipiranga. Para d. Pedro Gastão, o sesquicentenário merecia um monumento próprio, destinado especialmente a abrigar os restos mortais do seu tetravô (*O Estado de S.Paulo*, 7 de setembro de 1972).

Ao mesmo tempo, Tiradentes aparece em algumas reportagens — em especial na imprensa mineira — como um herói com amplitude maior que d. Pedro I. Afinal, Joaquim José da Silva Xavier seria herói "da República [...] e da liberdade".[189] Portanto, foi considerado

> o símbolo mais alto da liberdade pátria [...] A libertação da pátria começou com ele. [...] A Inconfidência foi a semente que jamais deixou de frutificar, até ao Ipiranga. A ideia da libertação não morreu com Tiradentes e foi o fogo sagrado que ardeu permanentemente nos corações dos brasileiros. Representa a alma do nosso povo, o seu gênio libertário, a generosidade e o idealismo que nos faz solidários com todos os povos oprimidos da Terra [...] é o maior herói

---

189. *Jornal do Brasil*, 8 de setembro de 1972, "Legado de União". In: Arquivo Nacional, Fundo Sesquicentenário, pasta 65 A. Esta reportagem enfatiza, ainda, a defesa da unidade, identificada como um dos grandes legados da Independência proclamada por d. Pedro I.

da libertação pátria, o vulto que emerge do fundo da história para dominar, majestoso, a alta significação do sesquicentenário (*Gazeta Comercial*, 7 de setembro de 1972).

Entretanto, e conforme a vontade do presidente Médici e de alguns setores militares (Fico, 1997, p. 64), as comemorações priorizaram a figura de d. Pedro I, em detrimento de Tiradentes, que recebeu somente algumas homenagens.

No entanto, isso não impediu que alguns órgãos de imprensa destacassem o alferes Joaquim José da Silva Xavier durante os festejos. O elogio a Tiradentes ultrapassou as divisas de Minas Gerais, como podemos vislumbrar quando um órgão da imprensa paulista afirmava que ele foi "o maior e mais puro herói de nossa história, o Mártir da Liberdade, símbolo da coragem, desprendimento e amor à Pátria".[190]

De maneira análoga, o governador de São Paulo homenageou Tiradentes, afirmando que, "com seu sacrifício, plantou a semente que haveria de germinar aos 7 de setembro de 1822" (*Diário Popular*, 21 de abril de 1972). Em mensagem oficial por ocasião da abertura das comemorações do sesquicentenário, Laudo Natel enalteceu a figura do "alferes", por ele considerado uma das datas mais "caras à alma nacional", visto que "os ideais por que morreu são aqueles por que vivemos. [...] encontramos inspiração e força para nos afirmarmos como a grande nação com que sonharam ele e seus companheiros, e que com d. Pedro I começou a existir" (*Diário Oficial do Poder Executivo do Estado de S.Paulo*, 21 de abril de 1972). O governador paulista evidenciou a perspectiva de que d. Pedro teria, de alguma forma, "herdado" os ideais de Independência de

---

190. *Correio Popular*, 21 de abril de 1972, "Tiradentes". In: Arquivo Nacional, Fundo Sesquicentenário, pasta 75. Esse jornal era um dos principais periódicos do interior paulista na década de 1970, tendo uma linha parecida com a de outros jornais similares (*O Globo, O Estado de S.Paulo*).

Tiradentes, e a própria emancipação política do Brasil fora o resultado de um longo processo iniciado pela Conjuração Mineira, não se limitando, portanto, aos eventos de setembro de 1822.

Ainda com o intuito de exemplificar a presença do "Alferes" nas comemorações,[191] Pedro Calmon proferiu diversas conferências a respeito da importância de Tiradentes em nosso processo de emancipação política, saudando-o como "protomártir da Independência do Brasil".[192] Igualmente, a junção das datas permitiu ao historiador do IHGB questionar — ainda que timidamente — o enfoque das comemorações oficiais: "Quando se fala em Independência e na volta do imperador, devíamos falar mais do mártir brasileiro."[193] Ou seja, as festividades patrocinadas pela CEC eclipsariam a figura do Alferes, em benefício de d. Pedro I.

---

191. Para mais detalhes, cf. Arquivo Nacional, Fundo Sesquicentenário, pastas 75 e 75 A.
192. *O Fluminense*, 8 de abril de 1972, "Calmon citou vida e glórias de Tiradentes". In: Arquivo Nacional, Fundo Sesquicentenário, pasta 59; cf., ainda, *O Dia*, 14 de abril de 1972, "Pedro Calmon falará sobre Tiradentes no Legislativo". In: Arquivo Nacional, Fundo Sesquicentenário, pasta 59 A. Ver, ainda: *O Liberal*, 4 de março de 1972, "Conjunto Histórico Tiradentes vai ser inaugurado em abril". In: Arquivo Nacional, Fundo Sesquicentenário, pasta 61; *A Crítica*, 22 de abril de 1972, "Muito civismo na festa em homenagem a Tiradentes". In: Arquivo Nacional, Fundo Sesquicentenário, pasta 61. Nesta última reportagem, o texto enfatizou a junção entre o Encontro Cívico e a lembrança de Tiradentes: "Enfrentando chuva sem arredar o pé da avenida Eduardo Ribeiro, uma enorme multidão assistiu ontem de manhã as solenidades e o desfile que marcaram o Dia de Tiradentes, à tarde, voltou a Avenida para presenciar o ato e instalação oficial de festejos do sesquicentenário da Independência. [...] a festa cívica de ontem alcançou seus grandes objetivos com o povo aplaudindo as boas apresentações estudantis e empresariais que mostraram trabalhos que ressaltavam a figura de Tiradentes". Id., ibid.
193. *Jornal da Tarde*, 15 de abril de 1972, "Conferências": "Uma aula do Professor Calmon na Câmara". In: Arquivo Nacional, Fundo Sesquicentenário, pasta 59. Em outra ocasião, Pedro Calmon afirmou taxativamente que "o povo brasileiro tem um amor ciumento por tudo que é seu e que isso ficou demonstrado nos momentos difíceis da Independência, há 150 anos, quando seguiram as ordens de seus heróis e estadistas da época, num sentimento puro de nacionalismo e de liberdade". In: *O Fluminense*, 9 de agosto de 1972, "Calmon: nacionalismo motivou independência". In: Arquivo Nacional, Fundo Sesquicentenário, pasta 59 A.

Outro personagem que obteve pouco destaque ao longo do sesquicentenário foi José Bonifácio de Andrada e Silva. O "patriarca da Independência" foi objeto de apenas alguns eventos,[194] destacando-se as conferências proferidas por Gilberto Freyre (*Diário de Pernambuco*, 14 de junho de 1972), a doação de uma estátua pela comunidade libanesa de São Paulo[195] e a inauguração de um busto na Quinta da Boa Vista — no estado da Guanabara — (*Correio da Manhã*, 11 de junho de 1972), e, em especial, uma homenagem da Marinha, que contou com a participação do ministro, além de um descendente de José Bonifácio, capitão de fragata lotado no gabinete do ministro:

> A cerimônia da praça da Independência começará às 16h com a leitura da ordem do dia alusiva à participação de José Bonifácio na Independência e na fundação da Marinha. Em seguida, haverá a posição de uma palma de flores, descerramento de placa comemorativa e desfile da Banda dos Fuzileiros Navais, batalhões de Fuzileiros Navais e Marinheiros e do Batalhão d. Pedro I, este com uniformes da época da Independência (*O Globo*, 5 de setembro de 1972).

Não faltaram, no entanto, pessoas que defendessem maior destaque à figura de José Bonifácio. Assim, por exemplo, o

---

194. Ver, para maiores detalhes: Arquivo Nacional, Fundo Sesquicentenário, pastas 75 e 75 A.
195. *Diário Oficial do Poder Executivo do Estado de S.Paulo*, 1º de junho de 1972, "Homenagem libanesa ao sesquicentenário da Independência". In: Arquivo Nacional, Fundo Sesquicentenário, pasta 61 A; *A Notícia*, 5 de setembro de 1972, "Dom Pedro no Monumento". In: Arquivo Nacional, Fundo Sesquicentenário, pasta 54. Nesta última reportagem, noticiava-se a inauguração do Monumento a José Bonifácio pela comunidade libanesa. A estátua, com 3 metros de altura e forjada em bronze, foi inaugurada pelo general Humberto de Souza e Mello (comandante do 2º Exército), pelo ministro da Justiça (Alfredo Buzaid) e pelo governador Laudo Natel, além do secretário de Transportes da cidade de São Paulo (Paulo Maluf). Cf. *Folha da Tarde*, 6 de setembro de 1972, "Da noite para o dia". In: Arquivo Nacional, Fundo Sesquicentenário, pasta 54.

deputado Sebastião Menezes, do MDB, apresentou à Assembleia Legislativa do Estado da Guanabara um projeto de lei instituindo 6 de abril como o dia do patriarca,[196] estabelecendo que "todas as escolas do estado façam, anualmente, comemorações alusivas à data" (*O Dia*, 16 de abril de 1972).

Do mesmo modo, Austregésilo de Athayde se associava ao senador Danton Jobim, presidente da ABI, e, como este, também reclamava do esquecimento sofrido pelo "patriarca da Independência" nas comemorações oficiais, visto que José Bonifácio "foi o mais esclarecido dos homens que se associaram para tornar efetiva a conquista da soberania brasileira [...] Deve-se-lhe também, de maneira considerável, a manutenção do regime monárquico e, portanto, a defesa intransigente da unidade nacional" (*O Jornal*, 15 de abril de 1972).

Ao mesmo tempo, José Honório Rodrigues questionou a ênfase governamental na figura de d. Pedro I como o principal personagem do processo de Independência. De acordo com José Honório Rodrigues, a excursão dos despojos não possui importância histórica e acarreta somente "um sentimento de saudosismo" (*Correio do Povo*, 13 de abril de 1972). A CEC acabou por valorizar a atuação portuguesa, em detrimento de outros protagonistas: "D. Pedro I era muito hesitante [...] foram os cariocas e paulistas que fizeram a Independência do Brasil" (id., ibid.). Como se pode observar, não existia unanimidade a respeito da proeminência de d. Pedro I, havendo expressivas divergências em relação ao seu estatuto de herói.

Outros personagens e efemérides também receberam algumas homenagens, associando-os à comemoração do sesquicentenário da Independência, como Paulo Bregaro, que levou

---

196. *O Dia*, 16 de abril de 1972, "Dia do patriarca". In: Arquivo Nacional, Fundo Sesquicentenário, pasta 75. A escolha da efeméride deve-se ao fato de José Bonifácio haver falecido em 6 de abril de 1838 na ilha de Paquetá.

as mensagens do Rio de Janeiro até d. Pedro I, no Ipiranga, em 1822 (Cf. *O Liberal*, 31 de agosto de 1972); e Hipólito José da Costa, fundador do jornal *Correio Braziliense*, que defendia a Independência do Brasil desde a época da presença da corte joanina no Rio de Janeiro e morto durante seu exílio na Inglaterra.[197] Entre os eventos, a Lei Áurea também foi inserida nas comemorações, sendo objeto de missa campal celebrada pelo cardeal arcebispo de São Paulo, d. Paulo Evaristo Arns, e a inauguração de um hospital,[198] ao passo que, em Pernambuco, as autoridades estaduais procuraram associar as efemérides ligadas à Insurreição Pernambucana ao sesquicentenário, em especial a Batalha dos Guararapes.[199]

A realização de congressos e conferências e a organização de exposições foram duas das principais formas de comemoração. Houve congressos nacionais e internacionais de

---

197. *Diário da Manhã*, 17 de junho de 1972: "Homenagem: Nos países mais civilizados o respeito aos grandes vultos é sagrado, mesmo quando não são naturais da terra. Agora mesmo, quando o Brasil faz a festa do sesquicentenário da Independência, a Inglaterra faz uma homenagem ao Brasil no Vilarejo de Hurley, à margem do Tamisa, uma cerimônia em honra de Hipólito da Costa, que está enterrado no cemitério local. A solenidade aconteceu no último dia 1º e foi a única prestada ao fundador e editor, de 1802 a 1822, do *Correio Braziliense*". In: Arquivo Nacional, Fundo Sesquicentenário, pasta 61 A.
198. Cf. *Folha de S.Paulo*, 12 de maio de 1972, "Abolição da escravatura é comemorada". In: Arquivo Nacional, Fundo Sesquicentenário, pasta 61 A. Nesta mesma reportagem, há a informação de que, pela primeira vez, seria comemorada a "semana afro-brasileira" a partir de 7 de maio, também dentro das comemorações do sesquicentenário. Ver ainda: *Notícias Populares*, 4 de agosto de 1972, "Negros no Hilton encerram festejos do Sesquicentenário". Arquivo Nacional, Fundo Sesquicentenário, pasta 61 A.
199. Cf. *Diário de Pernambuco*, 13 de abril de 1972, "Homenagem a Castelo Branco na festa da Independência". In: Arquivo Nacional, Fundo Sesquicentenário, pasta 61. Nesta última reportagem, havia também a tentativa de vincular o ex--presidente Castelo Branco aos festejos. Ainda em relação a Pernambuco, houve a associação com efemérides distintas (e até polêmicas em relação à monarquia), como a Confederação do Equador, com a realização de "vigília cívica" no Forte das Cinco Pontas onde Frei Caneca foi executado. Cf. *Diário de Pernambuco*, 10 de junho de 1972: "Pernambuco celebrará a data de insurreição". Arquivo Nacional, Fundo Sesquicentenário, pasta 61.

diversos setores: medicina, história, direito, filosofia, educação, engenharia, comunicação, entre outros.[200] Igualmente, diversas instituições promoveram exposições para homenagear os 150 anos da Independência brasileira, destacando-se o Arquivo Nacional, que, ao longo de 1972, fez os seguintes eventos: "O Fico e a abertura dos portos (janeiro)", "A Marinha e a Independência" (fevereiro), "O Exército e a Independência" (março), "A imprensa e a Independência" (abril), "Vultos da Independência" (maio), "José Bonifácio" (junho), "d. Leopoldina" (agosto), "A proclamação da Independência" (setembro), "d. Pedro I: aclamação, coroação e sagração" (de outubro a dezembro) (*Correio Diário*, 9 de fevereiro de 1972).

O Exército também promoveu exposição comemorativa nos estados da Guanabara e de São Paulo. No primeiro, expôs, entre 19 e 25 de junho, artefatos militares fabricados pela indústria bélica nacional (*Luta Democrática*, 27 de abril de 1972). Em São Paulo, a exposição ocorreu entre 19 de agosto e 25 de agosto e pretendia mostrar ao público outras ações (assistência social, construção de estradas e pontes etc.) (Folha da Tarde, 5 de agosto de 1972). A exposição paulista, denominada Expo-Ex/72, reuniu representantes da mídia que, por intermédio de Blota Júnior, agradeceram "a hospitalidade do II Exército, afirmando que 'o esperado sucesso da Expo-Ex dará o retrato da integração do país. Exército é o próprio povo fardado'" (id., ibid.).

O Congresso Nacional foi outra instituição que promoveu uma exposição para marcar a passagem do sesquicentenário da Independência. Essa exposição ocorreu entre 25 de abril e

---

200. Cf. Arquivo Nacional, Fundo Sesquicentenário, pasta 59 A. O governo do Estado do Rio de Janeiro também promoveu exposição referente à Semana da Pátria, através de sua empresa energética. Cf. *O Dia*, 2 de setembro de 1972, "Centrais elétricas e o Sesquicentenário". In: Arquivo Nacional, Fundo Sesquicentenário, pasta 61 B.

15 de setembro de 1972, tendo sido inaugurada pelo presidente português, Américo Thomaz, e dividida em sete partes que resumiam o período 1808 a 1831.[201]

A exposição referente ao quarto centenário da publicação de *Os Lusíadas* parece-nos integrar o esforço de aproximação entre os governos brasileiro e português (*Correio Braziliense*, 12 de abril de 1972) e, como tal, contou com a presença dos presidentes Médici e Américo Thomaz (*Correio da Manhã*, 27 de abril de 1972). Outra exposição referente à figura de Camões ocorreu na cidade de Santos, também fazendo parte da tentativa de aproximar ainda mais os dois países (*A Tribuna*, 4 de junho de 1972).

Outro evento que assinala a proximidade luso-brasileira foi a comemoração, por parte da Marinha do Brasil, do 50º aniversário da primeira travessia aérea do oceano Atlântico, realizada em 1922 por Gago Coutinho e Sacadura Cabral. A cerimônia ocorreu no estado da Guanabara, com a presença de graduados oficiais da Força Aérea e da Marinha de Portugal (Cf. *O Dia*, 18 de junho de 1972). No mesmo sentido, a companhia de aviação portuguesa TAP denominou Brasil a um de seus aviões, que realizou o primeiro voo comercial entre os dois países em junho de 1972, transportando, entre outros, o ministro da Economia de Portugal, Dias Rosa (*Correio da Manhã*, 16 de junho de 1972).

Em abril de 1972, o governo brasileiro havia normatizado a igualdade jurídica entre portugueses e brasileiros, marcando um importante aspecto dessa política de aproximação (Cf. *Jornal do Brasil*, 19 de abril de 1972; *Jornal do Commercio*, 20 de abril de 1972). Não faltaram reportagens que procurassem mostrar

---

201. Cf. *Estado de Minas*, 18 de julho de 1972, "Brasília mostra a Independência". In: Arquivo Nacional, Fundo Sesquicentenário, pasta 57 A; *Diário de Notícias*, 18 de julho de 1972, "Congresso Nacional vai expor documentos sobre Independência". Arquivo Nacional, Fundo Sesquicentenário, pasta 57 A.

a presença dessa "dupla cidadania" ao longo da história brasileira, na qual d. Pedro I aparecia como exemplo máximo: ele "foi o primeiro cidadão luso-brasileiro, precursor da dupla cidadania, através do 'Estatuto de Igualdade'".[202]

O governo brasileiro também promoveu uma feira internacional, com o objetivo de evidenciar ao mundo o potencial econômico do país, ou melhor, os produtos que o Brasil poderia exportar. A Feira Brasileira de Exportações (Brasil Export-72) ocorreu entre 4 e 15 de setembro, no Anhembi, em São Paulo, reunindo mil empresários estrangeiros convidados pelo governo brasileiro, aos quais seriam apresentados aproximadamente cem tipos de produtos, enfatizando-se os industrializados — e não os primários (*O Estado de S. Paulo*, 5 de março de 1972). O governo federal esperava que a Exposição-Monstro do Progresso Brasileiro (*Jornal dos Sports*, 14 de junho de 1972) trouxesse substanciais rendimentos ao país, visto que ela era a "maior mostra já realizada em território brasileiro" (id., ibid.) e pretendia aumentar a venda de produtos industrializados brasileiros no mercado internacional. Na abertura da feira, o presidente Médici foi aplaudido de pé por funcionários envolvidos no evento (*Folha de S.Paulo*, 9 de setembro de 1972). A campanha publicitária da feira foi vencida por um *pool* formado pelas mesmas agências que promoveram gratuitamente a campanha do sesquicentenário: Alcântara Machado, Denison, Mauro Sales, MDM e Norton (*Folha da Tarde*, 22 de abril de 1972).

Outros tipos de homenagem ao sesquicentenário foram a denominação de logradouros públicos alusivos à efeméride. Como exemplo dessa prática, o governador da Paraíba enviou

---

202. *Tribuna do Ceará*, 15 de julho de 1972, "Nacionalidade". In: Arquivo Nacional, Fundo Sesquicentenário, pasta 65 A. O autor afirma que d. Pedro I era "português em Portugal, era brasileiro no Brasil". Id., ibid.

mensagem aos prefeitos de seu estado "sugerindo que em cada cidade do estado seja designada uma rua ou avenida com a designação sesquicentenário da Independência" (*Correio da Paraíba*, 7 de julho de 1972). De modo semelhante, também foram inauguradas diversas estátuas e bustos relacionados à festividade, como no estado da Guanabara. Em cerimônia que contou com a presença do governador Chagas Freitas, o Rotary Clube de São Cristóvão doou um busto de d. Pedro I, fixado no Largo da Cancela (Cf. *Luta Democrática*, 20 de junho de 1972). Outro busto do imperador foi inaugurado na Associação Comercial do Rio de Janeiro (ACRJ), com a presença de autoridades civis e militares (Cf. *Luta Democrática*, 1º de setembro de 1972).

Os governos estaduais criaram comissões com o objetivo de preparar não apenas o sesquicentenário, mas também o Encontro Cívico em âmbito regional. Como norma geral, esses estádios aconteceram em estádios, ruas ou praças localizadas na capital. A CEC havia determinado que as datas referentes ao calendário histórico da Independência deveriam "ser aproveitadas para a rememoração dos principais fatos que contribuíram para nossa emancipação"[203] e eram "objeto de programação específica a cargo das comissões estaduais".[204]

Assim, por exemplo, a comissão organizada em Pernambuco solicitou ao prefeito da cidade de Recife a colocação de ônibus gratuito "nos terminais de cada bairro da Capital, com a finalidade de levar as pessoas interessadas ao estádio do Sport Clube do Recife, no próximo dia 21 [de abril de 1972], às 18h30, onde se realizará o grande Encontro Cívico Nacional" (*Jornal do Commercio*, 19 de abril de 1972). Ademais, a comissão estadual programou também queima de fogos e celebrações

---

203. Ata da reunião de 15 de dezembro de 1971, p. 13. In: Arquivo Nacional, Fundo Sesquicentenário, pasta 3 D.
204. Id., ibid.

religiosas, que aconteceriam após a execução do hino nacional e do hasteamento da bandeira brasileira.

No Maranhão, a comissão estadual organizou uma cerimônia ecumênica, reunindo representantes das igrejas católica e protestante, que realizariam juntos um "ato religioso de caráter cívico e com o que se estará dando graças a Deus pelo imperador do Brasil" (*Jornal do Dia*, 14 de abril de 1972).

Em Alagoas, a comissão organizadora do sesquicentenário procurou revestir a comemoração com um aspecto mais popular. Para tanto, o governo alagoano propôs divulgar o evento durante o Carnaval e ao longo do Segundo Festival de Verão, além de mobilizar a sociedade durante a realização do Encontro Cívico no estado.

> Na abertura do Festival seria tocado o hino da Independência, pelas bandas participantes, enquanto o Carnaval vai ser denominado de Carnaval do sesquicentenário. [...] No dia de abertura do calendário oficial, todos os setores serão mobilizados, com as rádios divulgando teste e músicas alusivas à efeméride, os jornais publicando "slogans" e sendo instituído o símbolo oficial do sesquicentenário em Alagoas (*Gazeta de Alagoas*, 25 de janeiro de 1972).

Em São Paulo, como no Recife, a população dispôs de transporte gratuito, feito por veículos da empresa estatal responsável pelos ônibus na capital paulista. Lá, o prefeito Figueiredo Ferraz organizou comissões de festejos no âmbito das administrações regionais (cf. *Última Hora*, 18 de abril de 1972). Igualmente, o governo estadual disponibilizou ônibus para as instituições de ensino levarem os estudantes ao estádio do Morumbi — local do Encontro Cívico em São Paulo (Cf. *Folha da Tarde*, 22 de abril de 1972). A comissão estadual também planejou a realização de um Te-Deum da Independência, além da inauguração do metrô e da realização de diversos outros eventos, destacando-se uma exibição de ginástica, o concurso hípico, a Feira de Exportação e a parada militar (*Jornal do Commercio*, 12 de março de 1972). Todos estes eventos foram realizados.

Na Bahia, o Encontro Cívico ocorreu no estádio da Fonte Nova, em Salvador, cujos portões seriam abertos a partir das 14h. Às 16h, dois espetáculos seriam apresentados: um da "esquadrilha da fumaça"; outro, de fogos de artifício.[205]

O Encontro Cívico Nacional teve expressiva repercussão, obtendo grande destaque na mídia brasileira — jornais, revistas, rádio e televisão —, além de reunir grande contingente de pessoas. "Os festejos populares serão sempre divulgados e transmitidos pelas emissoras de TV, procurando uma integração nacional. Constam de queima de fogos, shows artísticos, desfiles de escolas de samba, bailes populares, feiras etc" (*O Dia*, 23 de fevereiro de 1972). A CEC incluiu ainda o Grande Prêmio Brasil de Fórmula-1 no calendário oficial de eventos comemorativos do sesquicentenário.

O Maracanã foi um dos principais palcos do Encontro Cívico Nacional.[206] Dezenas de milhares de pessoas assistiram ao evento que assinalou o início das comemorações do sesquicentenário da Independência brasileira. As empresas de ônibus disponibilizaram centenas de veículos para o transporte dos estudantes. Aproximadamente 100 mil bandeiras foram distribuídas aos participantes do evento, além de prospectos com a letra do hino nacional, nas proximidades do estádio, por policiais militares.

---

205. Cf. *Jornal da Bahia*, 20 de abril de 1972, "Festa do Sesquicentenário já está preparada: Amanhã". In: Arquivo Nacional, Fundo Sesquicentenário, pasta 51. Fonte: Arquivo Nacional, Fundo Sesquicentenário, pasta 8 A.
206. Originalmente, em 21 de abril seria realizada a partida entre Botafogo e América, pelo Campeonato Carioca de 1972. Todavia, as duas agremiações aceitaram antecipar a peleja, atendendo à solicitação do governo do estado da Guanabara. Cf. Arquivo Nacional, Fundo Sesquicentenário, Ofício, pasta 3 A.

Capítulo 4

> Cinquenta mil crianças cantaram ontem o hino nacional, durante o Encontro Cívico no Maracanã. Cinquenta mil crianças aplaudiram quando os microfones terminaram a transmissão da mensagem do presidente Médici, abrindo os festejos do sesquicentenário da Independência quando oitocentos pombos foram soltos, para simbolizar a liberdade. E gritaram "Brasil" enquanto o governador Chagas Freitas hasteava a bandeira, benzida pelo cardeal Eugênio Salles. As bandas da Policia Militar e do Corpo de Bombeiros participaram das comemorações, executando o hino do sesquicentenário da Independência (*O Estado de S.Paulo*, 22 de abril de 1972).

O Encontro Cívico em terras cariocas foi marcado pela realização de uma partida de futebol (taça do sesquicentenário), reunindo as equipes juvenis de Botafogo, Flamengo, Fluminense e Vasco. Ao término da segunda partida, "motocicletas da Polícia do Exército fizeram evoluções na pista do estádio". Posteriormente, ocorreu a "revoada de cerca de quinhentos pombos, cujas gaiolas foram abertas por jogadores do Fluminense e do Botafogo".[207] Entre a primeira e a segunda partidas, aconteceu "uma evolução no campo por dezoito alunos da Escola Santa Edwiges, que carregavam placas formando os nomes de Brasil, Guanabara, Médici e Chagas. Sob as letras do nome do presidente estavam escritas as palavras moral, educação, dinamismo, idealismo, civismo e integração" (*Jornal do Brasil*, 22 de abril de 1972, p. 5).

Após a solenidade oficial — execução dos hinos nacional e da Independência, e da marcha do sesquicentenário — e a bênção da bandeira nacional dada pelo cardeal d. Eugênio Sales, o sistema de alto-falantes do estádio irradiou a mensa-

---

207. *Jornal do Brasil*, 22 de abril de 1972, "Cinquenta mil estudantes vão ao Encontro Cívico no Maracanã", p. 5. A reportagem destaca que os estudantes foram ao estádio para "ouvir o discurso do presidente Garrastazu Médici". In: d. Ibid.

gem presidencial do general Médici. "A voz do presidente foi saudada com palmas e depois ouvida em silêncio."[208] Por fim, aconteceu a partida decisiva, que resultou na vitória do Botafogo, que, na preliminar, derrotara o Fluminense e, na final, venceu o Vasco da Gama, que havia eliminado o Flamengo.

A competição "taça do sesquicentenário" foi organizada pela Federação Carioca de Futebol (Ferj) a pedido do vice-governador do estado da Guanabara e presidente da Comissão estadual de festejos da Guanabara, Erasmo Martins Pedro. A Ferj também sugeriu que, entre a segunda partida da preliminar, entre Flamengo e Vasco, e o início do Encontro Cívico fossem realizadas exibições diversas: apresentação de bandas musicais, de ginastas etc. De modo análogo, sugeriu que as cadeiras cativas — cerca de 30 mil — "deveriam ser ocupadas por colegiais, dando à festa um sentido cívico da participação da criança nos festejos do sesquicentenário da Independência do Brasil". Também propôs entrada gratuita do público nas arquibancadas e gerais e, se possível, "distribuindo-se a todos bandeiras brasileiras de pano ou papel, para serem agitadas nas ocasiões devidas". Ainda de acordo com o documento em questão, as cadeiras especiais e as tribunas seriam ocupadas apenas por convidados. O texto ainda estima a possibilidade de um público de 150 mil pessoas, desde que o governo estadual utilizasse "os veículos publicitários" de que dispõe, lotando o Maracanã, em função não só do civismo e do patriotismo, mas também da "atração exercida sobre o público pelos clubes que dela [festividade] participarão".[209]

---

208. *Jornal do Brasil*, 22 de abril de 1972, "Hino Nacional". A mesma reportagem informa ainda que, "Ao terminar as tradicionais palmas e gritos, logo seguidos de o coro de 'Brasil, Brasil, Brasil', o hino da Independência e a marcha do sesquicentenário foram depois executados pela Banda dos bombeiros, e a da PM ainda ofereceu um número extra: a marcha do tricampeonato, 'Pra frente Brasil', que foi cantada entusiasticamente por grande número de pessoas." Id., ibid.
209. Cf. Arquivo Nacional, Fundo Sesquicentenário, Ofício, pasta 3 A. Podemos

O Encontro Cívico Nacional não se limitou ao evento no Maracanã. Em cerimônia realizada no Palácio das Laranjeiras, Médici hasteou a bandeira nacional — gesto que mereceu foto na primeira página do *JB* de 22 de abril de 1972 —, no que foi copiado pelo ministro do Exército, Orlando Geisel, no Palácio Duque de Caxias, então sede do Ministério do Exército, em cerimônia que contou com a participação de 3 mil pessoas (Cf. *Jornal do Brasil*, 22 de abril de 1972, capa).

No Rio de Janeiro, o Encontro Cívico foi apresentado como um momento de união, de comunhão cívica ao redor dos governantes e, assim irmanados em uma corrente positiva, de combater quaisquer elementos dissonantes. Nas palavras do desembargador Romeu Rodrigues Silva, presidente da comissão estadual encarregada dos festejos:

> É indiscutivelmente um audacioso desafio convocar a nação para ver, como totalidade orgânica, à luz de um intenso enfoque evocativo e sentimental, numa hora em que uma orgulhosa óptica científica, sociológica, cultural e principalmente ideológica pretende analisar, com certo desdém e até com simulado desconhecimento daquela perspectiva, a vida das comunidades políticas sob ângulos pretensiosamente objetivos. Mas nunca, em nenhuma época, se apelou tanto e tão fortemente para essa poderosa fonte de energia coletiva que é a visão sentimental da comunidade. A lógica do coração, antes de qualquer outra lógica.[210]

---

perceber que a maior parte das sugestões de Octávio Pinto Guimarães, presidente da Ferj à época, foram acatadas pela comissão estadual dos festejos.
210. *O Fluminense*, 21 de março de 1972, "Adesão é geral ao programa de festejos do Sesquicentenário". In: Arquivo Nacional, Fundo Sesquicentenário, pasta 80. A tônica do discurso de despedida do general Augusto César de Castro Moniz de Aragão foi a mesma: a necessidade de o país estar alerta para a "guerra ideológica", e, como condição essencial, permanecer unido internamente contra os diversos inimigos. Cf. *A Tribuna de Santos*, 12 de agosto de 1972, "Advertência no Sesquicentenário". In: Arquivo Nacional, Fundo Sesquicentenário, pasta 80.

Em São Paulo, o Encontro Cívico Nacional aconteceu no estádio do Morumbi. A entrada foi gratuita e o público começou a chegar às 13h, lotando o estádio a partir das 17h (Cf. *Diário da Noite*, 22 de abril de 1972). Do mesmo modo que na Guanabara, o evento teria, como atrativo, a realização de uma partida de futebol: no caso, a semifinal da taça Libertadores da América, disputada entre São Paulo e Barcelona de Guayaquil, do Equador. Assim como na Guanabara, também houve a distribuição de cerca de 30 mil bandeiras nacionais, que se somaram às que as pessoas traziam — no entanto, a PM apreendeu bandeiras em mau estado de conservação, o que gerou alguns protestos (*Folha da Tarde*, 22 de abril de 1972). O hino nacional foi executado pela banda da PM paulista, enquanto o governador, acompanhado de secretários estaduais, do prefeito da capital e de comandantes militares, hasteava a bandeira nacional.

> Às 18h30, os alto-falantes do estádio anunciaram a transmissão da Agência Nacional em que o presidente Médici falaria à nação. A mensagem teve três minutos de duração, e, durante esse período, o silêncio foi absoluto em todo o estádio. Era como se todos estivessem vendo a figura do presidente, magnetizados pela sua mensagem. Inúmeras pessoas, bem como todos os elementos das Forças Armadas, ouviram a mensagem em pé.
> Ao término do discurso, o público explodiu numa estrondosa ovação, enquanto o governador Natel caminhava para iniciar o hasteamento do Pavilhão Nacional.
> A banda Sinfônica da Polícia Militar tocava o hino nacional, cantado a uma só voz pelo público e pelas autoridades, enquanto o governador hasteava a bandeira.
> Faltando ainda alguns versos para o término, o público explodiu em nova ovação que durou quase trinta

Capítulo 4

segundos, numa majestosa demonstração de civismo e amor patriótico. Terminado o hino, as autoridades se retiraram do gramado (Id., ibid.).

Entretanto, nem tudo ocorreu à perfeição no evento realizado na capital bandeirante. O hino nacional chegava fraco às arquibancadas, o que acarretou o descompasso entre o público e a música: atraso em algumas situações, aplausos antecipados em outros setores do estádio (Cf. *Diário da Noite*, 22 de abril de 1972). Após a execução do hino nacional, o público cantou "Pra frente, Brasil" e, fora do estádio, ocorreu um espetáculo de fogos (Cf. *Folha de S. Paulo*, 22 de abril de 1972).

Ainda em relação ao evento ocorrido em São Paulo, a segunda parte contou com a realização de "espetáculo pirotécnico promovido pelo governo do Estado. Durante pouco mais de cinco minutos, fogos verdes, amarelos e azuis iluminaram o estádio" (*Diário da Noite*, 22 de abril de 1972).

Com isso, podemos perceber alguns aspectos comuns ao Encontro Cívico realizado nas duas principais cidades do país: além da presença do respectivo governador, houve a distribuição de bandeiras para o público, assim como a gratuidade da entrada no estádio escolhido e, como chamariz para um número maior de pessoas, a partida de futebol.

No Ceará, o Encontro Cívico Nacional ocorreu em Fortaleza, em praças e no ginásio Paulo Sarasato, havendo expressiva afluência popular. Além disso, também houve missa, celebrada por dom Raimundo de Castro e Silva.

> Atendendo ao apelo das autoridades e demonstrando espírito patriótico, a população compareceu às praças, em meio a banda de música, fogos de artifícios e bolas de diferentes cores iluminadas por holofotes.

> Em todas as praças a alegria foi a mesma, desde cedo, e por volta das 18h30 elas estavam repletas. [...] Na execução do hino nacional, o povo de Fortaleza deu mostras de seu entusiasmo, cantando com grande vibração (*O Povo*, 22 de abril de 1972).

Em Recife, as festividades oficiais ocorreram na Ilha do Retiro, estádio do Sport, e contaram com a participação estimada de 40 mil pessoas, grande parte estudantes (Cf. *Jornal do Commercio*, 23 de abril de 1972). O evento teve a participação do governador Eraldo Gueiros, do prefeito da capital, dos comandantes militares lotados no estado e de diversas entidades de classe. Houve

> uma chuva de prata, distribuição de bandeirolas verde-amarelas, chuva de confetes verde-amarelos, salva de artilharia, execução dos hinos Nacional, de Pernambuco, da Independência, marcha do sesquicentenário para todos os presentes que lotaram as dependências do estádio (*Diário da Noite*, 22 de abril de 1972).

Em Brasília, o Encontro Cívico Nacional reuniu cerca de 30 mil pessoas no Setor de Difusão Cultural, que participaram de uma missa celebrada pelo cardeal arcebispo dom José Newton, após terem ouvido a mensagem do presidente Médici (Cf. *Correio Braziliense*, 22 de abril de 1972).

No Rio Grande do Sul, o evento reuniu aproximadamente 30 mil pessoas, na praça da Matriz, em Porto Alegre, que assistiram ao "show artístico e cívico, organizado pelos responsáveis da comissão estadual" (*Folha da Tarde*, 22 de abril de 1972). Da mesma maneira que nos demais estados, o Encontro Cívico deveria enfatizar a união nacional, "a união espiritual e física de todos os brasileiros".[211]

---

211. *Correio do Povo*, 15 de março de 1972, "Delineia-se o programa oficial das

Em Santa Catarina, a comemoração ocorreu em Florianópolis, com a realização de um Te-Deum no encerramento do Encontro Cívico, ato realizado pelo cardeal arcebispo com o auxílio do governador e do comandante do Distrito Naval, além de diversos religiosos (Cf. *O Estado,* 23 de abril de 1972).

Em Maceió, o Encontro Cívico Nacional aconteceu no estádio Rei Pelé e reuniu aproximadamente 30 mil espectadores, que assistiram, após a primeira parte do evento, ao "show de Miltinho, que cantou com o povo o hino do sesquicentenário, cuja letra é de Miguel Gustavo. Agnaldo Timóteo não se apresentou por motivos superiores" (*Gazeta de Alagoas,* 23 de abril de 1972).

Em Aracaju, o Encontro Cívico transcorreu no estádio Lourival Batista e reuniu um público estimado de 40 mil pessoas. Assim como ocorrera na Guanabara e em São Paulo, o evento contou com uma partida de futebol, disputada entre Itabaiana e Sergipe, que, ao contrário dos outros lugares, aconteceu antes das 18h30. A bandeira nacional foi hasteada pelo governador Paulo Barreto, durante a execução do hino nacional, após a mensagem presidencial. A seguir, dom Luciano Duarte oficiou missa e, posteriormente, houve espetáculo de fogos de artifício (*Diário de Aracaju,* 24 de abril de 1972).

De modo geral, a Igreja Católica se destacou nas comemorações do sesquicentenário da Independência, ainda que tenha havido a participação da Igreja Batista (Cf. *Diário de Brasília,* 30 de agosto de 1972) e de outras denominações evangélicas. Assim, por exemplo, foi realizado o "culto do sesquicentenário" na Igreja Monumental Batista do Distrito Federal. O evento teve a participação do presidente Médici, de todo o ministério, além de diplomatas e outras autoridades civis e militares. Outra

---

festas do sesquicentenário". Pasta 80. De acordo com a CEC, o Encontro Cívico teria essa função unificadora e seria um marco na história mundial: "Um país com mais de 90 milhões de habitantes estar unido para o culto da bandeira e do patrono cívico da Pátria, numa eloquente prova de orgulho nacional." Idem, ibidem.

exceção relevante foi uma mensagem mediúnica que teria sido ditada por Joana de Angelis e recebida por Divaldo Franco, a qual foi divulgada em uma palestra proferida no Clube Militar:

> Dignifica o torrão natal e recorda os heróis do passado [...] Engrandece a humanidade e revive os mártires de antanho [...] Se fores chamado ao sacrifício da própria vida por um mundo melhor e uma humanidade mais feliz, desapega-te da carne transitória e honra a confiança do Senhor, não permitindo que o mal triunfe, nem a usurpação se desborde, vitoriosa, ou que a selvageria se implante, senão por sobre os teus despojos, que, vencidos, refletirão a tua decisão de espírito emancipado, dedicado à felicidade e à glória da Pátria-Mãe, cujo futuro risonho de sede do Evangelho de Cristo, não se reflita apenas como coração geográfico da Terra, mas se transforme no órgão pulsante do amor, em favor da paz do mundo (*O Dia*, 25 de junho de 1972).

A mensagem enfatizava elementos caros à doutrina espírita, como a ênfase no progresso e o desligamento de questões materiais, além da defesa de sua interpretação a respeito do Cristianismo.

A Igreja Católica participou mais ativamente das comemorações oficiais pelos 150 anos do "Grito do Ipiranga", inclusive com a confecção de uma mensagem papal específica para a efeméride.[212] A Igreja afirmava ter atuado diretamente em vários eventos que culminaram com a Independência, desde as guerras dos Emboabas e dos Mascates, passando pela Inconfidência Mineira e pela Revolução Pernambucana de 1817 (Cf. *Jornal do Brasil*, 12 de janeiro de 1972).

Igualmente, a Igreja Católica, por meio da Conferência Nacional dos Bispos do Brasil (CNBB), procurou levar a sociedade

---

212. Ver anexo "Mensagem do Papa".

brasileira a "uma reflexão profunda sobre o que significa Independência" (*Jornal da Tarde*, 27 de abril de 1972) e anunciou que reuniria todos os bispos do país na capital paulista, em 3 de setembro, para promover os festejos oficiais da Igreja em relação ao sesquicentenário (id., ibid). No "dia nacional de orações pela pátria", d. Aluísio Lorscheider celebraria uma missa, auxiliado pelos principais expoentes do clero brasileiro, "pedindo a Deus pelo bem do Brasil, junto ao Monumento do Ipiranga" (*O Jornal*, 21 de junho de 1972) e contando com a presença do "patriarca de Lisboa", d. Antônio Ribeiro, e com uma mensagem do papa Paulo VI, transmitida diretamente de Castelgandolfo, sua residência de verão (*Diário da Noite*, 22 de agosto de 1972). O evento cívico-religioso foi transmitido em rede nacional de rádio e televisão (Cf. *Jornal de Piracicaba*, 30 de agosto de 1972) e contou com a presença estimada de 50 mil pessoas (Cf. *Folha de S. Paulo*, 4 de setembro de 1972).

Ao mesmo tempo, o cardeal arcebispo de São Paulo, d. Paulo Evaristo Arns, publicava mensagem episcopal, em que afirmava:

> Todas as nações e povos têm datas destinadas à comemoração dos grandes momentos de sua história ou daqueles homens, cuja vida e ação ficaram para sempre na memória e na gratidão dos pósteres. Serão os heróis cuja bravura salvou a pátria nas horas decisivas. [...] Outras datas assinalam momentos que dizem respeito a todo o povo, a sua liberdade, à sua independência, ou à sua sobrevivência. E são dias de comum alegria. [...] Apesar das mudanças de Constituição e de formas de governo, o Brasil continuaria sendo a Pátria comum, inspiradora dos ideais de fraternidade e paz. [...] Nestes dias de festa nacional nas culminâncias dos festejos do sesquicentenário de nossa Independência política, recordemos com reverência os

> que, no passado, com o suor de seu rosto e o sangue das suas veias, fundaram esta nação, na primazia do direito, no repúdio à violência, no amor à justiça, no culto à paz, na conquista da liberdade e na generosa hospitalidade para com todos os povos do mundo [...] lembremos o Príncipe sonhador, cujas cinzas, a partir de agora, repousarão no lugar onde sua espada, seu sangue, lançou os fundamentos de um império deste lado do Atlântico. Lembremos os soldados do Brasil que, nos campos de luta, deram a vida para que não perecessem os ideais do mundo livre [...] Esta Semana, consagrada ao culto da Pátria, nos leva a reavivar os seus grandes ideais. Peçamos ao Senhor, que no-la deu, que a conserve grande e generosa, abençoada e pacífica, aberta e cordial, e a faça rica sem jactância, forte sem prepotência, sempre mais doce e bela aos olhos de Deus e de todos os homens (*Jornal da Tarde*, 6 de setembro de 1972).

No texto, o cardeal Arns explicita novamente ideias como heroísmo e bravura, associando-as à figura de d. Pedro I, além de enfatizar as noções de liberdade e patriotismo, associando-as às Forças Armadas. Ele também diz que a sociedade brasileira sempre foi cordial e pacífica ao longo de toda a sua trajetória.

A Igreja Católica promoveu diversos "Te-Deum"[213] durante as comemorações do sesquicentenário: nos encontros cívicos estaduais, na chegada dos despojos de d. Pedro I nas capitais e, principalmente, na Semana da Pátria. A missa realizada em São Paulo teria a presença de Médici, de Marcelo Caetano — presidente do conselho de ministros de Portugal —, de todos os diplomatas creditados no país, do Núncio Apostólico e de todos os cardeais, sendo realizada no mesmo

---

213. Missa de louvor.

dia e horário em todo o país, visto que "o civismo anda de braços dados com o sentimento religioso e é importante que a religião complete as ideias da Independência".[214]

A direção do Santuário Nacional de Nossa Senhora Aparecida solicitou que o esquife com os despojos de d. Pedro I fizesse uma breve parada, "que seria no máximo de uma hora",[215] em Aparecida, quando estivessem seguindo para Pindamonhangaba, com o objetivo de realizar uma missa no Santuário Nacional de Nossa Senhora, "em sufrágio do príncipe e de todos aqueles que tomaram parte no glorioso acontecimento da nossa Independência".[216] A carta, datada de 27 de março de 1972, informava ainda que todas as medidas de segurança ficariam a cargo da Escola de Especialistas da Aeronáutica e do 5º Batalhão de Lorena, conforme entendimentos já feitos. A missa teria a presença de todos os bispos e demais clérigos da região. Como argumento, o missivista — Antonio Ferreira de Macedo, arcebispo coadjutor — afirmava que, de acordo com "as antigas e fundadas tradições", d. Pedro, na viagem em que proclamou a Independência do país, "fez uma pequena parada e orou diante da imagem milagrosa, implorando bênção e inspiração para que a viagem fosse decisiva".[217] A carta informava, ademais, que os eventos realizados no Santuário de Aparecida contavam com "aprovação e bênção" do papa Paulo VI e afirmava que essas medidas atenderiam a um desejo do presidente Médici, que teria expressado pessoalmente ao Cardeal Arcebispo, "no intuito de emprestar maior relevo

---

214. *Jornal do Commercio*, 12 de março de 1972, "São Paulo já tem programa para Sesquicentenário que terá 'Grito do Ipiranga'." A frase é de autoria do general Antonio Jorge Correia, presidente da CEC. In: Arquivo Nacional, Fundo Sesquicentenário, pasta 61
215. Arquivo Nacional, Fundo Sesquicentenário, pasta 3.
216. Id., ibid..
217. Id., ibid.

às comemorações do sesquicentenário".[218] O texto afirmava que "uma pequena parada no Santuário de Aparecida, sem alterar quase em nada os pontos do programa, viria dar um cunho especial às comemorações, visto ser Aparecida o centro propulsor da vida religiosa na pátria brasileira. A repercussão em todo o território nacional seria das mais favoráveis e significativas."[219] Apesar de todos os argumentos, a solicitação da Igreja não foi aceita.

Apesar da recusa, a Igreja Católica participou ativamente das comemorações. "É muito justo que as autoridades religiosas […] prestem sua colaboração, secundando as autoridades civis, no sentido de juntos emprestarem um cunho solene e patriótico às comemorações dos 150 anos da nossa Independência."[220] Assim, a Igreja Católica decretou que 1972 seria "Ano Marial" e que ocorreriam inúmeras atividades religiosas especiais no Santuário nacional de Nossa Senhora de Aparecida. A Igreja se empenhou bastante nas comemorações, pois, de acordo com d. Lucas Moreira Neves — à época, bispo-auxiliar de São Paulo —, "o momento não pode ser de omissão, e sim de participação", e mesmo que porventura houvesse divergências entre a instituição eclesiástica e os governantes, "a igreja participou dos episódios que antecederam a Independência, e o governo, como não poderia deixar de ser, tem sua parte nas comemorações; a festa, entretanto, é nitidamente popular", e, como tal, a Igreja faria parte das festividades, exaltando os sentimentos religiosos (*A Notícia*, 5 de agosto de 1972).

Em outro documento, o cardeal arcebispo de Aparecida, d. Carlos Carmelo de Vasconcellos Motta, afirma que,

---

218. Id., ibid.
219. Id., ibid. A carta traz, em anexo, uma carta da Secretária de Estado do Vaticano, que informa que o Papa apoiou a realização de eventos especiais em Aparecida concernentes à Independência do Brasil.
220. Id., ibid. Texto intitulado "Colaboração da Igreja com o governo" e datado de 28 de dezembro de 1971.

"certamente, de todas as dioceses e paróquias e entidades religiosas nacionais surgirão as demonstrações vitais dos sentimentos cívico-religiosos de nossa santa Igreja Católica [...] a religião nacional do Brasil".[221] O programa oficial do Santuário de Aparecida é composto por duas partes distintas: uma que cultuava a Padroeira do Brasil, e outra, "de preces à Divina Providência [...] em favor de todas as graças extraordinárias de que o Brasil vai precisar [...] para o seu progresso material, para a sua ordem moral e para a sua fidelidade de país verdadeiramente cristão".[222]

No estado da Guanabara, o cardeal d. Eugênio Sales celebrou missa, promovida pela comissão estadual dos festejos, na Catedral Metropolitana em homenagem ao sesquicentenário da Independência, à qual compareceram o governador Chagas Freitas e diversas autoridades civis e militares. O cardeal "concluiu lembrando que as festas do sesquicentenário 'não são só do passado, mas principalmente para o futuro, aprendendo as lições do passado para que nossa pátria seja cada vez maior e mais cristã'" (*O Estado de S.Paulo*, 7 de setembro de 1972). A cerimônia religiosa "durou apenas 25 minutos e foi presenciada por público reduzido" (*Jornal do Brasil*, 22 de abril de 1972).

Entretanto, nem todas as autoridades eclesiásticas comungaram do mesmo júbilo frente ao sesquicentenário. Assim, por exemplo, d. Adriano Hipólito — à época, bispo de Nova Iguaçu — aproveitou a ocasião para criticar o descaso dos governantes com a Baixada Fluminense e outras áreas que julgava abandonadas pelo poder público (Cf. *Boletim diocesano*, abril de 1972, n. 40, p. 1-3). Ele indagou os motivos pelos quais, "em nossa região, povoada por tantos e tão dolorosos

---
221. Arquivo Nacional, Fundo Sesquicentenário, pasta 3. Texto datado de dezembro de 1971.
222. Idem, ibidem.

sofrimentos, pouca importância se tem dado aos festejos cívicos. Também nisso vivemos marginalizados" (*Boletim diocesano*, julho de 1972, n. 44 e 45, p.1).

Os selos comemorativos do sesquicentenário da Independência foram divulgados pela Empresa Brasileira de Correios e Telégrafos (EBCT) logo no início de 1972. A série era composta pelas ilustrações de cinco objetos que homenageavam o dia do Fico, o Monumento do Ipiranga, a aclamação de d. Pedro I, a coroação do primeiro imperador e uma reprodução do estandarte imperial (*O Jornal*, 2 de janeiro de 1972).

Um modo bastante peculiar de homenagear o sesquicentenário foi adotado pelo Departamento de Trânsito (Detran) do estado da Guanabara: as plaquetas de licenciamento referentes ao ano de 1972 traziam "na parte superior, gravada em relevo, a efígie de d. Pedro I montado a cavalo, no momento em que proclamava a Independência do Brasil" (*Última Hora*, 3 de abril de 1972). Outra maneira diferente de comemorar o sesquicentenário da Independência foi encontrada por um grupo de profissionais de medicina, que plantaram mudas de pau-brasil com o objetivo de ampliar "uma mentalidade de preservação da natureza amazônica" (*A Província do Pará*, 23 de abril de 1972).

A preocupação com as comemorações do sesquicentenário levou as autoridades paulistas a reformar a área do Monumento do Ipiranga, objetivando adequá-la à importância do evento e ao número estimado de visitantes, que seria superior ao milhão de que até então visitavam o conjunto do parque da Independência — monumento, área verde e museu.[223] As

---

223. Cf. *Diário do Povo*, 8 de março de 1972, "Laudo quer museu pronto para o sesquicentenário". In: Arquivo Nacional, Fundo Sesquicentenário, pasta 61. Cf. *O Fluminense* (Niterói, RJ), 18 de fevereiro de 1972, "Petrópolis vai comemorar 150 anos da independência". In: Arquivo Nacional, Fundo Sesquicentenário, pasta 61.

obras no Museu do Ipiranga terminaram trinta dias antes do prazo previsto, a um custo de CR$450 mil (Cf. *Folha de S.Paulo*, 5 de agosto de 1972).

Em outros municípios onde se encontram locais de importância histórica referentes ao império também houve a preocupação com a revitalização de museus e áreas consideradas de relevância cultural. Assim, por exemplo, em Petrópolis o Museu Imperial reabriu cômodos e promoveu exposições. Ainda em Petrópolis, foi inaugurado um relógio de flores, defronte à Universidade Católica de Petrópolis (UCP), além da edificação de monumento alusivo ao sesquicentenário (Cf. *O Fluminense*, 18 de fevereiro de 1972).

Também a capela[224] localizada no interior do Monumento do Ipiranga recebeu nova decoração: no teto, foram colocados dois grandes turíbulos suspensos e duas lâmpadas de bronze, similares às utilizadas em procissão; o chão foi coberto por um tapete dourado com o brasão do império; no altar, foi colocada uma toalha azul e os genuflexórios receberam decoração de veludo. O esquife com os despojos de d. Pedro I foi colocado em um túmulo de granito, ao lado da Imperatriz Leopoldina.[225]

Ao longo das comemorações, houve a preocupação governamental em incluir toda a sociedade brasileira (ou pelo menos a maior parte) nos festejos oficiais. Assim, em diversos estados as autoridades fizeram questão de incorporar os trabalhadores nas festividades, muitas vezes inserindo o 1º de maio no calendário do sesquicentenário:

---

224. A cripta no interior do monumento foi transformada em capela imperial em 1959, e os restos mortais da Imperatriz Leopoldina encontram-se nela sepultados desde 1954, durante os festejos do 4º Centenário de fundação da cidade de São Paulo. Cf. *Cidade de Santos*, 31 de agosto de 1972, "Capela Imperial pronta para d. Pedro". In: Arquivo Nacional, Fundo Sesquicentenário, pasta 54.
225. *Cidade de Santos*, 31 de agosto de 1972, "Capela Imperial pronta para d. Pedro". In: Arquivo Nacional, Fundo Sesquicentenário, pasta 54. Atualmente, encontram-se também na capela imperial do Monumento do Ipiranga os restos mortais da 2ª imperatriz do Brasil, d. Amélia de Leuchtemberg, com quem d. Pedro I casou em 1829.

O desembargador Romeu Silva, presidente da comissão organizadora dos festejos dos 150 anos da Independência, no estado do Rio [...] pediu aos presidentes das seis Federações de Trabalhadores [Indústrias Metalúrgicas, de Alimentação, de Confecção e Mobiliário, de Fiação e Tecelagem, Agricultura, Comércio Varejista] que recomendem aos sindicatos de classe a participação efetiva nas comemorações do sesquicentenário. [...] Os líderes sindicais prometeram realizar comemorações em todos os municípios, vinculando o esforço do trabalhador ao desenvolvimento econômico brasileiro, sob o tema "O trabalhador e a Independência do Brasil" (*A Notícia*, 10 de março de 1972).

No Rio de Janeiro, esse processo pôde ser observado, por exemplo, na cidade de Volta Redonda, onde a "comissão do sesquicentenário da Independência, Delegacia Regional do Trabalho e sindicatos de classe" programaram desfile com a presença de carros alegóricos e veículos militares, de modo a evidenciar "a participação dos trabalhadores no desenvolvimento do país" (*A Notícia*, 5 de abril de 1972). Em Duque de Caxias, também houve a inclusão das festividades do "dia do trabalhador" no calendário de eventos do sesquicentenário, e aconteceriam solenidades ao mesmo tempo por todo o município, englobando sindicatos, escolas e outras entidades (Cf. *Última Hora*, 8 de abril de 1972). Nesse mesmo estado, 126 sindicatos manifestaram apoio às comemorações do 150º aniversário da Independência, inclusive com a solicitação de efetiva participação nas comemorações cívicas e a incorporação de um dirigente sindical na comissão estadual do sesquicentenário (Cf. *Diário de Notícias*, 24 de maio de 1972). Em Nova Iguaçu, a comemoração ocorreu no próprio 7 de setembro, com a realização de jogos, "inauguração da escola do Mobral e dos consultórios médico e dentário [...], entrega de troféus e medalhas aos vencedores do torneio cultural da Independência [...] e baile" (*Luta Democrática*, 2 de setembro de 1972).

Em outros estados também ocorreu preocupação semelhante no que se refere à participação dos trabalhadores. Assim, no Ceará, os sindicatos se associaram ao sesquicentenário, após reunião com dirigentes do Ministério do Trabalho: "As entidades sindicais tomaram essa decisão *motu proprio*, dando assim uma demonstração do propósito de tomar parte, efetivamente, em todas as programações que marcam o ano do sesquicentenário" (*O Povo*, 6 de julho de 1972). Na Guanabara, os sindicatos também aderiram às comemorações oficiais, e seus dirigentes pressionaram os associados para que comparecessem em grande número às festividades, que teriam, além de discursos e execução do hino nacional, a distribuição de brindes e show de artistas do circo, da televisão e do rádio, inclusive acompanhados pelos familiares, de modo a ressaltar seu "amor à Pátria" (*Luta Democrática*, 22 de agosto de 1972). Em Minas Gerais, os sindicatos comemoraram a Independência antes de 7 de setembro, com a realização de uma solenidade em que constava, além do hino nacional, também uma palestra proferida pelo representante do Ministério do Trabalho (*Diário de Minas*, 2 de setembro de 1972). No Espírito Santo, a comemoração durou dois dias, abrangendo disputa de jogos, desfiles, festa e exibição de filmes (*O Diário*, 2 de setembro de 1972). Em São Paulo também houve a adesão de sindicatos, cujas comemorações ocorreram entre 5 e 15 de setembro, com realização de missas, discursos, distribuição de prêmios e exibição de filmes e palestras (Cf. *Notícias Populares*, 25 de agosto de 1972).

Como norma geral, a tentativa de inclusão dos trabalhadores no sesquicentenário aconteceu por meio de reuniões entre os membros do Ministério do Trabalho com os dirigentes sindicais de inúmeros setores.[226]

---

226. Na região rural os sindicatos de trabalhadores também aderiram às come-

O sesquicentenário teve alguma repercussão no exterior. O governo japonês enviou cerca de mil marinheiros para participar do desfile oficial da Independência, realizado em São Paulo (Cf. *Diário Popular*, 8 de maio de 1972). A Inglaterra enviou ao Brasil a banda de música da Real Academia Militar de Sandhurst, que se apresentaria entre 23 e 25 de junho, respectivamente, na exposição do Exército e na Quinta da Boa Vista, na Guanabara, e no Parque do Ibirapuera, em São Paulo (*O Dia*, 18 de junho de 1972). A Guanabara assistiu a uma banda escocesa trajando *kilt* e tocando gaita de foles e tambores, que desfilou na parada oficial de Sete de Setembro, em homenagem ao aniversário da Independência (*O Jornal*, 4 de junho de 1972). Ao mesmo tempo, Inglaterra e EUA comemorariam o sesquicentenário realizando festas, inaugurando exposições ou estabelecendo o dia como uma data festiva em seu calendário oficial.[227]

Em Portugal, a imprensa de Lisboa também noticiou os eventos referentes à inumação dos despojos de d. Pedro I, reproduzindo as informações publicadas por jornais brasileiros (*O Globo*, 5 de setembro de 1972).

Como não poderia deixar de ser, em se tratando de uma comemoração cívica, as escolas também participaram do sesquicentenário. A cidade de Niterói sediou o "2º Encontro

---

morações oficiais. Cf. *O Jornal de Minas*, 1º de setembro de 1972, "Sindicato Rural de Divinópolis lança campanha cívica da 'bandeira rural'". In: Arquivo Nacional, Fundo Sesquicentenário, pasta 61 B.

227. Cf. *Diário Popular*, 28 de maio de 1972, "Sesquicentenário vai ser comemorado na Inglaterra". In: Arquivo Nacional, Fundo Sesquicentenário, pasta 61 A; *O Jornal*, 24 de maio de 1972, "Nova Iorque dedica dia 7 ao Brasil". In: Arquivo Nacional, Fundo Sesquicentenário, pasta 61 A; *Jornal de Piracicaba*, 19 de julho de 1972, "Os Estados Unidos e o Sesquicentenário". In: Arquivo Nacional, Fundo Sesquicentenário, pasta 61 A. Nesta última reportagem, noticiava-se que a embaixada estadunidense promoveria uma "Semana da Cultura Americana, em homenagem ao sesquicentenário da Independência do Brasil"; *Folha de S.Paulo*, 1º de setembro de 1972. In: Arquivo Nacional, Fundo Sesquicentenário, pasta 61 A. Nesta reportagem, anunciava-se que "a Biblioteca do Congresso dos Estados Unidos promoverá em Washington uma recepção à comunidade diplomática, a 7 de setembro".

dos Centros Cívicos Escolares do Estado do Rio de Janeiro", evento que fez parte do calendário oficial e contou com a presença de inúmeras autoridades — inclusive o governador.

> Uma chuva de pétalas caiu sobre a bandeira nacional quando esta foi levada para o Centro da Quadra por uma guarda do 3º RI [Regimento de Infantaria]. Uma comissão, da qual fizeram parte algumas crianças, recebeu as autoridades, que foram saudadas por uma aluna, que em nome dos centros cívicos explicou às demais crianças o motivo da solenidade (*O Fluminense*, 29 de junho de 1972).

Em Duque de Caxias, alunos de escolas públicas assistiram à sessão solene na Câmara Municipal, assim como "um grupo de crianças das escolas primarias municipais, que apresentaram músicas da Campanha do Rearmamento Moral" (*A Notícia*, 7 de setembro de 1972). Posteriormente, houve concentração popular na principal praça do município, que teria a presença de todos os funcionários e estudantes pertencentes aos "centros cívicos escolares" (Id., ibid.).

Para assegurar a máxima presença dos estudantes nas comemorações cívicas, as autoridades educacionais paulistas — estadual e municipal — decretaram recesso das aulas em todos os níveis da educação básica — isto é, educação infantil, ensino fundamental e ensino médio — nos dias 8 e 9 de setembro de 1972 (Cf. *O Estado de S.Paulo*, 31 de agosto de 1972).

Um aspecto importante das comemorações oficiais foi a tentativa, por parte da CEC e das Comissões Estaduais, de associar diretamente o regime militar brasileiro à efeméride. Por exemplo, o governo cearense inaugurou o mausoléu do ex-presidente Castelo Branco, inscrevendo a cerimônia, que contou com a presença do presidente Médici,[228] no calendário

---

228. Cf. *Diário de S.Paulo*, 19 de julho de 1972, "No Ceará, reverência a Castelo

oficial de eventos do sesquicentenário. Em outro exemplo, alguns órgãos da imprensa publicaram editoriais traçando essa identificação entre 1964 e o sesquicentenário:

> Na história das nações, 150 anos de existência é um fugaz relance de vida. No Velho Continente, a experiência dos países se sedimenta em séculos sucessivos de guerra e paz [...] Daí porque aumenta, entre nós, o significado da data nacional. Em período pouco superior à média de idade de uma vida humana, o Brasil surgiu como país independente, cresceu, prosperou e se afirmou, já agora, como uma verdadeira potência mundial. [...] Hoje, a revolução conseguiu implantar uma consciência patriótica no povo brasileiro, dentro de um espírito de objetiva realidade. Já não há lugar, atualmente, para o falso civismo das patriotadas artificiais, fundamentadas no ufanismo teórico e irreal. [...] Na verdade, o Movimento de Março criou uma autêntica mentalidade patriótica [...] Devemos à revolução mais essa grande e importante contribuição. Sabemos o que somos; temos segurança em nossas convicções; conhecemos as nossas fraquezas, mas estamos, acima de tudo, certos da grandeza da hora presente e da dimensão atual de nosso país. [...] Preocupado em fortalecer esse espírito de civismo nacional, o governo vem assinalando, com comemorações ostensivas e sugestões subliminares, o transcurso das datas mais significativas e os vultos de maior realce da história do país (*Minas Gerais*, 1º de setembro de 1972).

Também em São Paulo aconteceu a tentativa de relacionar o regime militar ao sesquicentenário, além de explicitar a ideia de que o Brasil continuava sendo um "país jovem" e uma potência do futuro:

Branco". In: Arquivo Nacional, Fundo Sesquicentenário, pasta 61 A. O evento contou com a presença de aproximadamente 5 mil pessoas. Id., ibid.

Capítulo 4

Os universitários de norte a sul, de leste a oeste estão comemorando e festejando com felicidade eufórica o sesquicentenário da nossa Independência.
Não é somente a lembrança de um feito histórico. É mais que isso. É a afirmação de uma nacionalidade que se fixa nos anais da história, perpetuando a fisionomia de uma nação.
Empolgantes as comemorações que se realizam nos dias que envolveram o 7 de setembro de 1972, oportunidade para que se exteriorizassem os sentimentos cívicos e patrióticos de um povo, que não mais espera pelo futuro e sim vive o futuro grandioso de uma Pátria consolidada, fortalecida e engrandecida pela excelência dos homens que nos governam. [...] É, ainda, mais do que isso, a certeza de uma independência social, política e econômica, que se realiza a curto prazo, graças ao movimento revolucionário de toda a nação. Salve, pois, neste ano, nossa pátria e nossa gente (*Folha da Tarde*, 18 de setembro de 1972).

Mais uma vez, responsabilizava-se o regime militar pela "afirmação de uma nacionalidade" que modificava a própria realidade vigente, concretizando os ideais de d. Pedro I emanados no "Grito do Ipiranga". O regime militar teria desenvolvido o Brasil mais rapidamente do que qualquer outro regime, desde a Independência.[229]

---

229. Cf. *A Imprensa Palestina*, 10 de setembro de 1972, "Independência — 150 anos". In: Arquivo Nacional, Fundo Sesquicentenário, pasta 65 A. Neste texto, afirma-se: "No ano dos 150 anos de Independência, é impossível ao brasileiro fugir da analise deste século e meio. É impossível fugir dos balanços e comparações. E nas analises, balanços e comparações, a conclusão que se impõe é uma só: em oito anos (de 1964 para cá) o Brasil progride mais do que qualquer país, inclusive o próprio Brasil, terá progredido em muitos séculos. E nessa afirmativa não há nenhum ufanismo ou pretenso ou nacionalismo primário; há apenas uma constatação racional, lógica e coerente, baseada na realidade nacional, que está aí, em todos os detalhes, para quem quer ver, ou mesmo para quem simplesmente não enxerga, ainda que não faça questão de ver."

De modo bastante direto, Dulcídio Monteiro da Fonseca associou o regime militar ao sesquicentenário, afirmando que ambos impediram o Brasil de ficar sob dominação externa.

> Para o primeiro episódio de nossa história [a Independência], concorreu o Grito do Ipiranga, em que o jovem imperador Pedro I nos libertou do jugo das Cortes Portuguesas. O segundo acontecimento [o golpe de 1964], iniciado com a revolta das Mulheres Brasileiras contra os malsinados congressos marxista-leninistas, teve, em seguida, a decisiva participação das Forças Armadas e de toda a nação. Consciente ou inconscientemente, maus brasileiros arrastavam-nos para o comunismo e daí para a total submissão a uma potência estrangeira. Ao ensejo, portanto, das comemorações do nosso sesquicentenário de Independência, é de toda oportunidade fazermos o confronto entre os dois fatos como elementos catalisadores da consciência nacional (*Gazeta Comercial*, 25 de abril de 1972).

O golpe de 1964 pode ser vislumbrado como um segundo "Grito do Ipiranga", uma vez que teria preservado a independência nacional diante da ação de "maus brasileiros". Os militares assumiriam, então, a função tutelar que d. Pedro I exercera em 1822, livrando o Brasil dos inimigos externos e internos — afinal, as tropas portuguesas tiveram de ser expulsas à época da Independência.

Em outro artigo de semelhante teor, um jornal acusava os governantes pré-1964 de falsearem a comemoração das datas cívicas, pois se associavam a Cuba e à União Soviética, identificadas como inimigas da sociedade brasileira, com o intuito

> de alienar a nossa soberania. [...] Nos últimos oito anos, no entanto, os ideais do presente se reencontravam com as melhores e mais autênticas tradições

históricas da gente brasileira. É num clima de autenticidade, agora, que podemos render nosso preito de louvor aos grandes vultos históricos e às datas mais significativas de nossa vida nacional, como povo livre e soberano. [...] Por isso, neste ano de 1972, podemos comemorar com plena autenticidade o sesquicentenário de nossa Independência. Não se trata de uma data vazia. Trata-se de uma luta que ainda hoje se processa engajando toda a nação brasileira: dia a dia, sob o signo dos ideais democráticos cultuados por nossa gente, batalhamos para conservar o Brasil livre e independente, todos nós, desde o mais humilde lavrador ou operário até o presidente da República. [...] Sem a compreensão entre governantes e governados, sem a fidelidade de todos aos valores patrióticos, sem o clima que atualmente existe no Brasil, não poderíamos estar comemorando com plena autenticidade, como estamos, as efemérides magnas de nossa história (*O Estado do Paraná*, 23 de abril de 1972).

A ordem do dia do ministro da Marinha, Adalberto de Barros Nunes, divulgada em homenagem ao sesquicentenário da Independência, também nos parece bastante emblemática da associação entre o regime militar e os 150 anos da emancipação política do país.[230] De acordo com o ministro,

entre o governo do príncipe regente e o atual governo do Brasil existem laços comuns e vigorosos de um patriotismo raciocinado e sincero. Alicerçados no amor e no respeito à nossa gente e a nossa terra [...] o exemplo e a glória são a permanente moldura do passado. Mas o fruto do trabalho e da inteligência pertence ao

---

230. Ver ainda *Jornal da Tarde*, 28 de março de 1972, "A festa da Revolução". In: Arquivo Nacional, Fundo Sesquicentenário, pasta 81 A; *Gazeta Mercantil*, 2 de agosto de 1972, "Sesquicentenário, fator de catalisação político-econômica". In: Arquivo Nacional, Fundo Sesquicentenário, pasta 81 E.

presente e ao futuro. Eis por que a Marinha luta e trabalha por manter-se à altura de um governo admirável, cuja inspiração repousa nos grandes exemplos do passado, e que luta, denodadamente, pela manutenção da independência e da soberania de um Brasil poderoso, trabalho para a grandeza, para o progresso e para a paz (*A Tribuna de Santos*, 7 de setembro de 1972).

Ou seja, o governo Médici poderia orgulhar-se, de modo legítimo, em preservar os mesmos ideais que teriam norteado o "Grito do Ipiranga": a busca do progresso, o fortalecimento do país e o patriotismo.

4.1. A excursão dos despojos

O périplo dos restos mortais de d. Pedro I pelo Brasil seguiu as instruções expedidas pela comissão executiva central para as comemorações do sesquicentenário da Independência, assinadas pelo general de exército Antonio Jorge Correia, presidente da CEC, e pelo brigadeiro do ar Paulo Salema Garção Ribeiro, representante do Ministério da Aeronáutica na CEC.

Essas instruções abrangiam diversos assuntos e tinham por finalidade normatizar a viagem do caixão com os restos mortais de d. Pedro I pelas capitais regionais do país. Assim, sob o título "Transporte e deslocamento", o documento determinava que o esquife com os despojos seria transportado por um avião C-115 — conhecido como "Búfalo" — da Força Aérea Brasileira (FAB), que deveria decolar exatamente no horário preestabelecido. Para evitar atrasos, os despojos régios deveriam chegar ao aeroporto no mínimo cinquenta minutos antes do horário de partida do avião. Além disso, o avião oficial transportaria somente, além da tripulação da FAB, o representante da Comissão Executiva Central e a comitiva

— com no máximo cinco integrantes — do governador — ou seu representante —, que entregaria o esquife ao estado ou território seguinte.

Além disso, o transporte do esquife do aeroporto para o local do recebimento, e vice-versa, ocorreria sempre em veículo oficial, que levaria, além dos despojos, somente o motorista e o representante da organização nacional do evento.[231] A normativa proibia expressamente o deslocamento das cinzas do "local de recebimento" para outro lugar diferente do aeroporto de partida. A Comissão Executiva regional designaria oito pessoas no aeroporto para remover e colocar o caixão no veículo oficial.

O título "Atribuições" estabelecia as funções da tripulação do avião — transportar o caixão com os restos mortais, seguindo rigorosamente datas e horários predeterminados —, da comitiva do governador — entregar oficialmente os restos mortais no local designado — e do representante da organização nacional — representar o general Antonio Jorge Correa, recolher a documentação produzida pelas comissões estaduais referentes à visita dos restos mortais e "apresentar um relatório sucinto por via telegráfica sobre a visita, no dia da chegada no outro estado ou território, que deverá ser completado até 72 horas após seu retorno a sede da CEC".[232]

Além disso, a normativa proibia que os oficiais da ativa viajassem em roupas civis nos aviões da FAB, além de fixar as diretrizes para hospedagem, alimentação e transporte para a tripulação e os passageiros da aeronave. "Juntamente com os despojos, viajam também os bustos de bronze de d. Pedro I

---

231. Local de recebimento era o lugar onde a urna mortuária seria exposta ao público, após ser recebida pelo governador. Cf. Arquivo Nacional, Fundo Sesquicentenário, pasta 52.
232. Instruções. Arquivo Nacional, Fundo Sesquicentenário, pasta 53.

que serão doados pela Comissão Executiva Central aos governadores dos Estados e Territórios."[233]

Outro documento informava que, em todas as ocasiões, haveria uma comissão designada pelo governador para aguardar a chegada dos despojos, que seriam recebidos oficialmente pelo governador em ato público, na presença de inúmeras autoridades. Nesse momento, os dois governadores — o que entregou os despojos e quem o recebeu — discursariam para a plateia e, imediatamente após, o hino da Independência seria cantado por um coral e por todas as pessoas presentes ao evento.[234] A seguir, a urna com os despojos seria colocada em um local aberto à visitação pública, sob guarda permanente. Os municípios vinculados ao processo de emancipação política poderiam pleitear seu revezamento na "guarda de honra" dos despojos.[235] Por fim, o documento informa que deveria ocorrer "intensa campanha de divulgação das homenagens que serão prestadas aos restos mortais de d. Pedro I",[236] além da máxima participação possível dos estudantes nas homenagens. A princípio, conforme podemos observar na documentação coletada, as instruções foram seguidas durante praticamente todo o deslocamento.

Tanto a chegada da urna mortuária com os despojos de d. Pedro I quanto sua posterior excursão pelo território nacional, assim como os desfiles de Sete de Setembro, produzem uma teatralização da própria sociedade brasileira da época, na qual o protagonismo se encontra com os dirigentes: as autoridades estatais aparecem em destaque nas imagens coletadas,[237] assim

---

233. Idem, ibidem
234. Idem, ibidem.
235. O documento afirma que esses municípios poderiam obter a visita dos despojos, mas tal situação não ocorreu.
236. Instruções. Arquivo Nacional, Fundo Sesquicentenário, pasta 53.
237. Ver o anexo "Excursão fúnebre".

como os participantes dos desfiles, em detrimento da assistência, ou melhor, da plateia.

Igualmente, a peregrinação do esquife com os despojos do primeiro imperador pode ser identificada ainda como um ritual, como caracterizado por Maurício Parada:

> O ritual é altamente estruturado, padronizado em sequências e está relacionado a certos lugares e tempos que são, eles mesmos, carregados com um especial significado simbólico. A ação ritual é repetitiva e redundante [...] o ritual está relacionado a atividades cujo efeito social depende de mecanismos que evoquem emoção não direta, mas indiretamente por um complexo sistema de sublimação (Parada, op. cit., p. 55-6).

As cerimônias cívicas provocaram algo próximo à suspensão do tempo, pois os espaços utilizados cotidianamente, quer na chegada dos restos mortais vindos de Portugal, quer durante sua excursão por todo o país, culminando com o desfile cívico-militar de 7 de setembro de 1972 e sua posterior inumação no Monumento do Ipiranga, adquiriam novo estatuto: decorados com motivos nacionalistas, ora ocupados por arquibancadas e palanques — no caso dos desfiles de 7 de setembro —, ora separados por cordões de isolamento e policiamento reforçado — no caso da chegada e partida da urna mortuária — entre o palácio governamental e a plateia — em geral, situada do outro lado da praça ou de outro tipo qualquer de via pública.

A chegada dos despojos imperiais ao estado da Guanabara foi assistida por uma comissão especial formada por personalidades de Brasil e Portugal incumbida de acompanhar a urna mortuária "desde o seu desembarque no ancoradouro especialmente construído na enseada de Botafogo até o Monumento Nacional aos Mortos da Segunda Guerra Mundial e daí até a Quinta da Boa Vista".[238] O cortejo fúnebre teria a seguinte formação: à frente, os "dragões da Independência" levariam as bandeiras históricas de Brasil e de Portugal, seguidos por cadetes das Forças Armadas, que levariam as insígnias imperiais; a seguir, uma viatura fúnebre escoltada por uma parte dos "dragões" e pelo "Esquadrão de Reconhecimento Mecanizado" e, por fim, veículos oficiais levando, separadamente, os membros da referida comissão especial.[239]

As autoridades prepararam o cenário para que a chegada dos despojos de d. Pedro I fosse um evento grandioso. Assim, os organizadores planejaram que o presidente português, almirante Américo Thomaz, atravessaria a avenida Rio Branco em um carro aberto, acenando para as pessoas que ali estariam agitando bandeirinhas de Brasil e Portugal (Cf. *Jornal do Brasil*, 21 de abril de 1972). Ao mesmo tempo, a Federação das Associações Luso-Brasileiras convidava seus associados a comparecer à avenida Rio Branco para saudar os presidentes Médici e Américo Thomaz.[240] De fato, grande número de pessoas saudou os governantes, que, no entanto, passaram em carros fechados pelas principais vias do Rio de Janeiro.[241]

No que se refere ao evento de recebimento do esquife com os restos mortais de d. Pedro I, ocorrido no Monumento aos

---

238. Arquivo Nacional, Fundo Sesquicentenário, pasta 42, Ofício n. 502 A — CEC, datado de 20 de abril de 1972, assinado pelo presidente da CEC, general Antonio Jorge Correa, para Egberto da Silva Mafra, representante do ministro das Relações Exteriores.
239. Id., ibid.
240. Cf. *Jornal do Brasil* 22 de abril de 1972, "Portugueses saem às ruas para saudar presidente", p. 19. A reportagem informava que a Federação possuía 160 associações, que agregavam cerca de 400 mil pessoas.
241. As reportagens não indicam o quantitativo de pessoas que assistiram ao deslocamento dos presidentes de Portugal e do Brasil. Assim, por exemplo, o *Jornal do Brasil* informa que "imediatamente após as honras de estilo, os dois presidentes se dirigiram para o Monumento aos Mortos da Segunda Guerra Mundial, passando pela avenida Rio Branco, onde foram aplaudidos por grande número de pessoas". *Jornal do Brasil*, "Médici saúda nos despojos de Pedro I audácia portuguesa", 23 e 24 de abril de 1972, capa — foi um único exemplar para os dois dias.

Mortos da Segunda Guerra Mundial, as pessoas se aglomeravam em suas proximidades desde o início da manhã. Quando a cerimônia de recebimento da urna mortuária terminou, havia uma plateia estimada em 12 mil pessoas (Cf. *Jornal do Brasil*, 23 e 24 de abril de 1972).

No local de exposição da urna com os despojos, o Museu Nacional da Quinta da Boa Vista, ocorreu uma cerimônia cívica, quando "13 mil estudantes cantaram os hinos do Brasil e Portugal [...] [enquanto] soldados das Forças Armadas, em seus uniformes de gala ou de patrulha, mantinham a ordem e ajudavam os professores a formar na posição correta os representantes escolares".[242] O único incidente ocorreu durante a transposição da urna mortuária do veículo militar para o interior do museu, quando alguns estudantes vaiaram os representantes da família real que ajudavam no transporte (Cf. *Jornal do Brasil*, Id., ibid.).

Após alguns dias em exposição na Quinta da Boa Vista, quando foi visitado por cerca de 25 mil pessoas,[243] a urna com os despojos de d. Pedro I seguiu para Porto Alegre. O caixão seguiu para o aeroporto Santos Dumont sobre um caminhão do Corpo de Bombeiros, com escolta de batedores oficiais e de uma guarda de honra formada por policiais militares vestidos com uniformes de 1815. Ao chegar ao aeroporto, o esquife foi reverenciado por uma escolta da FAB e por estudantes que entoavam o hino da Independência.

---

242. Cf. *Jornal do Brasil*, 23 e 24 de abril de 1972, "D. Pedro volta à Quinta da Boa Vista", p. 32. A reportagem informa ainda que "a chegada de Pedro I não alterou as atividades normais da Quinta, que abriu seu jardim zoológico e deixou o povo circular à vontade". Id., ibid.
243. *O Estado de S.Paulo*, 18 de agosto de 1972, "Muitas visitas à urna no Rio". In: Arquivo Nacional, Fundo Sesquicentenário, pasta 53 D. O *Jornal do Brasil* informa que os organizadores modificaram o horário normal de funcionamento do Museu Nacional (onde o caixão se localizava), mas, ainda assim, formaram-se enormes filas para visitar os despojos de d. Pedro I. Cf. *Jornal do Brasil*, 25 de abril de 1972, "Restos mortais de Pedro I seguirão hoje para Porto Alegre", p. 25.

Na capital gaúcha, os restos mortais de d. Pedro I foram recebidos com honras de Chefe de Estado, com direito a tapete vermelho na pista do aeroporto Salgado Filho. A comitiva que recebeu os restos mortais era presidida pelo vice-governador Edmar Fetter e composta por diversas autoridades, incluindo o prefeito de Porto Alegre e diversos secretários estaduais. A urna mortuária foi transportada por uma carruagem do período monárquico pertencente à Santa Casa de Misericórdia de Pelotas e, ao longo do trajeto entre o aeroporto e o Palácio Piratini — sede do governo gaúcho e local de exposição —, bandas marciais executavam os hinos nacionais do Brasil e de Portugal, além de nosso hino da Independência. O cortejo foi escoltado por mais de cem carros oficiais e por policiais a cavalo, e foi visto por "centenas de milhares de pessoas" ao longo do trajeto.[244] "Porto Alegre parou em homenagem a d. Pedro."[245] Além disso, as escolas situadas em um raio de até dois quilômetros do percurso feito pelo cortejo receberam instruções para "postar-se ao longo do trajeto com os alunos uniformizados, acompanhados das professoras e portando bandeirinhas. A ordem da CEC quanto à participação de todos os escolares envolve toda a rede escolar de Porto Alegre".[246] Próximo ao Palácio Piratini foi montado palanque onde o governador discursou para um grande público, formado principalmente por estudantes que agitavam bandeiras do Brasil.

Dias depois, após passar pelos estados de Santa Catarina e Paraná, a urna mortuária em questão chegou a Niterói, capital do estado do Rio de Janeiro, onde permaneceu exposta à visitação pública na Catedral de São João Batista. Cerca de 50 mil pessoas acompanharam o cortejo fúnebre,

---

244. Arquivo Nacional, Fundo Sesquicentenário, pasta 53.
245. Idem, ibidem.
246. Idem, ibidem.

que causou grande congestionamento no trânsito de Niterói. A visita "foi marcada por um clima de festa na rua e irritação no trânsito: os motoristas tiveram que enfrentar um engarrafamento total no centro da cidade, que parou todos os veículos das dezesseis até cerca de dezenove horas" (*O Fluminense*, 5 de maio de 1972).

Após alguns dias, e sob o aceno de estudantes que brandiam bandeiras de Brasil e Portugal, o esquife seguiu, por terra, à Base Aeronaval de São Pedro da Aldeia, de onde seria transportado para Vitória. Ao longo do caminho, "com entusiasmo e civismo" (*O Fluminense*, 7 de maio de 1972) estudantes e populares em geral saudavam o cortejo fúnebre, que foi escoltado por uma esquadrilha de helicópteros da base aeronaval. Em São Pedro da Aldeia, o cortejo foi recebido por uma equipe de marinheiros postada nas duas margens da rodovia, formada desde a entrada da base militar — uma distância de cerca de dois quilômetros.

Em Vitória, a urna mortuária ficou exposta no Palácio Anchieta. Originalmente, ela permaneceria em exposição na Catedral Metropolitana, mas isso não ocorreu porque, de acordo com o arcebispo, os milhares de pessoas que visitariam os restos mortais "iriam prejudicar seus atos litúrgicos, o que iria exigir fatalmente a interrupção de toda a programação da igreja" (*A Tribuna*, 4 de maio de 1972). O esquife desembarcou no aeroporto das Goiabeiras, sendo recebido por grande número de pessoas — políticos, trabalhadores, estudantes, empresários — e pela comitiva liderada pelo vice-governador Henri Pretti, composta por secretários estaduais e diversas autoridades.

A capital seguinte que recebeu a peregrinação dos restos mortais de d. Pedro I foi Aracaju, onde permaneceu por dois dias após o desembarque no aeroporto Santa Maria.

Em seu destino posterior, Maceió, os restos mortais permaneceram em exposição por apenas 22 horas, no Palácio Marechal Floriano Peixoto, sede do governo estadual, após desembarcarem no aeroporto dos Palmares. A urna mortuária foi recebida com honras militares e transportada por um tanque do Exército. Durante o percurso até o local de exposição, cerca de "5 mil estudantes perfilados nas calçadas agitavam bandeiras do Brasil e de Portugal" (*Jornal do Brasil*, 11 de maio de 1972). Aproximadamente 20 mil pessoas assistiram à cerimônia de recebimento oficial das cinzas de d. Pedro I.

Em Pernambuco, escala seguinte da peregrinação, a urna mortuária foi recebida na Base Aérea do Recife, com honras de Chefe de Estado pela comitiva formada por diversas autoridades.

> Ruas ornamentadas repletas inclusive de estudantes uniformizados; praça da República totalmente ocupada, aplausos, canto de hinos nacionais; discursos; flores; salva de tiros. Estas e outras homenagens fizeram parte da recepção solene com que o governo de Pernambuco e sua população receberam, na manhã de ontem, os despojos do imperador d. Pedro I do Brasil e d. Pedro IV de Portugal, num entrosamento entre as comunidades lusa e brasileira (*Diário da Manhã*, 12 de maio de 1972).

Durante o percurso entre a Base Aérea do Recife e a praça da República — local de recebimento —, o esquife, coberto com uma bandeira do Brasil, seguiu sobre um veículo bélico, escoltado por motociclistas militares e seguido por um cortejo de automóveis oficiais, que transportavam as autoridades.[247]

---

247. A comissão pernambucana do sesquicentenário solicitou que Pernambuco

O trajeto estava decorado com bandeirolas de Brasil e Portugal, e, próximo da praça da República, passou a ser escoltado também por cavaleiros (*Diário da Manhã*, 12 de maio de 1972). Os restos mortais foram saudados por militares da Marinha, do Exército e da Aeronáutica, pela maçonaria e por estudantes. Ainda na capital pernambucana, a Cruzada Democrática feminina depositou uma coroa de flores junto ao esquife e foi realizado um espetáculo da Orquestra Sinfônica do Recife (Cf. *Jornal do Brasil*, 14 de maio de 1972).

Após breve passagem por Fernando de Noronha, a urna mortuária seguiu para Salvador. O avião chegou ao aeroporto Dois de Julho, onde foi recebido com honras de Chefe de Estado pelas principais autoridades estaduais. O expediente nas repartições públicas foi encerrado mais cedo. As aulas foram suspensas nas escolas públicas, e as instituições privadas foram pressionadas a participar da solenidade. Na passagem do féretro, haveria badalar de sinos — da prefeitura e das igrejas do Terreiro e da Conceição da Praia.[248] Ainda em território baiano, as autoridades municipais de Cachoeiro pleitearam que os despojos visitassem a localidade, mas o pedido foi recusado pela presidência da CEC.[249]

Na capital baiana, a peregrinação enfrentou algumas dificuldades. A primeira foi o fato de alguns municípios do

---

fosse o ponto de partida da urna funerária no Brasil, e não a Guanabara, em função "das nossas prerrogativas históricas para com a emancipação nacional". Também houve a sugestão, por parte de Ariano Suassuna, de promover uma passeata silenciosa em homenagem a d. Pedro I, e depois haveria a realização de festejos para a população. Todas essas propostas estavam no *Diário Oficial do Estado de Pernambuco* de 8 de fevereiro de 1972: "Comissão solicita que os restos mortais de d. Pedro venham primeiro ao Recife". In: Arquivo Nacional, Fundo Sesquicentenário, pasta 53 A.
248. Cf. Arquivo Nacional, Fundo Sesquicentenário, pasta 53 B.
249. Cf. Arquivo Nacional, Fundo Sesquicentenário, pasta 35, ofício n. 585 — CEC de 12 de maio de 1972, do presidente da CEC ao ministro da Educação e Cultura, coronel. Jarbas Passarinho.

interior da Bahia — Santo Amaro da Purificação e Ilhéus, entre outros — reclamarem a visita dos restos mortais. Porém, apesar das pressões — inclusive do governo baiano e da maçonaria estadual —, o esquife permaneceu em Salvador. Algumas cidades menores se julgavam merecedoras da visita porque teriam sido local de importantes confrontos na guerra de Independência travada na Bahia, entre 1822 e 1823.

Outra dificuldade enfrentada pelo caixão em sua escala baiana se referia à visitação aos despojos, que foram expostos na Catedral Metropolitana mas ficaram alojados a maior parte do tempo em um altar lateral. "Quando a urna chegou à capital baiana, foi estabelecido que ficaria na nave central da Catedral mas seria removida por ocasião das cerimônias de casamento e das festividades do final do Mês de Maria e do Corpus Christi" (*O Estado de S.Paulo*, 24 de maio de 1972). No local, o esquife não se destacava, sendo visitado por pouco mais de mil pessoas por dia — em sua maioria, estudantes e turistas.

> Os restos mortais de d. Pedro I deixarão Salvador na manhã de hoje, encerrando uma visita de 45 dias, durante os quais estiveram esquecidos em um altar secundário da Catedral Basílica. [...] O malogro da visita dos restos mortais de d. Pedro I à capital baiana começou no dia da chegada, 20 de maio. Estava previsto que desembarcariam às 14h [...] Mas o avião atrasou muito e apenas um número reduzido de pessoas viu o desembarque [...] A visita de d. Pedro I a Salvador passou quase despercebida. O povo não foi esclarecido nem motivado para ir à Catedral Basílica, onde a urna ficou em local inadequado. Nos primeiros dias, quando ficou em frente ao altar-mor, a curiosidade foi grande [...] Depois que foi mudada para o altar lateral, foi praticamente ignorada. Quem entrava na catedral e via guardas perto do esquife pensava tratar-se do velório de "algum militar importante" (*O Estado de S.Paulo*, 5 de julho de 1972).

Capítulo 4

Posteriormente, os restos mortais de d. Pedro I seguiram de avião para a capital da Paraíba, e, em função disso, foi decretado ponto facultativo nas repartições públicas de João Pessoa, no turno da manhã. Os demais órgãos — comércio, bancos e indústrias — funcionariam apenas durante o turno da tarde. Havia a expectativa de João Pessoa vivenciar "um ambiente saturado de patriotismo e hospitalidade" (*O Estado de S.Paulo*, 6 de julho de 1972). O desembarque do esquife no aeroporto Castro Pinto reuniu cerca de 2 mil pessoas, e os restos mortais seguiram num veículo blindado, acompanhado por aproximadamente duzentos automóveis e escoltado por batedores da Polícia Rodoviária Federal. O cortejo foi visto por centenas de pessoas, que o aplaudiam e agitavam bandeirolas brasileiras e portuguesas.

Em Natal, também foi decretado ponto facultativo em todas as repartições públicas, enquanto bancos, comércio e indústrias funcionaram somente até às 11h "para dar oportunidade aos operários e ao povo em geral de participar da recepção aos despojos de d. Pedro" (*Tribuna do Norte*, 6 de julho de 1972). Em cadeia estadual de rádio, o governador potiguar convidou a população à participar dos festejos, além de solicitar "às repartições públicas e aos moradores das ruas compreendidas pelo itinerário do cortejo que ostentem nas fachadas dos prédios e residências bandeiras nacionais, flores e quaisquer símbolos alusivos ao momento cívico que Natal viverá hoje, ao receber os despojos do nosso primeiro imperador" (*Diário de Natal*, 7 de julho de 1972). Durante a chegada dos restos mortais ao local de exposição — Palácio Potengi, sede do governo do Rio Grande do Norte —, as bandas militares executaram os hinos nacional e da Independência. Cerca de 8 mil pessoas visitaram o local.

O périplo teve, como próxima escala, a cidade de Fortaleza, onde eles foram recebidos no aeroporto Pinto Martins por "intensa participação popular [...] Extensas filas se formavam nas escadas do Instituto [Histórico], e todas as pessoas mostravam entusiasmo para ver a urna, com os despojos. No auditório, olhavam admiradas, e as pessoas mais velhas a beijavam" (*O Povo*, 10 de julho de 1972). Ao longo dos dois dias em que permaneceu na capital cearense, exposta na sede do Instituto Histórico do Ceará, a urna com os restos mortais de d. Pedro I foi visitada por milhares de pessoas.

Em São Luís, prefeitos de 130 municípios maranhenses trouxeram delegações para recepcionar o caixão com as cinzas de d. Pedro I, que desembarcou no aeroporto de Tirirical. Repartições públicas, indústrias e comércio permaneceram fechados, e as ruas foram decoradas. No trajeto até a Catedral Metropolitana — local de exposição —, o veículo com o esquife foi acompanhado por aproximadamente mil veículos, enquanto "os membros da maçonaria, com espadas desembainhadas e formando duas alas, prestaram as primeiras homenagens do povo de São Luís a d. Pedro I" (*O Estado de S.Paulo*, 14 de julho de 1972). Cerca de 5 mil pessoas visitaram os restos mortais do primeiro imperador nos três dias em que estes permaneceram em São Luís.

Em Belém, o caixão foi recebido no aeroporto pelos membros da comissão estadual encarregada das festividades no Pará. As poucas pessoas presentes no aeroporto saudaram o esquife, que foi transportado em uma carruagem do período monárquico com pessoas usando trajes de época. "Na frente, batedores da Policia Militar, em carros de Rádio Patrulha. Logo em seguida, a cavalaria da PM, em traje de gala, e a escolta governamental acompanhando a carreta. Atrás, o carro com as autoridades" (*A Província do Pará*, 16 de julho de 1972). Populares aplaudiam o cortejo, estudantes agitavam bandeiras brasileiras e portuguesas.

> Com flores. A mais bonita homenagem ao cortejo com os restos mortais de d. Pedro foi prestada pelos alunos e professores do colégio Nazaré. Poucos minutos antes de a carreta passar, eles armaram uma enorme cruz no leito do asfalto da avenida, totalmente feita com flores [...] ao pé da cruz, os dizeres: "Diga ao povo que fico." No centro, entre os dois braços, com a ajuda de diversos tipos de flores, estava armada uma linda coroa tendo embaixo os dizeres: "Dom Pedro I, 1798-1834 e 1822-1972." A carreta com a urna passou por cima da cruz de flores (Id., ibid.).

Poucas pessoas assistiram à chegada da urna mortuária ao local de exposição, no Palácio Lauro Sodré, sede do governo estadual, e isso teria ocorrido devido ao "atraso de mais de três horas" e ao fato de ser "mês de férias, e grande parte da população [estar] nos balneários" (id., ibid.). A exposição foi visitada por mais de 5 mil pessoas, em sua maior parte estudantes, e os despojos receberam homenagem da seção paraense da União dos Escoteiros do Brasil: "Os escoteiros executaram a saudação fúnebre com bastão parado e um minuto de silêncio ao chegar. Na saída, a saudação fúnebre com o bastão, em marcha" (*A província do Pará*, 18 de julho de 1972).

Em Manaus, a urna mortuária foi exposta na Catedral Metropolitana, recebendo homenagens, entre outros, de escoteiros e da Universidade Federal do Amazonas, enquanto muitas pessoas ocupavam a igreja "em atitude de oração" (*A Crítica*, 27 de julho de 1972). A peregrinação dos despojos na capital amazonense foi concluída com a execução de uma missa solene.

A urna mortuária seguiu de avião, então, para Rio Branco, que permaneceu "praticamente paralisada na hora da chegada dos restos mortais do imperador" (*O Estado de S.Paulo*, 28 de julho de 1972), com o recesso do serviço público e das demais atividades econômicas, o que possibilitou que muitas pessoas acompanhassem o evento, em especial diversos estudantes que traziam imagens de d. Pedro I. Daí, o esquife seguiu para Cuiabá, onde ficou exposto na igreja do Rosário.

Em Goiânia, a urna mortuária desembarcou no aeroporto de Santa Genoveva, de onde seguiu em cortejo até o Palácio Alfredo Nasser, sede da Assembleia Legislativa e local da exposição. Durante o cortejo, o comércio local ficou fechado e as indústrias acionaram suas sirenes ao mesmo tempo. Cerca de 10 mil pessoas dos mais variados grupos sociais visitaram os despojos. "Alto-falantes instalados no recinto pela rádio Brasil Central executam, a todo momento, hinos alusivos à Independência, bem assim a exaltação feita pelo presidente da comissão estadual do sesquicentenário" (*O Popular*, 4 de agosto de 1972). Houve ainda espetáculo musical, com a presença de Wanderley Cardoso, Clara Nunes e Toni Tornado.[250] Ao mesmo tempo, o presidente da comissão executiva estadual do sesquicentenário, vice-governador Ursolino Leão, convidou a população — em particular os estudantes — "a ir às ruas e avenidas, à Assembleia Legislativa, a fim de distribuir merecidas e justas homenagens àquele que, em sua curta vida, tornou-se o herói de duas pátrias: do Brasil e de Portugal" (*O Popular*, s.d.,). Ainda como parte das comemorações na capital goiana, foi celebrada missa de réquiem em homenagem a d. Pedro I, que contou com a presença de

---

250. A CEC programou shows de música para todos os Estados, que aconteceram durante a visitação da urna mortuária. Cf. *O Popular*, 4 de agosto de 1972, "Dez mil visitaram o esquife de d. Pedro I". In: Arquivo Nacional, Fundo Sesquicentenário, pasta 53 C.

diversas autoridades, além da apresentação da banda da polícia militar e da exibição de filmes referentes à Independência (id., ibid.).

Em Brasília, o esquife foi transportado do aeroporto para o Palácio Buriti, sede do governo regional do Distrito Federal e local da exposição, sobre um veículo blindado do Exército, decorado com as bandeiras brasileira e portuguesa.[251] O caixão foi recebido "inclusive com salvas de artilharia" (*Diário de Brasília*, 5 de agosto de 1972). Ainda no aeroporto, o caixão foi recepcionado por uma guarda de honra composta por membros da maçonaria, Rotary e Lions Club, entre outros.

> A urna que translada os restos mortais do imperador d. Pedro I, que chega hoje a esta capital, encerra a configuração do corpo humano com uma capa ou manto presa por duas largas correias; junto ao tórax, duas dragonas em metal; e, no peito, a condecoração da "Ordem Militar da Torre Espada", que sua filha, dona Maria da Glória, ali colocou quando sua Majestade Imperial agonizava no leito de morte (*Correio Braziliense*, 4 de agosto de 1972).

Escoltado durante todo o trajeto pelos "dragões da Independência" — vestidos com seu traje de gala —, o féretro passou diante do Congresso Nacional, sendo acompanhado por diversos automóveis nos quais estavam autoridades. Além dos despojos, a capital federal recebeu também o trono de d. Pedro I e um busto de quando ainda era apenas o duque de Bragança.[252]

Ao desembarcar em Belo Horizonte, no aeroporto da Pampulha, o caixão foi transportado por oito soldados da

---
251. Ver o anexo "Excursão fúnebre".
252. Id., ibid.

polícia militar e das Forças Armadas, que não suportaram o peso e precisaram de auxílio de outras pessoas, ao som dos hinos de Brasil e Portugal. Os despojos foram saudados com 21 tiros de canhão e conduzidos diante das tropas perfiladas, sendo recebidos por uma comitiva liderada pelo vice-governador, Celso Machado, e formada por várias autoridades. No percurso até o Palácio das Artes — local da exposição —, aviões da FAB sobrevoavam a carreta do Corpo de Bombeiros que transportava o esquife, enquanto estudantes aplaudiam e agitavam flâmulas do Brasil sob uma chuva de papel picado. O governador Rondon Pacheco decretou ponto facultativo em Belo Horizonte, entre 11h e 14h, e o comércio também parou de funcionar nesse período. No encerramento da visita à capital mineira não houve qualquer festividade, pois logo a seguir o presidente Médici chegaria à capital, e isso poderia gerar confusão quanto ao cerimonial. De qualquer modo, houve uma redução do interesse popular na exposição dos restos mortais do imperador (Cf. *O Estado de S.Paulo*, 16 de agosto de 1972).

De Belo Horizonte, o caixão retornou à Guanabara, onde foi saudado, ainda no aeroporto Santos Dumont, por estudantes da escola estadual Souza Aguiar, que cantavam o hino nacional. Do aeroporto, o caixão seguiu sobre um veículo do Corpo de Bombeiros até o Museu Nacional da Quinta da Boa Vista, onde foi guardado por quatro soldados da polícia militar. O caixão ficou sobre uma mesa "coberta por uma mortalha negra com bordados dourados" (*Diário de Pernambuco*, 17 de agosto de 1972). No local de exposição, estudantes da escola Portugal, acompanhados pela banda da polícia militar, cantaram o hino de Portugal, e, logo após, o vice-governador de Minas Gerais, Celso Machado, entregou oficialmente os despojos ao vice-governador da Guanabara, Erasmo Martins Pedro.

Capítulo 4

Da Guanabara, os restos mortais de d. Pedro I seguiram de trem para São Paulo. Ainda na estação Central do Brasil, o governador Chagas Freitas entregou os despojos ao general Antonio Jorge Correia, presidente da Comissão Executiva Central dos festejos do sesquicentenário da Independência.

Já em São Paulo, o governador paulista Laudo Natel recebeu a urna mortuária do general Antonio Jorge Correia, na cidade de Pindamonhangaba — a única não capital a receber os despojos —, de onde partiria para a capital.[253] Pindamonhangaba recebeu os despojos por "ter contribuído com catorze oficiais para a guarda de honra de d. Pedro I, no Grito Ipiranga, inclusive seu comandante, cujos restos mortais se encontram em Pindamonhangaba". O pedido foi feito pelo comandante de um batalhão do Exército situado no município em questão.

Em Pindamonhangaba,[254] cerca de 20 mil pessoas saudaram os despojos, cantando o hino nacional e a música "Eu te amo, meu Brasil". "Os alto-falantes alternavam o hino da Independência com a marcha do sesquicentenário. [...] Nas sacadas, janelas, portas, em todos os locais disponíveis, havia sempre um arranjo histórico, misturando fotos antigas, pôsteres do d. Pedro e do presidente Médici e as fitas verdes e amarelas" (*O Estado de S.Paulo*, 3 de setembro de 1972). A urna mortuária foi exposta na igreja de São José, "onde repousam os restos mortais de vários membros da guarda imperial de d. Pedro I" (*Jornal do Brasil*, 3 de setembro de 1972).

---

253. O Rotary Club de Santos solicitou a inclusão da cidade no programa oficial da excursão fúnebre, mas o pedido foi recusado pela presidência da CEC, sob o argumento de que não se deveria "alterar o planejamento feito à peregrinação, sob pena de cometer injustiças e causar incompreensões que poderão afetar o brilhantismo" das comemorações oficiais. Arquivo Nacional, Fundo Sesquicentenário, pasta 32, Ofício número 664 — CEC, de 21 de abril de 1972.
254. Cf. Arquivo Nacional, Fundo Sesquicentenário, pasta 48, memorando 13351, de 28 de fevereiro de 1972.

4.2. A "apoteose final": a inumação e a Semana da Pátria

No dia seguinte, os restos mortais de d. Pedro I seguiram para São Paulo, onde ficaram expostos no Palácio dos Campos Elíseos, sendo visitados por cerca de 15 mil pessoas. Os visitantes pertenciam a várias camadas sociais: funcionários públicos, empresários, donas de casa, estudantes, entre outros. Alguns portugueses também visitaram a urna mortuária, além de integrantes de inúmeras associações — escoteiros, maçonaria, Rotary.

> Parecia que todos os visitantes estavam deslumbrados com o que viam, pois mostravam-se parados e com olhares fixos na grande urna mortuária que estava sob guarda especial. Entretanto não era muito difícil conseguir um testemunho verbal daquelas pessoas, as quais, ao serem solicitadas por nossa reportagem, faziam questão de dizer exatamente aquilo que sentiam, o que originou muitas declarações pitorescas [...] "Todos estamos dando uma prova de espírito de brasilidade" [...] "a promoção é uma mostra de civismo" [...] Pelas 15 horas um congregado mariano, para espanto de todos, ajoelhou-se diante da urna do imperador e beijou o chão. Mais tarde explicava: "É uma homenagem às cinzas do homem que ajudou a construir o Brasil" (*Popular da Tarde*, 5 de setembro de 1972).

A exposição dos despojos de d. Pedro I teve expressiva repercussão, levando muitas pessoas a sair de suas casas para visitá-lo. Os depoimentos mostram que muitos foram convencidos pelos argumentos da CEC e pela propaganda institucional sobre as comemorações do sesquicentenário. Essas pessoas homenagearam a "figura tutelar" de nossa história, vista por elas como importante para a manutenção da unidade nacional, além de fundamental para a decretação da Independência.

Capítulo 4

Os preparativos para a cerimônia de inumação aconteceram na capital paulista e se encerraram na véspera do evento — 6 de setembro de 1972. Tiveram por objetivo evitar qualquer tipo de incidente que pudesse retirar o brilho do espetáculo, inclusive a quebra do carro blindado encarregado de levar a urna mortuária de d. Pedro I — nesse caso, treinou-se a transferência do caixão para outro veículo idêntico. O ensaio contou com um caixão, similar ao original, que foi transportado para o interior da capela imperial por uma guarda de honra, com a execução do réquiem de Berlioz por um coral (Cf. *Última Hora*, 6 de setembro de 1972).

O cerimonial da inumação detalhou, inclusive, a recepção às autoridades presentes. Assim, o vice-presidente, almirante Augusto Rademaker, seria recebido pelo governador paulista, Laudo Natel; pelo presidente da CEC, general Antonio Jorge Corrêa; pelo presidente da comissão estadual, Pedro de Magalhães Padilha; e pelo chefe do cerimonial do Itamarati. O presidente do conselho de ministros de Portugal, Marcelo Caetano, e o presidente Médici seriam recepcionados pelos membros das comissões, que os acompanhariam ao palanque presidencial, local onde receberiam as saudações militares das tropas formadas por cadetes da Escola Naval (Marinha), da Academia Militar das Agulhas Negras (Exército), da Academia da Força Aérea (Aeronáutica) e da Polícia Militar do estado de São Paulo, sob o comando do II Exército (*Diário Oficial do Poder Executivo do Estado de S. Paulo*, 5 de setembro de 1972). A seguir, o esquife com os despojos seria retirado do veículo blindado por cadetes, receberia as homenagens e seria transportado para o interior do monumento.

A parada cívico-militar ocorrida em São Paulo era o maior evento até então realizado no Brasil, com a participação de milhares de pessoas, entre estudantes, militares e membros das forças auxiliares do estado de São Paulo. A cerimônia foi acompanhada por milhares de pessoas, ao longo da avenida Paulista, que assistiram a um desfile organizado nos seus mínimos detalhes.

Ao som da marcha fúnebre de Chopin, os restos mortais foram retirados da antiga sede do governo paulista por uma guarda de honra formada por membros das Forças Armadas e transportados para o Monumento do Ipiranga (Cf. *A Notícia*, 5 de setembro de 1972; *Diário Oficial do Poder Executivo do Estado de S. Paulo*, 5 de setembro de 1972). Acompanhando o féretro, integrantes do Batalhão de Cavalaria 9 de Julho levaram as diversas bandeiras que simbolizaram o país ao longo de sua trajetória — desde a da Ordem de Cristo até a atual (*Popular da Tarde*, 7 de setembro de 1972) —, ao passo que os símbolos do império — coroa, cetro, exemplar da Constituição, hino da Independência, entre outros — foram transportados por cadetes da Escola Naval, da Academia da Força Aérea e da Academia Militar das Agulhas Negras em automóveis militares (Cf. *Diário Oficial do Poder Executivo do Estado de S. Paulo*, 5 de setembro de 1972).

> Oito jipes do Exército transportavam as peças imperiais, alinhadas mediante a seguinte ordem: primeiro jipe, coroa Imperial; segundo, armas do imperador; terceiro, joias da Coroa; quarto, sabre de d. Pedro I com o qual foi proclamada nossa Independência; quinto, cetro imperial simbolizando uma mão espalmada de ouro; sexto, brasões da Coroa; sétimo, originais da composição do hino da Independência; e, finalmente, oitavo e último veiculo, originais da Constituição de 1824 (*Popular da Tarde*, 7 de setembro de 1972).

Horas antes da chegada do esquife, milhares de pessoas já se aglomeravam nos jardins do Museu do Ipiranga, aguardando o começo da cerimônia. O público ficou afastado do local da atividade por um cordão de isolamento e pelo riacho do Ipiranga (*O Estado de S.Paulo*, 7 de setembro de 1972).

> A essa hora, 420 músicos e 350 cantores estão a postos nas escadarias do monumento, que fica ao lado da tribuna de honra. São os componentes das orquestras Sinfônica e Filarmônica de São Paulo e os corais paulistanos e da Polícia Militar. Alguns degraus acima ficam os cadetes do Exercito, da Marinha, da Aeronáutica e da Polícia Militar, escolhidos para prestar as honras militares ao presidente Médici. [...] Precisamente às 15h45, no horário previsto, anuncia-se a chegada de Marcelo Caetano, e a multidão irrompe num prolongado aplauso. Três minutos depois, precedido de batedores e helicópteros que voam em círculos sobre o monumento, chega o presidente Médici, acompanhado de Laudo Natel e outras autoridades. Novos aplausos da multidão.[255]

O cortejo fúnebre, escoltado por militares, pela Polícia Militar e pelos dragões da Independência, saiu do Palácio dos Campos Elíseos e seguiu lentamente até o parque da Independência. Os despojos foram transportados na mesma viatura — um veículo blindado de combate — que levou o esquife da Estação da Luz até o Palácio dos Campos Elíseos (*A Tribuna de Santos*, 7 de setembro de 1972; *O Estado de S.Paulo*, 7 de

---

255. Id., ibid. É interessante frisar que apenas o vice-presidente Rademaker, o primeiro-ministro Marcelo Caetano e o presidente Médici tiveram o nome anunciado pelo locutor oficial do evento. Id., ibid. Participaram da cerimônia, entre outros: os presidentes do Senado, Petrônio Portela, e da Câmara dos Deputados, Pereira Lopes; o chanceler português, Ruy Patrício; todo o ministério brasileiro; os chefes militares regionais; o secretariado do governo paulista; o prefeito da cidade de São Paulo; o cardeal d. Paulo Evaristo Arns e do Núncio Apostólico — as únicas autoridades religiosas presentes. Cf. *Jornal da Tarde*, 7 de setembro de 1972, "Dom Pedro volta ao Ipiranga. Para sempre". In: Arquivo Nacional, Fundo Sesquicentenário, pasta 54.

setembro de 1972), e que já havia transportado os caixões do marechal Mascarenhas de Morais, comandante da Força Expedicionária Brasileira durante a Segunda Guerra Mundial, e do ex-presidente Humberto de Alencar Castelo Branco.[256]

> Saindo do Palácio dos Campos Elíseos, que àquela hora já contava com um público de quase 2 mil pessoas aguardando o esquife do imperador, o cortejo começou a percorrer a avenida Rio Branco. Já nos primeiros metros do percurso, as calçadas estavam literalmente tomadas por populares, em sua maioria estudantes que foram dispensados das aulas para prestar suas últimas homenagens a d. Pedro I. Vagarosamente, a uma velocidade média de 6 km/h, o cortejo ganhou a avenida até a esquina com a Ipiranga, onde uma chuva de papéis picados, não se sabe de onde, caiu sobre ele. O número de colegiais alinhados ao longo da avenida parecia interminável principalmente quando o cortejo chegou à praça da República, onde os alunos do colégio estadual Caetano de Campos quase não deixaram espaço para os demais populares. No percurso da avenida São Luís, viaduto Maria Paula e viaduto dona Paulina, a velocidade aumentou um pouco, para logo depois, já na praça João Mendes, tornar-se quase nula. O trânsito ali, normalmente intenso àquela hora, e o número impressionante de pessoas que saíam de seus locais de trabalho para se aglomerar nas calçadas dificultaram sobremaneira a passagem do cortejo entre as praças João Mendes e Clovis Bevilácqua. Podia-se observar, em quiosques dos prédios que circundam a zona central, duas ou mais pessoas em cada uma das janelas.

---

256. Cf. *Popular da Tarde*, 7 de setembro de 1972, "A cidade parou na despedida ao nosso primeiro Imperador". In: Arquivo Nacional, Fundo Sesquicentenário, pasta 54. De acordo com outra reportagem, "já se tornou tradição do veículo, transportar urnas mortuárias, tanto que para cada uma que transporta há uma inscrição em prata pregada nas paredes internas". In: *O Estado de S.Paulo*, 7 de setembro de 1972: "O cenário está pronto". In: Arquivo Nacional, Fundo Sesquicentenário, pasta 54.

Na saída da avenida Rangel Pestana para o parque d. Pedro II, carros particulares começaram a se juntar ao cortejo que já vinha sendo acompanhado por veículos da imprensa desde o início.[257]

Finalmente, em 7 de setembro de 1972, os despojos de d. Pedro I foram inumados na capela imperial do Monumento do Ipiranga. Um pouco antes, o coral da Polícia Militar do estado de São Paulo, acompanhado pela orquestra filarmônica paulista, executou o hino da Independência,[258] ao som da salva de 21 tiros de canhão e sob as evoluções da "esquadrilha da fumaça" (*A Tribuna de Santos*, 7 de setembro de 1972).

> O esquife imperial, transportado por soldados do Exército, da Marinha, da Aeronáutica e da Polícia Militar de São Paulo, passou diante do palanque em que se encontravam o presidente Médici, o primeiro ministro de Portugal, Marcello Caetano, o governador Laudo Natel e ministros de Estado.
> O hino nacional foi executado pela Orquestra Sinfônica de São Paulo, acompanhado de um coral de mais de cem vozes. Uma salva de 21 tiros foi disparada em homenagem ao imperador. Os restos mortais de d. Pedro foram levados depois à capela imperial do Monumento do Ipiranga, onde também se encontram os despojos da imperatriz Leopoldina (*Última Hora*, 7 de setembro de 1972).

Após o locutor Blota Júnior ler o decreto de entrega do Monumento do Ipiranga à União e a execução do hino da

---
257. Id., ibid.
258. Com o intuito de melhor preparar os estudantes que participassem das cerimônias cívicas associadas às comemorações do sesquicentenário da Independência do Brasil, o general Antonio Jorge Corrêa, presidente da CEC, solicitou ao ministro Jarbas Passarinho "que, da mesma forma que acontece com o hino nacional, seja determinado nos estabelecimentos de ensino o treinamento do canto do hino da Independência". Arquivo Nacional, Fundo Sesquicentenário, pasta 35, Ofício n. 84 — CEC, de 3 de fevereiro de 1972.

Independência, o professor Pedro Calmon, integrante do CEC e presidente do Instituto Histórico e Geográfico Brasileiro, proferiu uma oração fúnebre, afirmando: "Para o testemunho da vitória, são convocadas as gerações. Esta cerimônia exclui a morte, é a comemoração da vida" (*Jornal da Tarde*, 7 de setembro de 1972). Seu discurso durou cerca de dez minutos, e, na conclusão, procurou repetir o gesto de d. Pedro I 150 anos antes, gritando "Independência ou morte" (id., ibid.). A Orquestra Filarmônica de São Paulo interpretou o Réquiem de Berlioz, acompanhada por um coral, no momento em que o caixão era levado para o interior do monumento e a ata de inumação era assinada por Médici e pelo chefe de governo português, Marcelo Caetano.

À noite, uma cadeia nacional de rádio e televisão transmitiu o discurso do presidente Médici — gravado dois dias antes, no Palácio Laranjeiras —, declarando oficialmente encerradas as festividades (*O Estado de S.Paulo*, 7 de setembro de 1972). Findavam-se as comemorações:

> Recolhidos os restos mortais do fundador do Estado brasileiro à capela do Monumento do Ipiranga; silenciados os últimos aplausos das ruas de São Paulo ao grande desfile militar desta manhã; e transposta a hora mais intensa das comemorações do sesquicentenário de nossa Independência, quisera chegar à casa de quantos, por nascença ou opção, tem o Brasil por pátria, para unir-me às alegrias, às emoções e aos votos de cada um, neste dia maior que todos os dias.
> Assim procurei fazer também, a 21 de abril, quando começaram oficialmente os festejos, naquele imenso Encontro Cívico Nacional, na reverência a Tiradentes, o guia iluminado e consciente, o herói popular que a Revolução de março consagrou como o patrono cívico da nação brasileira. [...] Ao longo desses meses

em que se concentram as celebrações de iniciativa oficial, o país inteiro viveu o sesquicentenário, sem que se desviassem recursos substanciais dos nossos programas de desenvolvimento, sem excesso, sem desperdício, sem ostentação.[259]

É importante destacar a ênfase da CEC e, por extensão, das comissões estaduais, na valorização da unidade nacional: d. Pedro I merecia ser cultuado como herói porque preservou a unidade territorial do Brasil. O périplo dos restos mortais do primeiro imperador e seu enterro no Monumento do Ipiranga exalta "o esforço de d. Pedro I pela unidade nacional" (*Jornal do Commercio*, 12 de março de 1972).

A festa do Sete de Setembro foi preparada nos mínimos detalhes. Assim, a partir de agosto de 1972, começaram a surgir notícias referentes à organização do evento. Por exemplo, na cidade de Santos, a população receberia gratuitamente 15 mil bandeirolas do Brasil: "O lema hoje é participação, e neste 7 de setembro o povo também tomará parte, agitando as bandeiras para dar aspecto mais festivo às comemorações do 150º aniversário da Independência do Brasil" (*A Tribuna*, 30 de agosto de 1972). A população fora chamada a participar da festa, ainda que somente como espectadora.

Na capital paulista — palco principal das festividades —, as comemorações aconteceram a partir de agosto de 1972 (Cf. *Última Hora*, 21 de agosto de 1972), com a presença de autoridades civis e militares, nas áreas reurbanizadas próximas

---

259. Médici, Emílio Garrastazu. "Mensagem transmitida através de rede nacional de rádio e de televisão, no encerramento das comemorações do sesquicentenário da Independência, no dia 7 de setembro de 1972". In: *O sinal do amanhã*. Brasília: Departamento de Imprensa Nacional, 1972, p. 91-3.

às futuras instalações do Metrô, que foi inaugurado cerca de duas semanas depois pelo presidente Médici.[260]

Na Guanabara, as comemorações relativas à Semana da Pátria foram iniciadas com o desfile de alunos da Fundação Nacional de Bem-Estar do Menor (Funabem), em evento que contou com a participação do general Meira Mattos:

> Ao som da marcha do sesquicentenário e de "Pra Frente, Brasil", alunos de diversas idades homenagearam a Independência portando faixas e painéis com inscrições sobre Proterra, PIS, Eletrobrás, além de homenagem ao presidente Castelo Branco.
> Crianças de quatro a seis anos desfilaram vestindo os uniformes do Exército, da Marinha e da Aeronáutica, alternando o desfile com danças de roda e declamações em homenagem à bandeira (*Folha de S.Paulo*, 31 de agosto de 1972).

Ainda no Rio de Janeiro, o presidente do conselho de ministros de Portugal foi recepcionado pelo governador Chagas Freitas, que lhe concedeu o título de doutor *honoris causa* pela Universidade do Estado da Guanabara (UEG), em cerimônia realizada no antigo palacete da marquesa de Santos, sede da reitoria da UEG, com a presença da comunidade universitária local e de diversas autoridades (*O Globo*, 5 de setembro de 1972).

Já em Pernambuco, o encerramento das comemorações assumiria uma forma carnavalesca, em função do "desfile de blocos, maracatus, escolas de samba, clubes de frevo e caboclinhos, pelas principais ruas da cidade. [...] Esta festividade

---

[260]. O metrô foi inaugurado pelo presidente Médici em 6 de setembro de 1972, quando "acionou, à distância, o botão que deu a partida ao trem protótipo que efetuou a primeira viagem teste do metrô paulistano", acompanhado do governador Laudo Natel e do prefeito da cidade de São Paulo. *Folha da Tarde*, 7 de setembro de 1972, "Médici e Caetano Inumaram os restos de d. Pedro I". In: Arquivo Nacional, Fundo Sesquicentenário, pasta 54.

carnavalesca está inserida na programação global do sesquicentenário do país" (*Diário de Pernambuco*, 30 de agosto de 1972). Igualmente, a cidade de Recife assistiria ao primeiro desfile histórico do Nordeste, com a participação aproximada de 5 mil estudantes de diversas instituições de ensino públicas e privadas, além de "carros alegóricos e fantasias com motivos alusivos ao nosso passado" (id., ibid.). Ao mesmo tempo, aqueles estudantes que não desfilassem, ficariam nas calçadas, "a fim de também participar da homenagem à pátria" (id., ibid.).

No Ceará, a Semana da Pátria se iniciaria com a transmissão do hino nacional, além do badalar dos sinos e sob o som de apitos e buzinas de fábricas, automóveis e navios, às 6h. Ademais, haveria a exibição "de esquadrilhas de jatos da FAB, sediados em Fortaleza, as quais sobrevoarão a cidade em voos rasantes, no mesmo tempo em que todas as corporações militares realizarão alvoradas festivas" (*Diário Popular*, 31 de agosto de 1972). No primeiro dia de comemorações, o governador César Cals assistiria ao hasteamento da bandeira e faria um pronunciamento em rede estadual de rádio e televisão "sobre as comemorações do sesquicentenário, convocando o povo para participar de todas as solenidades, seguindo-se mensagem no mesmo sentido do comandante da décima Região Militar" (id., ibid.).

O discurso da integração nacional mereceu expressivas referências ao longo das comemorações do sesquicentenário, que buscariam a "renovação do sentimento patriótico do povo brasileiro" (*Diário de Pernambuco*, 30 de agosto de 1972) e a adesão popular "na obra de integração nacional" (id., ibid.).

Ainda como parte das comemorações, o governo federal concedeu perdão presidencial a diversos prisioneiros, condenados a penas inferiores a quatro anos de prisão. Os agraciados pelo indulto deviam ser réus primários, além de ter bom comportamento na prisão e haver cumprido pelo menos 1/3 da pena. Estavam excluídos da medida presidencial indivíduos condenados por delitos relacionados ao narcotráfico ou à segurança nacional.[261]

No que se refere às publicações, durante o sesquicentenário foram (re)editados inúmeros livros que abordaram temas ligados à Independência do Brasil, além da *Biblioteca do sesquicentenário* coordenada pelo IHGB,[262] entre os quais se destacavam: as biografias de d. Pedro I e de José Bonifácio escritas por Otávio Tarquínio de Souza; a *História do Brasil*, de Hélio Vianna; o *Itinerário da Independência*, de Eduardo Canabrava Barreiro; e *1822: Dimensões*, de Maria Odila; além da revista *Cultura*, editada pelo MEC.[263]

Do mesmo modo, diversos órgãos e instâncias do poder público realizaram concursos de monografias a respeito de assuntos relacionados aos 150 anos do "Grito do Ipiranga". A título de ilustração, podem-se citar o "Prêmio Independência" promovido pelo Arquivo Nacional e destinado a graduandos dos cursos de história, sociologia ou comunicação, com premiação em dinheiro.[264] Outro exemplo foi o

---

261. Cf. *O Estado de S.Paulo*, 6 de setembro de 1972, "Médici assina indulto". In: Arquivo Nacional, Fundo Sesquicentenário, pasta 61 B. Ver ainda *Última Hora*, 6 de setembro de 1972, "Hoje, a transladação de d. Pedro ao monumento". In: Arquivo Nacional, Fundo Sesquicentenário, pasta 54. Esta última reportagem também abordou a comemoração do sesquicentenário na penitenciária do estado de São Paulo, feita pelos presidiários e que contou com a participação de cerca de trezentos detentos; no evento, houve execução do hino nacional e exibição de trabalhos feitos pelos presidiários a respeito da Independência, sendo que os cinco melhores receberam prêmios.
262. Conjunto de livros com temática ligada ao processo de Independência do Brasil. A listagem das obras se encontra no anexo: "Biblioteca do sesquicentenário".
263. Cf. Arquivo Nacional, Fundo Sesquicentenário, pasta 65 A e Pasta 65 B.
264. Cf. *A Notícia*, 4 de janeiro de 1972, "Arquivo Nacional abre um concurso para estudantes". In: Arquivo Nacional, Fundo Sesquicentenário, pasta 66. A reportagem informa que "3 mil cruzeiros em dinheiro é o prêmio destinado ao melhor

concurso a respeito da "Influência do pensamento político brasileiro na Independência", promovido pela câmara dos deputados, também com premiação em dinheiro.[265] Do mesmo modo, o Ministério do Exército promoveu concurso denominado "Dom Pedro e a Independência do Brasil", voltado especificamente para estudantes do ensino médio em estabelecimentos civis, que distribuiu prêmios em dinheiro para os primeiros colocados.[266]

Instituições ligadas a governos estrangeiros também promoveram concursos em homenagem ao sesquicentenário da Independência. O prêmio principal era uma viagem ao país proponente. Assim, o Centro de Turismo do governo português no Brasil criou o concurso "Você quer ir a Portugal?" com o seguinte tema: "D. Pedro I do Brasil, IV de Portugal", voltado para estudantes de Espírito Santo, Minas Gerais, Guanabara, Rio de Janeiro, São Paulo, Goiás, Mato Grosso, Distrito Federal Paraná, Santa Catarina e Rio Grande do Sul (Cf. *O Diário*, 18 de abril de 1972).

---

trabalho — além de mil cruzeiros para ficha que tenha preenchido, de documento consultado, mas ainda não catalogado. Os trabalhos devem ter, no mínimo, 30 páginas de texto datilografado, em espaço dois, com o máximo de 30% de transcrições, baseando-se, predominantemente, em documentos existentes no Arquivo Nacional, inéditos ou parcialmente, de preferência ainda não catalogados". Id., ibid.

265. Cf. *Jornal da Bahia*, 12 de fevereiro de 1972, "Independência é tema de concurso". In: Arquivo Nacional, Fundo Sesquicentenário, pasta 66. A reportagem informava que Foi instituído o "Premio Poder Legislativo" no valor total de Cr$35 mil. Cabendo Cr$20 mil, para o segundo e CR$5 mil no terceiro colocado. As inscrições para o concurso serão encerradas às 18h do dia 31 de julho. (...) Cada texto deve ter, pelo menos oitenta páginas datilografadas. Os prêmios serão entregues em Brasília, pelo presidente da Câmara, ficando ainda estabelecido que os autores das monografias premiadas e das classificadas com menção honrosa receberão cem exemplares da divulgação dos seus trabalhos". Id., ibid.

266. Cf. *Diário de Minas*, 23 de julho de 1972, "Exército tem prêmios para melhores trabalhos sobre a independência". In: Arquivo Nacional, Fundo Sesquicentenário, pasta 66 A. Os prêmios seriam "de 5 e 2 mil cruzeiros para os dois primeiros colocados de âmbito nacional, e 1,7 mil cruzeiros para os dois primeiros colocados de âmbito regional". In: Arquivo Nacional, Fundo Sesquicentenário, pasta 66.

Concurso similar foi estabelecido pelo Instituto Cultural Ítalo-Brasileiro, com o tema "Os ideais de Independência no Brasil e na Itália — dos Inconfidentes aos Abolicionistas". Os textos deveriam abordar o paralelismo entre Brasil e Itália no século XIX. O primeiro colocado ganhou uma viagem à Itália; o segundo, uma viagem às cidades históricas de Minas Gerais (Cf. *Folha de S.Paulo*, 11 de junho de 1972).

O prêmio de viagem ao exterior também foi proposto por entidades privadas, como a Ultralar — loja de eletrodomésticos e móveis —, que formulou um concurso, em conjunto com a Secretaria de Educação e Cultura da Guanabara, com o tema "A criança pinta o sete", destinado a crianças de até doze anos. Os prêmios seriam uma viagem à Disney com acompanhante, um fusca 0 km para os responsáveis e "uma sala de recreação completa" (*Correio da Manhã*, 12 de março de 1972 [Informe publicitário]).

A Secretaria de Educação e Cultura do Estado da Guanabara também se associou a outra entidade privada — no caso, a Federação das Associações Portuguesas e Luso-brasileiras — para premiar trabalhos escritos sobre o quarto centenário da publicação de *Os Lusíadas* e o sesquicentenário. A premiação seria de CR$10 mil e quatro viagens para Portugal.[267]

A Universidade do Estado da Guanabara (UEG) promoveu concurso voltado exclusivamente para seus alunos de graduação e do Colégio de Aplicação (CAP), "para a apresentação de slogan que será adotado durante as festas comemorativas referidas, inclusive para a confecção de plásticos" (*Jornal dos Sports*, 23 de abril de 1972). A universidade premiou o adesivo

---

267. Cf. *O Globo*, 29 de fevereiro de 1972, "Concurso dará Cr$10 mil e ida a Lisboa". In: Arquivo Nacional, Fundo Sesquicentenário, pasta 66. A reportagem informava, ainda, que poderiam concorrer "obras inéditas ou publicadas, reportagem, ensaio de nível universitário e trabalho e monografia no âmbito colegial sobre temas vinculados à contribuição do elemento português para o desenvolvimento Brasil, à cultura e à história do Brasil e de Portugal". Id., ibid.

criado por um estudante de engenharia, que uniu os símbolos da UEG e do sesquicentenário com a frase "Ame o Brasil estudando". O segundo lugar ficou com uma estudante de catorze anos do Colégio de Aplicação, que cunhou a frase "Sesquicentenário — união e entusiasmo de gerações" (Cf. *Gazeta de Notícias*, 12 de agosto de 1972).

Não há contradição no fato de o governo Médici — tradicionalmente associado à repressão política — ter realizado expressivo investimento na comemoração do sesquicentenário da Independência. As festas não se limitavam à mera propaganda ideológica — embora esse componente também estivesse presente — nem ao simples eclipse da violência contra os opositores. Afinal, as festas cívicas demonstram a preocupação em recriar os acontecimentos do passado. No caso específico do nosso tema, havia todo um cuidado com o preparo de cenários adequados à comemoração da Independência: a urna mortuária com os despojos de d. Pedro I sempre ficava exposta em prédios que possuíam algum valor histórico — igrejas, sedes da administração regional — e, algumas vezes, também foi transportada por veículos originários de um tempo mais remoto — carruagens etc.[268]

Com as festividades, o Estado ampliava o apoio que desfrutava, num processo em que o recurso à emoção se tornava fundamental.[269]

As comemorações custaram aproximadamente CR$30 milhões. Em março de 1972, o Ministério do Planejamento liberou CR$2 milhões, que seriam gastos em material de consumo (CR$200 mil), serviços de terceiros (CR$800 mil) e encargos

---

268. Ainda que o caráter histórico fosse bastante discutível, como no caso dos territórios federais, cuja efetiva ocupação ainda estava por se fazer, ou, mais ainda, na situação do Distrito Federal. Brasília tinha pouco mais de uma década de existência, e diversos órgãos federais ainda se localizavam na Guanabara.
269. Para uma análise mais detalhada da utilização da emotividade com finalidades políticas, cf. Maurício Parada. *Educando corpos e criando a nação*. Op. cit., p. 42 e segs.

diversos (CR$1 milhão).²⁷⁰ Entre abril e junho foram liberados outros CR$9 milhões.²⁷¹ Em julho, mais CR$19 milhões, sendo CR$2,05 milhões decorrentes de gastos com serviços de terceiros e CR$16,95 milhões referentes a encargos diversos.²⁷² A verba total seria gasta da seguinte maneira:

Tabela 2 - Proposta Orçamentária elaborada pela CEC[273]

Propaganda, publicidade e divulgação	CR$ 4,48 milhões
Transportes nacionais e internacionais	CR$ 10 milhões
Hospedagem e alimentação	CR$ 5 milhões
Exposições	CR$ 2,05 milhões
Cursos, congressos e conferências	CR$ 1,8 milhão
Publicações e impressos	CR$ 1,5 milhão
Espetáculos artísticos	CR$ 780 mil

---

270. Diário Oficial da União, 15 de março de 1972, Ministério do Planejamento e Coordenação Geral — Gabinete do Ministro: Plano de Aplicação de recursos no valor de Cr$2 milhões destinados à Comissão Executiva Central para as comemorações do sesquicentenário da Independência do Brasil, conforme a Exposição de Motivos n. 6 de 12 de janeiro de 1972, aprovada pelo exmo. sr. presidente da República (Diário Oficial da União de 18 de janeiro de 1972). In: Arquivo Nacional, Fundo Sesquicentenário, pasta 39.
271. Cf. Arquivo Nacional, Fundo Sesquicentenário, pasta 39.
272. Diário Oficial da União, 2 de agosto de 1972, Ministério do Planejamento e Coordenação Geral — Gabinete do Ministro: "Plano de Aplicações de recursos no valor de Cr$19 milhões destinados à Comissão Executiva Central das Comemorações do Sesquicentenário da Independência do Brasil, a que se refere a exposição de motivos n. 95-B, de 13 de julho de 1972, aprovada pelo exmo. senhor presidente da República (Diário Oficial da União de 14 de julho). In: Arquivo Nacional, Fundo Sesquicentenário, pasta 39.
273. Ofício n. 40 da CEC, datado de 11 de julho de 1972 e encaminhado ao ministro da Justiça. In: Arquivo Nacional, Fundo Sesquicentenário, pasta 39.

Espetáculos desportivos	CR$ 990 mil
Comemorações cívicas	CR$ 800 mil
Medalhas, bandeiras e materiais em geral	CR$ 900 mil
Despojos imperiais e peregrinação	CR$ 900 mil
Diárias, pró-labore, serviços de terceiros e diversos	CR$ 800 mil
Total	CR$ 30 milhões

Podemos perceber, com base nos dados acima, que o transporte dos despojos foi a atividade que teve maior gasto no orçamento da CEC, seguido pelos itens "hospedagem e alimentação" e "propaganda, publicidade e divulgação", equivalentes a cerca de 2/3 da despesa total.

Um aspecto que não passou despercebido em 1972 foi a comparação com as comemorações do centenário da Independência. Essa comparação quase sempre favoreceu o sesquicentenário. Assim, os eventos dos 150 anos seriam mais grandiosos por diversos motivos, entre os quais se destacavam a população de quase 100 milhões de pessoas, o elevado crescimento econômico do "milagre" e o desenvolvimento industrial, que diversificou nossa pauta de exportações (*A Tribuna*, 2 de agosto de 1972; *Diários de Sorocaba*, 9 de agosto de 1972). O general Antonio Jorge Correia, que, além de presidente da CEC, também era secretário-geral do Exército, também se preocupou em enaltecer as comemorações do sesquicentenário em comparação às festividades de 1922. Ele considerou positivas as festas de 1972, por exemplo, em relação à imagem internacional do Brasil: em 1922, "o estande do Brasil na então Feira de Amostras apresentou apenas números de folclore e peças de artesanato [...]

[enquanto em 1972] a exposição do Parque Anhembi, em São Paulo, vai apresentar todos os nossos produtos de exportação. E já são tantos que já está havendo problemas de espaço".[274]

A abertura oficial das festividades da Semana da Pátria aconteceu no Parlamento, durante sessão solene em que discursaram os presidentes do Senado, Petrônio Portela, e da Câmara dos Deputados, Pereira Lopes, diante de um plenário completamente lotado (*Gazeta de Notícias*, 2 de setembro de 1972). A seguir, ainda no prédio do Congresso Nacional, foi realizado um Te-Deum com a presença de Médici, do vice-presidente, Augusto Rademaker, de todo o ministério e dos presidentes dos Tribunais Superiores, com suas respectivas esposas. À tarde, ainda no Distrito Federal, o presidente inaugurou o mastro — com cerca de cem metros de altura — em que tremula a bandeira nacional, sob uma revoada de pombos e ao som do hino nacional e de uma salva de 21 tiros de canhão (Cf. *Popular da Tarde*, 1º de setembro de 1972).

> A presença pessoal de Médici às solenidades do demonstra que o governo da Revolução de 1964 está intimamente ligado às raízes do Grito do Ipiranga. Significativo foi o comparecimento do chefe da nação à sessão de sexta-feira do Congresso, na abertura das comemorações oficiais da Semana da Pátria. Mostrou que está sempre pronto a prestigiar o Poder Legislativo. Médici não poupou aplausos às palavras dos presidentes das duas casas. Petrônio Portela, do Senado, e Pereira Lopes, da Câmara, destacaram o entendimento entre os poderes constituídos. Acentuaram a

---

274. *Jornal do Brasil*, 4 de setembro de 1972, "General Antonio Jorge Correa". In: Arquivo Nacional, Fundo Sesquicentenário, pasta 65 B. O general afirmou "que a maior preocupação da Comissão era justamente o tipo de imagem do Brasil que eles iriam refletir. Foi logo afastada a hipótese de um programa de simples confraternização, à base do tradicional foguetório, que nada acrescentaria a posição do Brasil no cenário internacional. Era preciso um encadeamento de eventos que desse ao mundo a exata realidade brasileira do momento".

compreensão que sempre existiu em nosso país pelo respeito à liberdade e aos direitos fundamentais do homem. [...] As mais altas autoridades civis, militares e eclesiásticas estavam presentes, numa demonstração de que, em nosso país, hoje como ontem, impera a união. Isso, sob as bênçãos de Deus, que foi invocado com um solene "Te Deum", após a sessão (*A Gazeta*, 4 de setembro de 1972).

Mais uma vez, enfatizava-se a questão da unidade nacional, aqui entendida como o fim das divergências políticas e a aceitação do regime militar.[275] Essa mesma cerimônia ocorreu por todo o país, nas Assembleias Legislativas e Câmaras Municipais, com a presença destacada do respectivo chefe do Poder Executivo, "com o objetivo de assinalar a Semana da Pátria com a integração dos Poderes dentro de um espírito de harmonia".[276] Ao final, ocorreria missa solene nas dependências do prédio do Poder Legislativo — Congresso Nacional, Assembleias Legislativas ou Câmaras Municipais.[277]

Na véspera, dia 31 de agosto de 1972, o ministro Jarbas Passarinho esteve presente à chegada do Fogo Simbólico ao Monumento do Ipiranga, e, em seu discurso, afirmou que "somos, hoje, 100 milhões de corações a reverenciar o primeiro dos nossos imperadores, no momento em que os seus despojos veneráveis caminham para o repouso eterno no Monumento do Ipiranga" (*Jornal do Brasil*, 1º de setembro de

---

275. Convém destacar que o MDB aceitou participar da cerimônia presidida pelo general Médici, em função dos entendimentos havidos com o senador Petrônio Portela, segundo o qual "trata-se de uma festa da maior amplitude, integrando todos os poderes da República e a presença do general Médici será algo de extraordinário, respeitável e acima dos partidos". *Diário de São Paulo* (São Paulo, SP), 27 de agosto de 1972, "Programa de Médici na Semana da Pátria". In: Arquivo Nacional, Fundo Sesquicentenário, pasta 74.
276. Id., ibid.
277. Cf. Arquivo Nacional, Fundo Sesquicentenário, pasta 64. Ver, ainda, *Diário de São Paulo* (São Paulo, SP), 27 de agosto de 1972, "Programa de Médici na Semana da pátria". In: Arquivo Nacional, Fundo Sesquicentenário, pasta 74.

1972). Mais uma vez, ocorre a fetichização de d. Pedro I, novamente identificado como algo a ser cultuado, alguém digno de figurar no panteão cívico dos heróis pátrios.

A Semana da Pátria de 1972 no Rio de Janeiro se iniciou no Monumento aos Mortos da Segunda Guerra Mundial — o mesmo local onde os despojos de d. Pedro I foram recepcionados em 21 de abril —, em solenidade presidida pelo governador Chagas Freitas e acompanhada por todo o secretariado e pelo presidente da Assembleia Legislativa. Em seu discurso, o governador identificou o sesquicentenário como uma "jornada de patriotismo e de integração nacional" (*A Notícia*, 2 de setembro de 1972), assim como de união nacional, sob o comando do presidente Médici. Ainda segundo Chagas Freitas,

> as comemorações atingem nesta semana a sua plenitude. Todo o Brasil se irmana na exaltação do feito de d. Pedro I e dos grandes estadistas que fundaram e deram lustre ao império. Hoje somos uma nação com 100 milhões de brasileiros, mesclando raças acima de preconceitos e amando a liberdade e a justiça como imperativo da própria dignidade humana. Nossa história de país soberano se confunde com a história da harmonia de um povo fiel às suas tradições cristãs, cônscios das suas responsabilidades em face da civilização ocidental. Criamos um estilo de vida que é modelo de paz social. Marcamos os contornos do país com bravura e tenacidade das bandeiras. Por meio de tratados negociados livremente, fixamos as nossas fronteiras, cuja integridade é mantida pela vigilância das nossas gloriosas Forças Armadas (Id., ibid.).

Na fala do governador, percebemos a preocupação em aglutinar os diversos momentos da história brasileira, de modo a demonstrar a presença de algumas características ao longo de sua trajetória: a ausência de conflitos internos — políticos e étnicos —, a presença da liberdade e a proeminência das Forças Armadas na manutenção da ordem e da integridade do Brasil.

Na Guanabara, o Sete de Setembro reuniu cerca de 25 mil militares, que desfilaram na avenida Presidente Vargas diante do palanque onde estavam o governador Chagas Freitas e o comandante do I Exército, general Sílvio Frota,[278] além de outras autoridades civis, militares e eclesiásticas, e do público em geral (*Diário da Noite*, 8 de setembro de 1972). Cerca de 60 mil pessoas estiveram presentes ao desfile, que contou com "forte dispositivo de segurança, que empregou 3 mil homens, entre policiais e militares à paisana e uniformizados" (*Popular da Tarde*, 8 de setembro de 1972). Estavam programados para participar do desfile contingentes do Exército — banda de música, polícia do Exército, infantaria, brigada paraquedista, destacamentos motorizado e blindado —, da Marinha e da Aeronáutica, ex-combatentes da Segunda Guerra Mundial, estudantes e grupamento a cavalo (Cf. *Diário de Notícias*, 30 de agosto de 1972).

Nas demais capitais também houve preparativos para o Sete de Setembro, visto que se tratava de um evento especial, pois encerrava a comemoração do sesquicentenário. Assim, por exemplo, o local do desfile em Manaus estava decorado com "motivos históricos", e a cidade contaria ainda com a realização de um desfile com trajes históricos, pois se comemorava, ao

---

278. Foi a terceira vez que o presidente da República não assistiu ao desfile militar no Rio de Janeiro. Isso ocorreu também em 1961 — na posse de João Goulart, na mesma data, em Brasília — e em 1969 — quando o presidente Costa e Silva ficou afastado por problemas de saúde. De qualquer modo, a partir de 1973, o desfile seria transferido definitivamente para Brasília, e a Guanabara passaria a ter o mesmo desfile que as demais unidades da Federação. Cf. *O Estado de S.Paulo*, 7 de setembro de 1972. "O último grande desfile na GB". In: Arquivo Nacional, Fundo Sesquicentenário, pasta 71.

mesmo tempo, a "emancipação política da Amazônia" (*O Estado de S.Paulo*, 7 de setembro de 1972). Ainda na região Norte, Belém fora agraciada com o desfile de marinheiros peruanos em homenagem à Independência brasileira (Cf. id., ibid.).

Na região Nordeste, as autoridades maranhenses estimavam a presença de 100 mil pessoas nos festejos que aconteceriam em São Luís. Já em Fortaleza, aviões da FAB seriam o destaque da festa, fazendo evoluções de manhã e à tarde. No fim do dia, sinos, buzinas e sirenes de fábricas soariam em homenagem ao "Grito do Ipiranga" (id., ibid.). Em Recife, a prefeitura utilizou 25 mil bolas de gás coloridas — verde, amarelo e vermelho — em alusão à Brasil e a Portugal, além de decorar o palanque das autoridades com "um grande retrato do presidente Médici" (id., ibid.). Em João Pessoa, o desfile contaria com a presença de alunos do Movimento Brasileiro de Alfabetização (Mobral) e de algumas unidades militares localizadas em Fortaleza e Recife (cf. id., ibid.). Em Aracaju, o desfile foi dividido em duas partes: em 6 de setembro desfilaram os estudantes; em 7 de setembro, apenas os militares (cf. id., ibid.). Em Maceió, ocorreu o plantio de mudas de pau-brasil, além do desfile que contou com a presença de aproximadamente 2 mil militares e de ex-combatentes e representantes da maçonaria (cf. id., ibid.).

Em Belo Horizonte, o desfile ocorreu na avenida Afonso Pena, e no mesmo dia haveria a decisão do campeonato estadual, envolvendo as duas maiores torcidas do estado: Cruzeiro e Atlético Mineiro (cf. id., ibid.). O desfile durou três horas e reuniu, além de militares, cerca de 9 mil estudantes, tendo sido assistida por um público estimado entre 50 mil (Cf. *Diário da Noite*, 8 de setembro de 1972) e 100 mil pessoas (Cf. *Popular da Tarde*, 8 de setembro de 1972). No palanque, montado diante da prefeitura, se encontrava o governador Rondon Pacheco, que passou as tropas em revista, e outras autoridades civis e militares.

Em Goiânia, o desfile contaria com a participação aproximada de 10 mil pessoas, entre militares e estudantes (Cf. *O Estado de S.Paulo*, 7 de setembro de 1972). Ainda na região Centro-Oeste, em Brasília, a parada foi assistida pelo governador Prates da Silveira (id., ibid.) e envolveu 4 mil militares, unidades das polícias civil e militar, do Corpo de Bombeiros e de ex-combatentes, que desfilaram para um público estimado entre 50 mil (Cf. *Popular da Tarde*, 8 de setembro de 1972) e 100 mil pessoas (Cf. *Diário da Noite*, 8 de setembro de 1972).

Em Porto Alegre, desfilariam cerca de 10 mil militares — incluindo contingentes da Brigada Militar e do Corpo de Bombeiros —, assim como blindados e cavalaria, além de carros alegóricos, veículos enfeitados e a rainha de um concurso de beleza (Cf. *Popular da Tarde*, 8 de setembro de 1972). "O ponto alto das comemorações será a inauguração, às 23h30, de um marco em granito, no Parque Farroupilha, em homenagem a José Bonifácio, junto ao Monumento do Expedicionário" (*O Estado de S.Paulo*, 7 de setembro de 1972). Ainda na região Sul, cerca de 40 mil pessoas assistiram ao desfile em Florianópolis, que reuniu aproximadamente 7 mil estudantes (Cf. *Popular da Tarde*, 8 de setembro de 1972).

O desfile militar realizado diante do palanque montado para as autoridades civis, militares e religiosas, no vão do Museu de Arte de São Paulo (Masp), na avenida Paulista, foi o maior da história do Brasil, reunindo cerca de 18 mil homens — grande parte trajando uniforme de gala. O palanque tinha capacidade para 1.500 pessoas, que assistiram, entre outros itens, ao desfile dos dois novos modelos de foguetes desenvolvidos pela Aeronáutica: Sonda II e Sonda III, destinados à pesquisa na atmosfera terrestre (*O Liberal*, 6 de setembro de 1972). Desfilaram, ao longo de três horas, militares, trinta cães e 360 cavalos, ambos da PM paulista. A parada contaria ainda com "47 veículos normais de serviço — jipes 'tatus', 'brucutus' — e oitenta viaturas do Corpo de Bombeiros, que estarão com seus rádios ligados, podendo se retirar do desfile para atender qualquer emergência" (*Folha da Tarde*, 1º de setembro de 1972). Aviões da FAB também participaram do evento, inclusive com evoluções da "esquadrilha da fumaça", que fez sucesso junto ao público (Cf. *Diário Popular*, 8 de setembro de 1972).

> Milhares de bandeirolas davam colorido à avenida; as calçadas da Paulista ficaram superlotadas. As janelas dos grandes edifícios de apartamento e os jardins dos palacetes davam a impressão de palanques especiais. A enorme massa humana vibrou de civismo e patriotismo, no grandioso festival. Armas e equipamentos, além dos vistosos uniformes e garbo dos militares, emocionaram a multidão que foi assistir à grande parada (Id., ibid.).

Enfim, o Sete de Setembro foi comemorado em todos os estados da Federação, com desfiles de militares e de estudantes. Em muitas capitais, houve ainda a participação de ex-combatentes, de representantes da maçonaria e de escoteiros, entre outros — além da Liga de Defesa Nacional.[279]

À noite, houve o espetáculo de luz e som "Quatro séculos de Brasil", apresentado no parque da Independência, com a presença do presidente Médici e do primeiro-ministro Marcelo Caetano. Depois, todos seguiram para o coquetel oficial no Palácio dos Bandeirantes (*O Estado de S.Paulo*, 7 de setembro de 1972).

---

279. Cf. *Diário Popular*, 8 de setembro de 1972, "A maior parada da história do Brasil". In: Arquivo Nacional, Fundo Sesquicentenário, pasta 71. Não apenas as capitais dos estados presenciaram desfiles. Assim, por exemplo, em Santo André (região industrial do estado de São Paulo), houve salva de 21 tiros e a comemoração do sesquicentenário prosseguiria até 1º de outubro. Cf. *Diário da Noite* (Edição Matutina, São Paulo, SP), 8 de setembro de 1972, "Rio: emoção no desfile". In: Arquivo Nacional, Fundo Sesquicentenário, pasta 71.

A cerimônia sofreu algumas críticas por parte de populares: de acordo com o jornal *O Estado de S.Paulo*, pessoas reclamavam da falta de mulheres e de flores, e também diziam haver poucos estudantes (*O Estado de S.Paulo*, 7 de setembro de 1972). Ademais, o gramado recém-plantado não suportou a chuva e, com a presença de grande público, se transformou em lamaçal; por fim, os músicos das orquestras Sinfônica e Filarmônica não vestiam roupa de gala, mas traje de passeio, e "algumas das mulheres [dos corais] envergavam uniformes destoantes, uns longos e outros curtos", o que deu um tom excessivamente informal à cerimônia (id., ibid.).

Entretanto, o general Antonio Jorge Corrêa agradeceu às autoridades e à população de São Paulo "pela cooperação recebida que resultou no pleno êxito e na repercussão alcançada pelas comemorações" (*Diário Popular*, 10 de setembro de 1972) e, em especial, pelo espetáculo "Som e Luz", que encerrou as comemorações. Segundo o presidente da CEC, ele "veio ajustar-se ao fecho apoteótico com que a Comissão desejava encerrar as comemorações" (id., ibid.). Ou seja, tudo teria transcorrido dentro do planejado, não havendo motivos para quaisquer críticas.

Nos dias que se seguiram à inumação dos despojos, milhares de pessoas visitaram a capela imperial do Monumento do Ipiranga. Assim, entre 7 e 10 de setembro, cerca de 30 mil pessoas foram ao local reverenciar d. Pedro I (*Última Hora*, 10 de setembro de 1972).

Conclusão

De acordo com as fontes selecionadas, podemos perceber que a comemoração dos 150 anos da Independência nacional teve alguma repercussão popular, em especial entre os mais jovens, que o viveram mais intensamente, por exemplo, no ambiente escolar, embora não necessariamente tenha havido uma motivação "total e profunda, de modo a resultar numa participação consciente e entusiástica, de todas as camadas sociais, a partir dos mais altos níveis da hierarquia governamental, até os mais humildes trabalhadores, inclusive as crianças" (*Diário Popular*, 7 de setembro de 1972). De todo modo, em 7 de setembro de 1972, pessoas de diversas partes do país se reuniram para festejar o "Grito do Ipiranga".

No entanto, o que podemos vislumbrar com a data, entre outros elementos, foi a difusão de um discurso que valorizou o papel das Forças Armadas e a vigência do regime militar implantado em 1964, considerando-os fundamentais para a própria consecução do momento vivido em 1972. Esse discurso identificava o regime militar ao crescimento acelerado da economia e à manutenção da ordem, feitos que capacitariam as Forças Armadas para dirigir os destinos do Brasil.

Ademais, podemos vislumbrar a participação, ainda que desigual, de importantes segmentos da sociedade brasileira. Dessa maneira, por exemplo, diversos sindicatos se vincularam ao sesquicentenário, assim como associações de diversos matizes — clubes de serviço, maçonaria, instituições religiosas. Não foram poucas, inclusive, as ocasiões em que a Comissão Executiva Central teve de indeferir solicitações de inclusão de novos membros na organização dos festejos, além das propostas — feitas por cidades como Santos e Cachoeiro, entre outras — de modificação do périplo dos restos mortais de d. Pedro I.

Igualmente, foram poucas as críticas publicadas aos festejos do sesquicentenário: além de Alceu de Amoroso Lima e de *O Pasquim*, praticamente houve unanimidade entre os diversos setores da mídia em torno das comemorações oficiais.

De modo análogo, pudemos observar a repercussão bastante favorável do Torneio Sesquicentenário, quando as partidas do Brasil foram acompanhadas por grande número de pagantes nos estádios, mesmo com a transmissão ao vivo da televisão e do rádio. Esse fenômeno repetiu-se por ocasião do lançamento do filme *Independência ou morte*, assim como durante as diversas cerimônias oficiais realizadas durante as festividades dos 150 anos do "Grito do Ipiranga". As imagens nos mostram pessoas aglomeradas e visitando os despojos imperiais.

Ao mesmo tempo, os organizadores procuraram abranger todo o Brasil, quer por meio da realização dos Encontros Cívicos, quer mediante a excursão dos despojos de d. Pedro I, ou ainda pela realização das competições desportivas. Enfim, com essa comemoração cívica podemos vislumbrar a convivência entre a sociedade brasileira e o regime militar, percebendo a adesão (ou não) de muitos atores sociais.[280]

No entanto, as imagens — e mesmo algumas reportagens extraídas do fundo sesquicentenário — nos indicam também o oposto. Assim, grande parte desse público era composto por colegiais, ou seja, por crianças e adolescentes que, uniformizados, muitas vezes não dispunham de qualquer autonomia diante do poder constituído — no caso, professores e direções escolares que se viam obrigados a cumprir as diretrizes emanadas das respectivas secretarias de Educação.[281]

---

280. Cordeiro, Janaína Martins. "Lembrar o passado, festejar o presente: as comemorações do sesquicentenário da Independência: entre consenso e consentimento". In: *Anais do 13o Encontro Regional da Anpuh*, 2008, p. 3, 5.
281. Assim, por exemplo, a direção da Escola Estadual Orsina da Fonseca, locali-

Conclusão

Durante grande parte das partidas internacionais do Torneio Sesquicentenário, a afluência do público aos estádios ficou abaixo da expectativa — mesmo com a distribuição gratuita de ingressos aos estudantes. Isso se repetiu mesmo nas partidas disputadas pela seleção portuguesa de futebol, contrariando as expectativas dos organizadores, o que acabou acarretando prejuízo financeiro — sanado com o aporte de recursos oficiais — para a CBD.

Mesmo durante o périplo dos despojos de d. Pedro I, também podemos vislumbrar alguns indícios que nos levam a indagar sobre o grau da adesão popular aos festejos. Por exemplo, durante sua estadia em Salvador, os despojos ficaram relegados a um espaço secundário na Catedral Metropolitana, onde recebia a visita apenas de estudantes organizadas pelas escolas e de alguns poucos populares — em geral, aposentados e donas de casa. A cerimônia ocorrida na capital baiana foi melancólica — talvez devido à recusa, por parte da organização central, em aceitar que a urna mortuária visitasse outras cidades baianas além da capital, conforme solicitação do governador Antonio Carlos Magalhães.

Isso não significa que negamos a participação popular nas festividades do sesquicentenário.[282] Entretanto, a adesão

---

zada no Rio de Janeiro, obrigou alguns estudantes a cortar o cabelo, sob pena de não participarem do Encontro Cívico Nacional ocorrido no Maracanã. Cf. *Jornal do Brasil*, 21 de abril de 1972 e *O Pasquim*, n. 147.

282. Concordamos com Janaína Martins Cordeiro. "Lembrar o passado, festejar o presente". Op. cit., embora a autora incorra em dois pequenos equívocos cronológicos: o primeiro, quando afirma que Marcelo Caetano era o presidente de Portugal em abril de 1972 e, como tal, acompanhara a urna mortuária até o Brasil. De fato, o presidente português veio com os despojos mortais de d. Pedro I, mas este era o almirante Américo Thomaz. Marcelo Caetano, à época, era o presidente do conselho de ministros, ou seja, o chefe de governo português, mas não o chefe de Estado. O segundo ocorre quando ela afirma que o Monumento do Ipiranga foi inaugurado durante as comemorações do sesquicentenário, quando, na verdade, foi inaugurado na época do Centenário, em 1922, e o Museu Paulista ainda no final do império. Tanto que um dos chefes da família real brasileira, d. Pedro Gastão,

não foi unânime, e, em muitos casos, parece não haver atingido efetivamente a população adulta da época. Os eventos referentes ao Encontro Cívico Nacional necessitaram de um "chamariz" popular, isto é, precisaram recorrer ao futebol, na Guanabara e em São Paulo, para angariar uma plateia que ouvisse os hinos nacional e da Independência, a marcha do sesquicentenário e o discurso do presidente. Em Recife, a cerimônia contou com transporte gratuito até o local do evento. Ou seja, mesmo os organizadores pareciam ter dúvidas a respeito da eficácia da propaganda realizada. Em que pese a adesão das organizações representativas da mídia: ABI, Abert e ABRT, é bastante plausível que eles temessem a falta de público e o malogro do evento.

Por outro lado, a participação de inúmeros setores nos festejos oficiais nos permite vislumbrar, mais do que a mera adesão ou "colaboração" com a ditadura militar, a presença de uma "zona cinzenta" entre os polos antagônicos:[283] buscaria-se um meio-termo, que não se identificaria com o apoio engajada ou a recusa obstinada. Pretendia-se, deste modo, estabelecer algum grau de convivência possível, neste momento marcado por "Milagre econômico", repressão política e propaganda da Aerp. Isso nos permite compreender melhor a participação da ABI e de outras entidades da sociedade civil na comissão organizativa dos festejos.[284]

---

defendeu, na época do sesquicentenário, que se construísse outro monumento no Ipiranga, especialmente destinado às cinzas de d. Pedro I.

283. Nossa referência é Pierre Laborie, que aborda a sociedade francesa no período compreendido entre a Guerra Civil Espanhola e a Segunda Guerra Mundial, em particular durante a ocupação nazista da França. Cf. Pierre Laborie, *Les français des années troubles. De la guerre d' Espagne a la liberation*. Paris, Seuil, 2003.

284. Denise Rollemberg trabalha mais amiúde a relação ambígua entre sociedade e ditadura militar no Brasil, procurando romper com uma visão dicotômica sobre o tema. Cf. Denise Rollemberg. "Esquecimento das memórias". In: João Roberto Martins Filho (org.). *O golpe de 1964 e o regime militar: novas perspectivas*. São Carlos: EduFSCar, 2006.

Conclusão

Do mesmo modo, a centralidade do IHGB nas comemorações do sesquicentenário pode ser identificada não como simples oportunismo em troca da construção de uma nova sede, mas como resultado de uma junção de diversos interesses de ambos os lados, que foi cimentada por uma comunhão ideológica entre a centenária agremiação e o governo militar: a defesa de um nacionalismo conservador, a valorização da integridade territorial do país, o culto aos grandes homens e a confecção de uma história "patriótica", entre outros elementos fundamentais. A opção da ditadura militar pelo IHGB não foi fruto do acaso, e a adesão dos membros dessa instituição às comemorações oficiais tampouco foi ingênua — afinal, o IHGB empossou o primeiro-ministro português, Marcelo Caetano, como vice-presidente honorário, fato único em sua história, além de ter homenageado o general Antonio Jorge Correia, presidente da CEC, e concedido ao presidente Médici grande destaque doravante.

A comemoração do sesquicentenário pode ser compreendida no panorama de uma política de aproximação entre Brasil e Portugal, sintetizando uma tentativa de apoio mútuo no cenário internacional e a efetivação de uma comunidade luso-brasileira, na qual portugueses e brasileiros desfrutassem igualdade de direitos em ambos os países.

Ao mesmo tempo, afirmar que as comemorações do sesquicentenário foram a principal efeméride do regime militar é, em certa medida, redundante. Afinal, que outra grande comemoração nacional aconteceu entre 1964 e 1985, excetuando-se aquelas associadas aos esportes? Poderíamos pensar no centenário da Batalha Naval do Riachuelo, mas nem a Marinha era a força militar preponderante durante a ditadura nem o Paraguai representava uma ameaça em meados do século XX. Poderíamos evocar os aniversários da repressão à Intentona

Comunista, mas os governos militares não enfatizavam qualquer vinculação política com o governo Vargas — em especial o Estado Novo. Poderíamos pensar ainda nos aniversários da Redentora, mas eram muito próximos cronologicamente e talvez causassem mais divisão social do que coesão interna em torno do regime militar. Possivelmente, a comemoração do 4º centenário da fundação do Rio de Janeiro, mas essa efeméride não conseguiu ultrapassar os limites de seu aspecto regional. Assim, não houve comemoração capaz de eclipsar os festejos pelos 150 anos da Independência do Brasil, que se prolongaram pelo ano de 1973, com a comemoração da adesão do Pará e a vitória sobre os portugueses na guerra de Independência da Bahia.

ANEXOS

ANEXO 1
Biblioteca do Sesquicentenário

Listagem das obras que compõe a biblioteca do Sesquicentenário disponível no Arquivo Nacional

AQUINO FILHO, Alcides Tomaz; BITTENCOURT, Pedro Calmon Moniz de (prefaciador). *Dragões da Independência: tradição e história.* Brasília: Companhia de Artes Gráficas, 1972, p.174 (Biblioteca do Exercito, v. 12).

BITTENCOURT, Pedro Calmon Moniz de. *História do Brasil na poesia do povo.* Rio de Janeiro: Bloch Editores, 1973, p.327 (Biblioteca do Exercito, v. 18).

BRASIL. Ministério do Exército. *História do Exército Brasileiro: perfil militar de um povo.* Brasília: Estado Maior do Exército, 1972 (Biblioteca do Exercito, v. 7).

BUZAID, Alfredo. *José Bonifácio: a visão do estadista.* Rio de Janeiro: Departamento de Imprensa Nacional, 1972 (Biblioteca do Exercito, v. 2).

CRUZ, Oswaldo Gonçalves. *Oswaldo Gonçalves Cruz: Ópera Omnia.* Rio de Janeiro: Sociedade Impressora Brasileira, 1972, p.747 (Biblioteca do Sesquicentenário, v. 11).

FERREZ, Gilberto; BITTENCOURT, Pedro Calmon Moniz de (apresentador). *Pioneiros da cultura do café na era da Independência: a iconografia primitiva do café.* Rio de Janeiro: Instituto Histórico e Geográfico Brasileiro, 1972 (Biblioteca do Exercito, v. 10).

MONTEIRO, Tobias do Rêgo. *História do Império: a elaboração da Independência.* 2. ed. Brasília: Instituto Nacional do Livro, 1972, v.2 (Biblioteca do Exercito, v. 4).

PEDROSA, Manoel Xavier de Vasconcellos (coordenador). *A guarda de honra do príncipe Dom Pedro na viagem a São Paulo: testemunho do Grito do Ipiranga.* Rio de Janeiro: IHGB, 1972, p.96 (Biblioteca do Exército, v. 17).

PORTO SEGURO, Visconde de (Francisco Adolpho de Vanhagen). *História da Independência do Brasil, até o reconhecimento pela antiga metrópole, compreendendo, separadamente a dos sucessos ocorridos am* [sic] *algumas províncias até essa data*. 6. ed. ann. Brasília: Instituto Nacional do Livro, 1972. 554p. (Biblioteca do Exercito, v. 6)

SILVA, Edmundo de Macedo Soares e. *O ferro na história e na economia do Brasil*. Rio de Janeiro: Comissão Executiva Central do Sesquicentenário da Independência do Brasil, 1972, p.194 (Biblioteca do Sesquicentenário, v. 9).

TRIGUEIROS, F. dos Santos. *Iconografia do meio circulante no Brasil*. Brasília: Banco Central do Brasil, 1972, p.318 (Biblioteca do Exército, v. 8).

Nota: Se levarmos em conta a sequência dos volumes da Biblioteca do Sesquicentenário dada na própria referência bibliográfica elaborada pelo Arquivo Nacional, teremos uma série contendo dezoito volumes. Sendo assim, faltariam sete.

No entanto, na consulta à base de dados do Arquivo Nacional, apesar das inúmeras tentativas, feitas das mais variadas formas, independentemente das palavras-chave utilizadas na pesquisa — Sesquicentenário, Independência, Sesquicentenário Independência, biblioteca Sesquicentenário, Independência 1972 etc. —, as obras acima são as únicas catalogadas.

Dessa forma, resolvi listar outras obras que têm ou podem ter alguma relação com as comemorações do sesquicentenário, mas que não constam na Biblioteca.

1) Periódicos:
Presença do Arquivo Nacional nas comemorações do Sesquicentenário. MENSÁRIO DO ARQUIVO NACIONAL. Rio de Janeiro, v. 3, n. 10, p. 3-14, out. 1972.

BRASIL. PRESIDENTE (1969-1974: EMÍLIO GARRASTAZU MÉDICI). Sesquicentenário da Independência. MENSÁRIO DO ARQUIVO NACIONAL. Rio de Janeiro, v.2, n. 11, p. 47-48, nov. 1971.

Cuiabanas exultam com a Independência. MENSÁRIO DO ARQUIVO NACIONAL. Rio de Janeiro, v. 3, n. 6, p. 18-19, jun. 1972. [Independência, 1822] [manifesto] [mulheres] [Cuiabá (MT)].

HILTON, Stanley E. Os Estados Unidos e a Independência do Brasil. MENSÁRIO DO ARQUIVO NACIONAL. Rio de Janeiro. V. 3, n. 11, p. 6-37, nov. 1972.

Marinha documenta: participação no Sesquicentenário. MENSÁRIO DO ARQUIVO NACIONAL. Rio de Janeiro, v. 4, n. 6, p. 31, jun. 1973.

2) Folhetos:

BASTOS, Lídia. Da função do Ministério Público na repressão ao crime: atribuições, poderes e meios de atuação. Rio de Janeiro: Ministério da Justiça, 1972. 21p.

BRASIL. PRESIDENTE DA REPÚBLICA. 1882-1972: programa. Brasília: A presidência, [s.d.]. v.: il. Notas: Programa organizado pela Comissão Executiva Central das comemorações do Sesquicentenário. / Unidade: biblioteca central.

Independência do Brasil, Sesquicentenário 1822-1972. Rio de Janeiro: Fundação Biblioteca Nacional, 1972. 55p. / Unidade: Biblioteca central.

LAVANER-WANDERLEI, Nelson Freire. Aeronáutica Militar Brasileira. Rio de Janeiro: Instituto de Geografia e História Militar do Brasil, 1972. 36p. Notas: Ciclos de Conferencias comemorativas do Sesquicentenário da Independência do Brasil. / Unidade: biblioteca central.

Notas: Fundo: Ministério da Justiça IV Congresso Interamericano do Ministério Público, Brasília, 22 a 25 de maio de 1972. Sesquicentenário da Independência.

Unidade: Biblioteca Central.

3) Livros:

BARREIROS, Eduardo Canabrava; BITTENCOURT, Pedro Calmon Moniz de (prefaciador). Itinerário da Independência: com 50 desenhos de Debret, Rugendas, Ender e outros, 10 cartogramas e 2 plantas a cores. Rio de Janeiro: José Olympio, 1972. 184p.

BIBLIOTECA. ARQUIVO NACIONAL (Brasil). Catálogo de obras raras. Rio de Janeiro: Arquivo Nacional, 1972. 119p. Notas: Instrumentos de Trabalho do Arquivo Nacional. Exposição e publicação por motivo do ano Internacional do Livro no Sesquicentenário da Independência do Brasil. / Unidade: biblioteca central

BITTENCOURT, Pedro Calmon Moniz de. *História do Ministério da Justiça, 1822-1972.* s.l.: Departamento de Imprensa Nacional, 1972. 322p. / Unidade: biblioteca central.

BRASIL. CONGRESSO. SENADO FEDERAL. *Obra política de José Bonifácio: comemorativa do Sesquicentenário da Independência.* Brasília: Senado Federal, 1973. 2v.

CORRÊA, Antonio Jorge (apresentador). *Dom Pedro I: proclamações, cartas, artigos de imprensa.* Rio de Janeiro: Departamento de Imprensa Nacional, 1973. 433p.

Dom Pedro I e D. Leopoldina perante a história. São Paulo: Instituto Histórico e Geográfico, 1972. 802p. Notas: edição comemorativa do Sesquicentenário da Independência. / Unidade: biblioteca central.

FRANCO, Afonso Arinos de Melo. *O constitucionalismo de dom Pedro I no Brasil e em Portugal.* Rio de Janeiro: Arquivo Nacional, 1972. 1v. (publicações históricas, 69). Notas: Publicações históricas do AN. Diretor do AN: Raul Lima. Publicação comemorativa do Sesquicentenário da Independência. Paginação irregular. / Unidade: Biblioteca Central.

HERSTAL, Stanislaw. *Dom Pedro: estudo iconográfico*. São Paulo: MEC, 1972. 3v. Notas: homenagens dos autores ao Sesquicentenário da Independência.

MEIRELLES, Mario Martins. *Símbolos nacionais do Brasil e estaduais do Maranhão*. Rio de Janeiro: CEA, 1972. 192p. (coleção São Luis, 5). Notas: Bibliografia: p. 190 Comemorativa do Sesquicentenário da Independência. / Unidade: biblioteca central.

Memória da Independência: 1808/1825. Rio de Janeiro: MEC, 1972. n. pagin./il.

MONTELLO, Josué (coordenador). *História da Independência do Brasil*. Rio de Janeiro: A Casa do Livro, 1972, 4v. Notas: Edição comemorativa do Sesquicentenário.

Notas: Comissão Executiva Central das comemorações do Sesquicentenário da Independência do Brasil. / Unidade: biblioteca central.

Notas: Exposição Histórica Memória da Independência no Museu Nacional de Belas Artes de 09/11/72 a 31/01/73; ano do Sesquicentenário.

REIS, Arthur Cezar Ferreira. *As Câmaras Municipais e a Independência*. Rio de Janeiro: Arquivo Nacional, 1973. 2v. (Publicações históricas, 71).Notas: Publicações históricas do AN. Diretor do AN: Raul Lima. Edição conjunta do Conselho Federal de Cultura e do Arquivo Nacional, comemorativa do Sesquicentenário da Independência. / Unidade: Biblioteca Central.

SCHUBERT, Guilherme. *A Coroação de dom Pedro I*. Rio de Janeiro: Arquivo Nacional, 1973. 94p. (publicações históricas, 73). Notas: Comunicação apresentada durante o congresso de Historia da Independência do Brasil – Rio de Janeiro, 28/08/72 a 06/09/72. / Unidade: biblioteca central.

SILVA, Luiz Antonio Vieira da. *Historia da Independência da província do Maranhão 1822-1828*. 2.ed. Rio de Janeiro: Companhia Editora Americana, 1972. 363, 273p. (coleção São Luis,

4) Notas: Edição Comemorativa do Sesquicentenário da Independência do Brasil. Bibliografia: p. 222-236. / Unidade: biblioteca central

TEIXEIRA, Antenor. *Os símbolos na consciência cívica de um povo: na consciência cívica de um povo*. Salvador: Prefeitura Municipal, 1972. 94p.
Unidade: biblioteca central.

Nota 2: Além destas, há ainda uma série de outras obras que fazem referência à Proclamação da Independência e/ou a assuntos diretamente ligados a ela, todas compreendidas no período de 1971 a 1973, como *A polícia militar carioca no processo da Independência*, de Erasto Miranda de Carvalho. A opção de não as incluir nessa listagem deu-se pelo fato de não haver, no catálogo do Arquivo Nacional, nenhuma menção que as ligue de maneira formal, oficial, às comemorações do sesquicentenário.

ANEXO 2
Excursão Fúnebre

Calendário da perigrinação[1]

Mês	Partida		Chegada		Permanência
Abril	Rio	25	Rio	22	23-24
	Porto Alegre	29	Porto Alegre	25	25-26-27-28
			Florianópolis	29	29-30
Maio	Florianópolis	01	Curitiba	01	01-02-03
	Curitiba	04	Niterói	04	04-05
	Niterói	06	Vitória	06	06-07
	Vitória	08	Aracaju	08	08-09
	Aracaju	10	Maceió	10	10-11
	Maceió	11	Recife	11	11-12-13-14-15-16
	Recife	17	F Noronha	17	17
	F. de Noronha	18	Salvador	18	18 a 04 jul
Julho	Salvador	05	João Pessoa	05	05-06
	João Pessoa	07	Natal	07	07-08
	Natal	09	Fortaleza	09	09-10
	Fortaleza	11	Teresina	11	11-12
	Teresina	13	Belém	13	13-14
Julho	São Luis	15	Belém	15	15-16-17-18
	Belém	19	Macapá	19	19-20
	Macapá	21	Boa Vista	21	21-22
	Boa Vista	23	Manaus	23	23-24-25-26
	Manaus	27	Rio Branco	27	27-28
	Rio Branco	29	P. Velho	29	29-30
Jul/Ago	Porto Velho	31	Cuiabá	31	31-01

---

1. Arquivo Nacional, Fundo Sesquicentenário, pasta 52.

Mês	Partida		Chegada		Permanência
Agosto	Cuiabá	02	Goiânia	02	02-03
	Goiânia	04	Brasília	04	04-05-06-07
	Brasília	08	B. Horizonte	08	08-09-10-11-12-13-14-15
	Belo Horizonte	16	Rio	16	16 a 04 set
Setembro	Rio	05	Pindamonhangaba	05	05
	Pindamonhangaba	06	São Paulo	06	para sempre

ANEXO 3
Mensagem do papa Paulo VI por ocasião do sesquicentenário da Independência do Brasil
Domingo, 3 de setembro de 1972

Veneráveis Irmãos e diletos Filhos

A graça e a paz a vós, da parte de Deus, nosso Pai, e do Senhor Jesus Cristo, que aqui vos congregou, no amor do seu Espírito, para afirmardes a vossa fé e a vossa esperança!

Sesquicentenário da Independência do Brasil: em solene ato religioso e num lugar significativo, Hierarquia e fiéis desse querido País evocam a grande efeméride.

A convite da Conferência Nacional dos Bispos, queremos afirmar-Nos presente, de algum modo, nessa assembléia eucarística, a impetrar os favores celestiais sobre a Pátria brasileira.

Peregrina com a humanidade, no seio da história, a Igreja não se alheia dos acontecimentos e datas que marcam os destinos dos povos. E, dada a sua missão própria, de ordem religiosa, ao inserir-se nas vicissitudes deste mundo, intenta ela iluminá-las com a luz do amor de Deus, manifestado em Cristo.

O fato comemorado aqui - a Independência - não é algo perfeito, alcançado de uma vez para sempre: é de vir, aquisição a renovar cada dia. Nesse processo vital, todos os interessados, e portanto também os filhos da Igreja, têm um papel, que não podem declinar, porque integra a sua fidelidade a Deus e influi no indispensável crescer na graça e conhecimento de Jesus Cristo.

O Brasil recebeu o dom da Fé, ao tornar-se, desde os alvores da sua descoberta, parcela do novo Povo de Deus. Assinalado com marca inconfundível «Terra de Vera Cruz», começou a percorrer a sua história fortalecido pela Eucaristia, na primeira Missa, nas plagas de Pôrto Seguro. E, graças à proteção do Altíssimo, acha-se essa história nimbada por gloriosa tradição cristã.

Mas, a Fé que ilumina todas as coisas com uma luz nova, e faz conhecer o desígnio divino acerca da vocação integral do homem, é um compromisso: para as pessoas e para os grupos, o compromisso de «ficarem atentos a tudo o que Deus ordena» (Cfr. Ex. 34, 11); depois, movidos pela caridade, de cooperarem para o bem comum, com sentido de responsabilidade, buscando sempre e em todas as coisas, a justiça do reino de Deus (Cfr. Apostolicam Actuositatem, 7).

É assim que se há de corresponder, em fidelidade, às exigências da «vida nova», em Cristo, pois «fiel é Deus, que nos chamou à comunhão de seu Filho» (1 Cor. 1, 9), a fim de sermos, também nós, filhos; e, em família, vivermos e proclamarmos as virtudes do seu reino, «procedendo como filhos da luz, porque o fruto da luz consiste em toda a sorte de bondade, de justiça e de verdade» (Eph. 5, 8-9).

Ora, isto há de refletir-se no comportamento individual e na vida social, na santidade da família, e no esforço conjugado em promover a ordem e o progresso coletivos, para superar situações de necessidade e para um equilíbrio cada vez mais humano e fraterno, entre os membros da comunidade, participantes, todos, nas responsabilidades e nos direitos que cabem aos cidadãos.

Que a Mãe da Igreja e Padroeira do Brasil - Nossa Senhora Aparecida - alcance de Deus que, de acordo com a sua tradição cristã, cada brasileiro contribua, segundo os dons e as funções que lhe foram confiadas, para uma Nação cada vez mais próspera; e que aí, o reino de Cristo se afirme e cresça sempre, como «reino de verdade e de vida, reino de santidade e de graça, reino de justiça, de amor e de paz», a iluminar os caminhos de serena fraternidade, em progresso crescente e por todos comungado.

Com saudações cordiais e amigas, a todos os brasileiros, a Nossa Bênção Apostólica: em nome do Pai, e do Filho, e do Espírito Santo. Amém!

Disponível em:
<http://www.vatican.va/holy_father/paul_vi/speeches/1972/september/documents/hf_p-vi_spe_19720903_indipendenza-brasile_po.html>.

Bibliografia e Fontes

Fontes
1.1. Fontes primárias
IHGB. Lata 344, pasta 6.
IHGB. Lata 360, pastas 28, 33, 72, 73.
IHGB. Lata 563, pasta 74.
IHGB. Lata 609, pastas 2, 3.
IHGB. Lata 663, pastas 20, 22.
IHGB. Lata 675, pasta 55.
IHGB. Lata 682, pastas 36, 39.
IHGB. Lata 696, pastas 32, 39.
IHGB. Lata 719, pastas 11, 12.
IHGB. Lata 720, pasta 21.
IHGB. Lata 704, pasta 31
Arquivo Nacional — Fundo: Comissão Executiva da comemoração do sesquicentenário da Independência.
Arquivo Nacional — Fundo: Divisão de Censura e Diversões Públicas (DCDP), processo do filme *Independência ou morte*.

1.2. Periódicos e artigos
RIHGB, outubro-dezembro de 1970.
RIHGB, julho-setembro de 1971.
RIHGB, outubro-dezembro de 1971.
RIHGB, abril-junho de 1972.
RIHGB, outubro-dezembro de 1972.
RIHGB, outubro-dezembro de 1975.
Revista Manchete, 1972.
Boletim diocesano — Diocese de Nova Iguaçu. Nova Iguaçu, abril de 1972, n. 40.
Boletim diocesano — Diocese de Nova Iguaçu. Nova Iguaçu, 16 de julho de 1972, nos 44 e 45.
O Cruzeiro, 1972.
O Estado de S.Paulo, 1972.

O Globo, 1972.
Folha de S.Paulo, 1972.
Jornal do Brasil, 1972.
Jornal do Commercio, 1967, 1972.
Jornal dos Sports, 1972.
O Pasquim, 1972.
"Instituto Histórico e Geográfico Brasileiro: século e meio de existência". In: *Revista do Instituto Histórico e Geográfico Brasileiro, Suplemento*. Rio de Janeiro, 1988 (1-289).
BENTO, Cláudio Moreira. "O Exército no Instituto Histórico e Geográfico Brasileiro". In: *Revista do Instituto Histórico e Geográfico Brasileiro, Suplemento*. Rio de Janeiro, 1988 (1-289).
____ "Projeção do Exército no sesquicentenário do Institu to Histórico e Geográfico Brasileiro". In: *Revista do Instituto Histórico e Geográfico Brasileiro, Suplemento*. Rio de Janeiro, 1988 (1-289).
IGLESIAS, Francisco. "Há 150 anos fundava-se o Instituto Histórico e Geográfico Brasileiro". In: *Revista do Instituto Histórico e Geográfico Brasileiro, Suplemento*. Rio de Janeiro, 1988 (1-289).
LYRA TAVARES, Aurélio de. "O sesquicentenário do Instituto". In: *Revista do Instituto Histórico e Geográfico Brasileiro, Suplemento*. Rio de Janeiro, 1988 (1-289).
SEARA, Berenice. "IHGB. A memória do Brasil faz 150 anos". In: *Revista do Instituto Histórico e Geográfico Brasileiro, Suplemento*. Rio de Janeiro, 1988 (1-289).
TAPAJÓS, Vicente. "A revista em três tempos". In: *Revista do Instituto Histórico e Geográfico Brasileiro*. Rio de Janeiro, 150 (362): 1-180, jan./mar. 1989.

1.3. Discursos
BRASIL. Presidente (1969-1974) Garrastazu Médici. *A compreensão do povo*. Brasília: Departamento de Imprensa Nacional, 1974.

____. *A verdadeira paz*. Brasília: Departamento de Imprensa Nacional, 1973.
____. *Nosso caminho*. Brasília: Departamento de Imprensa Nacional, 1972.
____. *Nova consciência do Brasil*. Brasília: Departamento de Imprensa Nacional, 1973.
____. *O povo não está só*. Brasília: Departamento de Imprensa Nacional, 1973.
____. *O sinal do amanhã*. Brasília: Departamento de Imprensa Nacional, 1972.
____. *Os anônimos construtores (e outros pronunciamentos)*. Brasília: 1973.
____. *Os vínculos da fraternidade*. Brasília: Departamento de Imprensa Nacional, 1973.
____. *Tarefa de todos nós*. Brasília: Departamento de Imprensa Nacional, 1973.

Bibliografia
2.Livros

ABREU, Alzira Alves de (org.). *Dicionário histórico biográfico brasileiro pós-1930*. Rio de Janeiro: Fundação Getulio Vargas, 2003, CD--ROM.

ADORNO, Theodor; HORKHEIMER, Max. *A dialética do esclarecimento*. Rio de Janeiro: Zahar, 1980.

AGOSTINO, Gilberto. *Vencer ou morrer: futebol, geopolítica e identidade nacional*. Rio de Janeiro: Mauad/Faperj, 2002.

ALMEIDA, Maria Hermínia Tavares de; WEISS, Luiz. "Carro-zero e pau-de-arara: o cotidiano da oposição de classe média ao regime militar". In: SCHWARCZ, Lilia Moritz (org.). *História da vida privada no Brasil, v. 4: contrastes da intimidade contemporânea*. São Paulo: Companhia das Letras, p. 319-409, 1998.

ALVES, Maria Helena Moreira. *Estado e oposição no Brasil (1964-1984)*. Bauru: Edusc, 2005.

ANDERSON, Benedict. *Nação e consciência nacional*. São Paulo: Ática, 1989.

APOSTOLIDÉS, Jean-Marie. *O rei-máquina: espetáculo e política no tempo de Luís XIV*. Rio de Janeiro: José Olympio; Brasília: Ed. UnB, 1993.

ARENDT, Hannah. *A condição humana*. 6. ed. Rio de Janeiro: Forense Universitária, 1993.

_____. *Entre o passado e o futuro*. 3. ed. São Paulo: Perspectiva, 1992.

_____. *Da revolução*. Brasília: UnB; São Paulo: Ática, 1990.

ARRABAL, José; LIMA, Mariângela Alves de; PACHECO, Tânia. *Anos 70, v. 3, teatro*. Rio de Janeiro: Europa, 1979-1980.

BACZKO, Bronislaw. "Imaginário". In: *Enciclopédia Einaudi*, v. 5 (Anthropos-Homem). Lisboa: Imprensa Nacional, Casa da Moeda, 1990.

BAHIANA, Ana Maria; WISNIK, José Miguel; AUTRAN, Margarida. *Anos 70, v. 1, música popular*. Rio de Janeiro: Europa, 1979-1980.

BARBOSA, Nélson. *Educação moral e cívica*. São Paulo: Itamaraty, 1971.

BARTHES, Roland. *Mitologias*. Rio de Janeiro: Difel, 2003.

BENJAMIN, Walter. *Obras escolhidas*, v. 3. 2. ed. São Paulo: Brasiliense, 1991.

BERNADET, Jean-Claude; AVELLAR, José Carlos; MONTEIRO, Ronald F. *Anos 70, v. 4, cinema*. Rio de Janeiro: Europa, 1979-1980.

BLOCH, Marc. *Introdução à história*. 6. ed. Lisboa: Publicações Europa América, 1993.

BOTTOMORE, Tom (org.) *Dicionário do pensamento marxista*. Rio de Janeiro: Zahar, 2001.

BOURDIEU, Pierre. A *economia das trocas simbólicas*. 5. ed. São Paulo: Perspectiva, 2004.

_____. *O poder simbólico*. Rio de Janeiro: Zahar, 2000.

_____. *Razões práticas sobre a teoria da ação*. Campinas: Papirus Editora, 1997.

____. *Sobre a televisão*. Rio de Janeiro: Zahar, 1997.

BURKE, Peter (org.). *A escrita da história: novas perspectivas*. São Paulo: Unesp, 1992.

BURKE, Peter. *A Escola dos Annales (1929-1989): a revolução francesa na historiografia*. 2. ed. São Paulo: Unesp, 1992.

____. *A fabricação do rei: a construção da imagem pública de Luís XIV*. Rio de Janeiro: Zahar, 1994.

____. *O mundo como teatro: estudos de antropologia histórica*. Lisboa: Difel, 1992.

CANIVEZ, Patrice. *Educar o cidadão?* 2. ed. São Paulo: Papirus, 1998.

CANO, Wilson. "Milagre brasileiro: antecedentes e principais consequências econômicas". In: Seminário 40 anos do golpe de 1964. *1964-2004: 40 anos do golpe: ditadura militar e resistência no Brasil*. Rio de Janeiro: 7 Letras, 2004.

CAPELATO, Maria Helena Rolim. *A imprensa na história do Brasil*. São Paulo: Contexto/Edusp, 1988.

____. *Multidões em cena: propaganda política no Varguismo e no Peronismo*. Campinas: Papirus, 1998.

CARDOSO, Ciro Flamarion; MAUAD, Ana Maria. "História e imagem: os exemplos da fotografia e do cinema". In: CARDOSO, Ciro Flamarion; VAINFAS, Ronaldo (orgs.). *Domínios da história: ensaios de teoria e metodologia*. Rio de Janeiro: Elsevier, 1997.

CARDOSO, Ciro Flamarion; VAINFAS, Ronaldo (orgs.). *Domínios da história: ensaios de teoria e metodologia*. Rio de Janeiro: Elsevier, 1997.

CARVALHO, Elizabeth; KEHL, Maria Rita; RIBEIRO, Santuza Neves. *Anos 70, v. 5, televisão*. Rio de Janeiro: Europa, 1979-1980.

CARVALHO, José Murilo de. *Os bestializados: o Rio de Janeiro e a República que não foi*. 3. ed. São Paulo: Companhia das Letras, 1998.

____. *A formação das almas: o imaginário da República no Brasil*. São Paulo: Companhia das Letras, 1993.

CASTORIADIS, Cornelius. *A instituição imaginária da sociedade*. Rio de Janeiro: Paz e Terra, 1975.

_____. *As encruzilhadas do labirinto*, v. 1. Rio de Janeiro: Paz e Terra, 1997.

_____. *As encruzilhadas do labirinto, v. 2, os domínios do Homem*. Rio de Janeiro: Paz e Terra, 1987.

_____. *As encruzilhadas do labirinto, v. 3, o mundo fragmentado*. Rio de Janeiro: Paz e Terra, 1992.

_____. *As encruzilhadas do labirinto*, v. 5, *feito e a ser feito*. Rio de Janeiro: DP&A, 1999.

CATROGA, Fernando. *Nação, mito e rito*. Fortaleza: Universidade Federal do Ceará, 2004.

_____; MENDES, José Amado; TORGAL, Luís Reis. *História da história em Portugal: da historiografia à memória histórica (séculos XIX-XX)*. S. l, Sociedade Industrial Gráfica, 1998.

CAVALLO, Guglielmo; CHARTIER, Roger (orgs.) *História da leitura no mundo ocidental*. 2. v. São Paulo: Ática, 1998/99.

CHARTIER, Anne-Marie; HÉBRARD, Jean. *Discursos sobre a leitura (1880/1980)*. São Paulo: Ática, 1998.

CHARTIER, Roger. *À beira da falésia: a história entre certezas e inquietude*. Porto Alegre: UFRGS, 2002.

_____. *A história cultural: entre práticas e representações*. Lisboa: Difel; Rio de Janeiro: Bertrand Brasil, 1990, p. 29-67.

CONNERTON, Paul. *Como as sociedades recordam*. Oeiras: Celta Editora, 1993.

COSTA, Marcelo Timotheo da. *Um itinerário no século: mudança, disciplina e ação em Alceu Amoroso Lima*. Rio de Janeiro: Ed. PUC-Rio; São Paulo: Loyola, 2006.

DAMATTA, Roberto. *Carnavais, malandros e heróis: para uma sociologia do dilema brasileiro*. 6. ed. Rio de Janeiro: Rocco, 1997.

DAVIS, Nathalie Zemon. *Culturas do povo: sociedade e cultura no início da França moderna*. Rio de Janeiro: Paz e Terra, 1990.

DUBY, Georges. *Para uma história das mentalidades*. Lisboa: Terramar, 1999.

ECO, Umberto. *Apocalípticos e integrados*. São Paulo: Perspectiva, 1974.

FALASCA-ZAMPONI, Simonetta. *Facist spetacle*. Los Angeles: University California Press, 1997.

FALCON, Francisco José C. "História e poder". In: CARDOSO, Ciro Flamarion; VAINFAS, Ronaldo (orgs.) *Domínios da história: ensaios de teoria e metodologia*. Rio de Janeiro: Elsevier, 1997.

FERRO, Marc. *Cinema e história*. Rio de Janeiro: Paz e Terra, 1992.

FICO, Carlos. "Espionagem, polícia política, censura e propaganda: os pilares básicos da repressão". In: FERREIRA, Jorge; DELGADO, Lucília de Almeida Neves (orgs.). *O tempo da ditadura: regime militar e movimentos sociais em fins do século XX*. Rio de Janeiro: Civilização Brasileira, 2003.

FICO, Carlos. *Além do golpe: a tomada do poder em 31 de março de 1964 e a ditadura militar*. Rio de Janeiro: Record, 2004.

____. *Como eles agiam: os subterrâneos da ditadura militar: espionagem e polícia política*. Rio de Janeiro: Record, 2001.

____. *O grande irmão: da operação brother Sam aos anos de chumbo. O governo dos Estados Unidos e a ditadura militar brasileira*. Rio de Janeiro: Civilização Brasileira, 2008.

____. *Reinventando o otimismo: ditadura, propaganda e imaginário social no Brasil*. Rio de Janeiro: FGV, 1997.

FREITAS FILHO, Armando; Hollanda, Heloísa Buarque de; Gonçalves, Marcos Augusto. *Anos 70, v. 2, literatura*. Rio de Janeiro: Europa, 1979-1980.

FURET, François; OZOUF, Mona. *Dicionário crítico da Revolução Francesa*. São Paulo: Martins Fontes, 1989.

GARCIA, Nelson Jahr. *Estado Novo e propaganda política: a legitimação do estado autoritário perante as classes subalternas*. São Paulo: Edições Loyola, 1982.

GASPARI, Élio. *A ditadura escancarada*. São Paulo: Companhia das Letras, 2002.

GEERTZ, Cliford. *A interpretação das culturas.* Rio de Janeiro: Zahar, 1978.

_____. *Negara: O Estado teatro no século XIX.* Lisboa: Difel; Rio de Janeiro: Bertrand Brasil, 1991.

GELDERN, James von. *Bolsheviks festivals.* Los Angeles: University of California Press, 1993.

GENTILE, Emílio. *The sacralization of politics in fascist Italy.* London/Cambridge: Harvard University Press, 1996.

GIRARDET, Raoul. *Mitos e mitologias políticas.* São Paulo: Companhia das Letras, 1987.

GOULART, Silvana. *Sob a verdade oficial: ideologia, propaganda e censura no Estado Novo.* São Paulo: Marco Zero, 1990.

GRAMSCI, Antônio. *Cadernos do cárcere, v. 3.* Rio de Janeiro: Civilização Brasileira, 2000.

GREGOLIN, Maria do Rosário Valencise (org). "Recitações de mitos: a história na lente da mídia". In: *Filigramas do discurso: as vozes da história.* Araraquara, FCL: Laboratório Editorial/ Unesp; São Paulo: Cultura Acadêmica Editora, 2000.

GUEDES, Simoni Lahud. *O Brasil no campo de futebol. Estudos antropológicos sobre os significados do futebol brasileiro.* Niterói: Eduff, 1998.

HADDOCK, B.A. *Uma introdução ao pensamento histórico.* Lisboa: Gradiva, 1989.

HALBWACHS, Maurice. *A memória coletiva.* São Paulo: Vértice, Ed. Revista dos Tribunais, 1990.

_____. *Les cadres sociaux de la mémoire.* Paris: Mouton, 1976.

HIRSCHMAN, Albert O. *A retórica da intransigência: perversidade, futilidade, ameaça.* São Paulo: Companhia das Letras, 1992.

HOBSBAWM, Eric. *Ecos da Marselhesa: dois séculos reveem a Revolução Francesa.* São Paulo: Companhia das Letras, 1996.

_____. *A era dos extremos: o breve século XX (1914-1991).* São Paulo: Companhia das Letras, 1995.

_____. *A era dos impérios (1875-1914).* 2. ed. Rio de Janeiro: Paz e Terra, 1988.

____. *Nações e nacionalismo desde 1780: programa, mito e realidade.* Rio de Janeiro: Paz e Terra, 1991.

____. *Sobre a história.* São Paulo: Companhia das Letras, 1998.

____; RANGER, Terence (orgs.). *A invenção das tradições.* 2. ed. Rio de Janeiro: Paz e Terra, 1997.

HOLANDA, Sérgio Buarque de (org.). *História geral da civilização brasileira.* 2. ed. São Paulo: Difel, 2005.

HOLLANDA, Aurélio Buarque de. *Dicionário da língua portuguesa.* Rio de Janeiro: Nova Fronteira, 2000.

HUNT, Lynn. *A nova história cultural.* São Paulo: Martins Fontes, 1992.

KORNIS, Mônica Almeida. "Anos rebeldes e a construção televisiva da história". In: Seminário 40 anos do golpe de 1964. *1964-2004: 40 anos do golpe: ditadura militar e resistência no Brasil.* Rio de Janeiro: 7 Letras, 2004.

____. "Ficção televisiva e identidade nacional: anos dourados e a retomada da democracia". In: ABREU, Alzira Alves de; LATTMAN-WELTMAN, Fernando; KORNIS, Mônica Almeida. *Mídia e política no Brasil: jornalismo e ficção.* Rio de Janeiro: Fundação Getulio Vargas, 2003.

KUSHNIR, Beatriz. *Cães de guarda: jornalistas e censores, do AI-5 à Constituição de 1988.* São Paulo: Boitempo, 2004.

LABORIE, Pierre. *Les français des années troubles. De la guerre d'Espagne a la liberation.* Paris: Seuil, 2003.

LE GOFF, Jacques. *História e memória.* 4. ed. Campinas: Unicamp, 1996.

____. *A história nova.* 2. ed. São Paulo: Martins Fontes, 1993.

____. *O imaginário medieval.* Lisboa: Editorial Estampa, 1994.

LENHARO, Alcir. *Sacralização da política.* Campinas: Papirus/Unicamp, 1996.

LESSA, Renato. *A invenção republicana.* Rio de Janeiro: Iuperj; São Paulo: Vértice, 1988.

LORAUX, Nicole. *Invenção de Atenas.* Rio de Janeiro: Ed. 34, 1994.

MACEDO, Joaquim Manuel de. *O ano biográfico brasileiro*. Rio de Janeiro: Tip. e lit. do Imperial Instituto Artístico, 1876, 3 v.

MAINGUENEAU, Dominique. *Novas tendências em análise do discurso*. 3. ed. São Paulo: Pontes, 1997.

MOORE, Sally Falk; MYERHOFF, Barbara Gay. (eds.). *Secular Rituals*. Amsterdã: Van Gorcum, 1977.

MOTTA, Marly Silva da. *A nação faz 100 anos: a questão nacional no centenário da Independência*. Rio de Janeiro: FGV, 1992.

MURAD, Maurício. *Dos pés à cabeça. Elementos básicos de sociologia do futebol*. Rio de Janeiro: Irradiação Cultural, 1996.

NEVES, Lúcia Maria Pereira das. *Corcundas e constitucionais: a cultura política da Independência*. Rio de Janeiro: Faperj, Revan, 2003.

NORA, Pierre (org.) *Les lieux de mémoire*. Paris: Galimard, 1986-1992, 7 v.

OLIVEIRA, Cecília Helena de Salles; MATTOS, Cláudia Valladão de (orgs.). *O brado do Ipiranga*. São Paulo: Universidade de São Paulo: Museu Paulista da Universidade de São Paulo, 1999.

OLIVEIRA, Francisco de. "Ditadura militar e crescimento econômico: a redundância autoritária". In: Seminário 40 anos do golpe de 1964. *1964-2004: 40 anos do golpe: ditadura militar e resistência no Brasil*. Rio de Janeiro: 7 Letras, 2004.

OLIVEIRA, Francisco de. *Os direitos do antivalor — a economia política da hegemonia imperfeita*. Petrópolis: Vozes, 1998.

OZOUF, Mona. *Festivals and the French Revolution*. London: Cambridge University Press, 1988.

PRADO, Luiz Carlos Delorme; EARP, Fábio Sá. "O 'milagre' brasileiro: crescimento acelerado, integração internacional e concentração de renda (1967-1973)". In: FERREIRA, Jorge; DELGADO, Lucília de Almeida Neves (orgs.). *O tempo da ditadura: regime militar e movimentos sociais em fins do século XX*. Rio de Janeiro: Civilização Brasileira, 2003.

RAMOS, Roberto. *Futebol: ideologia do poder*. Petrópolis: Vozes, 1984.

REIS FILHO, Daniel Aarão. "Ditadura e sociedade: as reconstruções da memória". In: Seminário 40 anos do golpe de 1964. *1964-2004: 40 anos do golpe: ditadura militar e resistência no Brasil*. Rio de Janeiro: 7 Letras, 2004.

REMOND, René (org.). *Por uma história política*. Rio de Janeiro: Editora UFRJ, 1996.

RIBEIRO, Gladys Sabina. *Cabras e pés de chumbo: os rolos do tempo*. São Paulo: Brasiliense, 1990.

RIBEIRO, Luiz Carlos. "Brasil: futebol e identidade nacional". Comunicação apresentada no *4º Encontro "Deporte y Ciencias Sociales"*, Buenos Aires, novembro de 2002. . *Revista digital*. Buenos Aires, ano 8, n. 56, janeiro de 2003. Disponível em: www.efdeportes.com. Acesso em 17 set. 2012.

ROLLEMBERG, Denise. "Esquerdas revolucionárias e luta armada". In: FERREIRA, Jorge; DELGADO, Lucília de Almeida Neves (orgs.). *O tempo da ditadura: regime militar e movimentos sociais em fins do século XX*. Rio de Janeiro: Civilização Brasileira, 2003.

____. "Vidas no exílio". In: Seminário 40 anos do golpe de 1964. *1964-2004: 40 anos do golpe: ditadura militar e resistência no Brasil*. Rio de Janeiro: 7 Letras, 2004.

____. *Exílio: entre raízes e radares*. Rio de Janeiro: Record, 1999.

____. *O apoio de Cuba à luta armada no Brasil: o treinamento guerrilheiro*. Rio de Janeiro: Mauad, 2001.

____. "Esquecimento das memórias". In: MARTINS FILHO, João Roberto (org.). *O golpe de 1964 e o regime militar: novas perspectivas*. São Carlos: EdUFSCar, 2006.

ROUSSO, Henry. "A memória não é mais o que era". In: FERREIRA, Marieta de Moraes (org.) *Usos e abusos da história oral*. Rio de Janeiro: Fundação Getulio Vargas, 1999.

SACRAMENTO BLAKE, Augusto Victorino Alves. *Dicionário bibliográfico brasileiro*. Rio de Janeiro: Imprensa Nacional, v. 4, 1970.

SADER, Emir. *A transição no Brasil: da ditadura à democracia?* 12. ed. São Paulo: Atual, 1998.

SANTOS, Joel Rufino dos. *História política do futebol brasileiro.* São Paulo: Brasiliense, 1981.

SCHWARCZ, Lilia Moritz. *As barbas do imperador: d. Pedro II, um monarca nos trópicos.* São Paulo: Companhia das Letras, 1998.

_____. *O espetáculo das raças: cientistas, instituições e a questão racial no Brasil (1870-1930).* São Paulo: Companhia das Letras, 1993.

_____. *"Os guardiões da nossa história oficial": os institutos históricos e geográficos brasileiros.* São Paulo: Idesp, 1989.

SENNETT, Richard. *Carne e pedra.* São Paulo: Record, 1997.

SILVA, José Luiz Werneck da. *A deformação da história ou para não esquecer.* Rio de Janeiro: Zahar, 1985.

SKIDMORE, Thomas. *Brasil: de Castelo a Tancredo.* 7. ed. Rio de Janeiro: Paz e Terra, 2000.

SMITH, Anne-Marie. *Um acordo forçado: o consentimento da imprensa à censura no Brasil.* Rio de Janeiro: Fundação Getulio Vargas, 2000.

THOMPSON, Edward P. *A formação da classe operária inglesa.* Rio de Janeiro: Paz e Terra, 1987. 3. v.

TURNER, Victor (ed.). *Celebration: studies in festivity and ritual.* Washington: Smithsonian Institution Press, 1982.

TURNER, Victor. *Dramas, fields and metaphors: symbolic action in human society.* Ithaca and London: Cornell University Press, 1994.

_____. *O processo ritual: estrutura e antiestrutura.* Petrópolis: Vozes, 1988.

VALLE, Líllian Bastos Aragão do. *A escola imaginária.* Rio de Janeiro: DP&A, 1997.

VARNHAGEN, Francisco Adolfo de. *História da Independência.* São Paulo: Melhoramentos, 1972.

_____. *História do Brasil.* São Paulo: Melhoramentos, 1972.

VOVELLE, Michel. *Ideologia e mentalidades.* São Paulo: Brasiliense, 1991.

____. *Imagens e imaginário na história: fantasmas e certezas nas mentalidades desde a Idade Média até o século XX*. São Paulo: Ática, 1997.

2.1. Artigos em periódicos, teses

BARRETO, Dalmo. "A participação do Brasil na Segunda Guerra Mundial". In: *Revista do Instituto Histórico e Geográfico Brasileiro*. Rio de Janeiro: IHGB, n. 401, out/ dez 1998, p. 1.697-706.

BENTO, Cláudio Moreira. "Os 350 anos das primeiras batalhas dos Guararapes e a sua projeção histórica na nacionalidade brasileira". In: *Revista do Instituto Histórico e Geográfico Brasileiro*. Rio de Janeiro: IHGB, n. 402, jan/ mar 1999, p. 207-12.

____. "Participação das Forças Armadas e da Marinha Mercante do Brasil na Segunda Guerra Mundial (1942-1945)". In: *Revista do Instituto Histórico e Geográfico Brasileiro*. Rio de Janeiro: IHGB, n. 372, jul/ set 1991, p. 685-745.

BRAGA, Ísis Fernandes. *O perfil de um designer brasileiro*. Programa de Pós-graduação em Artes Visuais da Escola de Belas Artes da Universidade Federal do Rio de Janeiro, s.d.

CASTRO, Celso. "Inventando tradições no Exército Brasileiro: José Pessoa e a reforma da Escola Militar". In: *Revista Estudos Históricos*, Rio de Janeiro: v. 7, n. 14, 1994, p. 231-40.

CORDEIRO, Janaína Martins. "Lembrar o passado, festejar o presente: as comemorações do sesquicentenário da Independência: entre consenso e consentimento". In: *Anais do 13º Encontro Regional da Anpuh*, 2008.

CERRI, Luís Fernando. "1972: 'Sete bandeiras do setecentenário por mil cruzeiros velhos'". In: *Estudos Ibero-Americanos*. Porto Alegre: PUC-RS, v. 25, n. 1, p. 193-208.

____. "Ensino de História e nação na propaganda do 'milagre econômico'". In: *Revista brasileira de história*. São Paulo: Anpuh/Humanitas Publicações, v. 22, nº 43, 2002, p.195-224.

GUIMARÃES, Lúcia Maria Paschoal. "Debaixo da imediata proteção de sua majestade". In: *Revista do Instituto Histórico e Geográfico Brasileiro*. Rio de Janeiro: IHGB, a. 156, n. 388, p. 459-613, jul./set. 1995.

GUIMARÃES, Manoel Luís Salgado. "Nação e civilização nos trópicos: o Instituto Histórico e Geográfico Brasileiro e o projeto de uma história nacional". In: *Revista Estudos Históricos*. Rio de Janeiro: FGV, v. 1, n. 1, 1988.

KERSHAW, Ian. "Nazisme et stalinisme. Limites d'une comparaison". In: *Le Debat*, n. 89, mar-abril, 1996.

KOSSOY, Boris. "Estética, memória e ideologia fotográfica: decifrando a realidade interior das imagens do passado". In: *Acervo: Revista do Arquivo Nacional*. Rio de Janeiro: Arquivo Nacional, v. 6, n. 1-2, 1993, p. 13-24.

LACERDA, Aline Lopes de. "Obra getuliana ou como as imagens comemoram o regime". In: *Revista Estudos Históricos*. Rio de Janeiro: Fundação Getulio Vargas, v. 7, n. 14, 1994.

MATTOS, Carlos de Meira. *As Forças Armadas do Brasil na Segunda Guerra Mundial*. In: *Revista do Instituto Histórico e Geográfico Brasileiro*. Rio de Janeiro: IHGB, n. 369 — out/ nov. 1990, p. 530-43.

MIGUEL, Maria Lúcia Cerutti. "A fotografia como documento: uma instigação à leitura". In: *Acervo: Revista do Arquivo Nacional*. Rio de Janeiro: Arquivo Nacional, v. 6, n. 1-2, 1993, p. 121-32.

MORAES, Cleodir da Conceição. *O Pará em festa: política e cultura nas comemorações do sesquicentenário da "adesão" (1973)*. Universidade Federal do Pará. Programa de Pós-graduação em História Social da Amazônia, Belém, 2006. Dissertação de mestrado (mimeo).

NORA, Pierre. "Entre memória e história. A problemática dos lugares". In: *Projeto História*. São Paulo, PUC/SP, n. 10, dezembro de 1993.

OLIVEIRA, Lúcia Lippi de. "As festas que a República manda guardar". In: *Estudos históricos*, Rio de Janeiro, v. 2, n. 4, p. 172-89, 1989.

PARADA, Maurício Barreto Alvarez. *Educando corpos e criando a nação: cerimônias cívicas e práticas disciplinares no Estado Novo*. Universidade Federal do Rio de Janeiro, IFCS, Programa de Pós-Graduação em História Social. Rio de Janeiro, 2003. Tese de doutorado (mimeo.)

POLLAK, Michael. "Memória e identidade social". In: *Revista Estudos Históricos*. Rio de Janeiro: FGV, v. 5, n. 10, 1992.

_____. "Memória, esquecimento, silêncio." In: *Revista Estudos Históricos*. Rio de Janeiro: FGV, v. 2, n. 3, 1989.

REDWOOD III, John. "Algumas notas sobre exportações e desenvolvimento regional". In: *Pesquisa e planejamento econômico*. Rio de Janeiro, 6 (2), agosto de 1976, p. 431-60.

SAMUEL, Raphael. "Reading the signs". In: History workshop — a journal of socialist and feminist historians, issue 32, Autumn 1991.

_____. "Reading the signs — part 2". In: History workshop — a journal of socialist and feminist historians, issue 33, Spring 1992.

SCHEMES, Cláudia. *Festas cívicas e esportivas no Populismo: um estudo comparativo dos governos Vargas (1937-1945) e Perón (1946-1955)*. São Paulo: USP/FFLCH, 1995 — Dissertação de mestrado (mimeo.)

SILVA, Helenice Rodrigues da. "Rememoração/Comemoração: as utilizações sociais da memória". In: *Revista Brasileira de História*. São Paulo: Anpuh, v. 22, n. 44, 2002.

SIQUEIRA, Carla. "A imprensa comemora a República: memórias em luta no 15 de novembro de 1890". In: *Revista Estudos Históricos*. Rio de Janeiro: FGV, v. 7, n. 14, 1994.

SORLIN, Pierre. "Indispensáveis e enganosas, as imagens, testemunhas da história". In: *Revista Estudos históricos*. Rio de Janeiro: FGV, v. 7, n. 13, 1994.

TENÓRIO, Maurício. "Um Cuauhtémoc carioca: comemorando o centenário da Independência do Brasil e a raça cósmica". In: *Revista Estudos Históricos*. Rio de Janeiro: FGV, v. 7, n. 14, 1994.

VIEIRA, João Luiz. "Apresentação — Inseparáveis e enganosas, as imagens, testemunhas da história". In: *Revista Estudos Históricos*. Rio de Janeiro: FGV, v. 7, n. 13, 1994.

WALDSTREICHER, David. "Rites of rebellion, rites of assent: celebrations, print culture, and the origins of american nationalism". In: *The Journal of American History*, v. 82, n. 1, 1995.

WHITE, Shane. "It was a proud day: african americans, festivals and parades in the north". In: *The Journal of American History*, v. 81, n. 1, 1994.

1ª edição – março de 2013 – 1.000 exemplares
Capa: Cartão supremo 250 g/m²
Miolo: Offset 75 g/m²
Fontes: Leftist Mono Sans e Garamond
Impresso na gráfica da Editora Vozes